武汉大学百年名典

作者简介

沈祖荣（1883—1977），字绍期，中国图书馆学家，中国图书馆学教育的早期开创者之一。1883年出生于湖北宜昌一个贫苦家庭。1905年毕业于武昌文华书院。1907年就读于文华大学。1911年获得文华大学学士学位，并在韦棣华女士创办的“文华公书林”任职。1914年，受韦棣华女士的资助赴美国纽约公共图书馆学校学习。1916年获得哥伦比亚大学理学学士学位，是中国获得图书馆学专业学位的第一人。1917年回国，继续在“文华公书林”工作。是年，沈祖荣先生发起了席卷全国的“新图书馆运动”，到全国各地宣传美国图书馆学的理论、方法和技术，抨击封建藏书楼的保守。1920年，韦棣华女士与沈祖荣、胡庆生以“文华公书林”为依托，在文华大学创建文华图书科。1929年，作为中国的唯一代表参加在意大利召开的国际图书馆协会联合会第一次大会。同年起，文华图书科独立建校，成为武昌文华图书馆学专科学校，沈祖荣任校长。1941年，在文华图书馆学专科学校创办档案管理科。此举开创中国档案学教育之先。1953年，随文华图书馆学专科学校并入武汉大学，任图书馆学专修科教授。1977年在江西庐山逝世，终年93岁。

武汉大学

百年名典

沈祖荣文集

沈祖荣 著

武汉大学出版社
WUHAN UNIVERSITY PRESS

图书在版编目(CIP)数据

沈祖荣文集/沈祖荣著．—武汉：武汉大学出版社，2013.10
武汉大学百年名典
ISBN 978-7-307-11721-1

Ⅰ.沈…　Ⅱ.沈…　Ⅲ.图书馆学—文集　Ⅳ.G250-53

中国版本图书馆 CIP 数据核字(2013)第 221664 号

责任编辑:蔡端午　　责任校对:鄢春梅　　版式设计:马　佳

出版发行：**武汉大学出版社**　(430072　武昌　珞珈山)
(电子邮件：cbs22@whu.edu.cn　网址：www.wdp.com.cn)
印刷：武汉中远印务有限公司
开本：720×1000　1/16　印张:21.25　字数:300 千字　插页:4
版次：2013 年 10 月第 1 版　　2013 年 10 月第 1 次印刷
ISBN 978-7-307-11721-1　　定价:58.00 元

《武汉大学百年名典》出版前言

百年武汉大学，走过的是学术传承、学术发展和学术创新的辉煌路程；世纪珞珈山水，承沐的是学者大师们学术风范、学术精神和学术风格的润泽。在武汉大学发展的不同年代，一批批著名学者和学术大师在这里辛勤耕耘，教书育人，著书立说。他们在学术上精品、上品纷呈，有的在继承传统中开创新论，有的集众家之说而独成一派，也有的学贯中西而独领风骚，还有的因顺应时代发展潮流而开学术学科先河。所有这些，构成了武汉大学百年学府最深厚、最深刻的学术底蕴。

武汉大学历年累积的学术精品、上品，不仅凸现了武汉大学"自强、弘毅、求是、拓新"的学术风格和学术风范，而且也丰富了武汉大学"自强、弘毅、求是、拓新"的学术气派和学术精神；不仅深刻反映了武汉大学有过的人文社会科学和自然科学的辉煌的学术成就，而且也从多方面映现了20世纪中国人文社会科学和自然科学发展的最具代表性的学术成就。高等学府，自当以学者为敬，以学术为尊，以学风为重；自当在尊重不同学术成就中增进学术繁荣，在包容不同学术观点中提升学术品质。为此，我们纵览武汉大学百年学术源流，取其上品，掬其精华，结集出版，是为《武汉大学百年名典》。

"根深叶茂，实大声洪。山高水长，流风甚美。"这是董必武同志1963年11月为武汉大学校庆题写的诗句，长期以来为武汉大学师生传颂。我们以此诗句为《武汉大学百年名典》的封面题词，实是希望武汉大学留存的那些泽被当时、惠及后人的学术精品、上品，能在现时代得到更为广泛的发扬和传承；实是希望《武汉大学百年名典》这一恢宏的出版工程，能为中华优秀文化的积累和当代中国学术的繁荣有所建树。

《武汉大学百年名典》编审委员会

出 版 说 明

本书收录沈祖荣先生1916—1944年发表的中英文文章共46篇，依时间顺序排列。此次收入《武汉大学百年名典》，排版时将繁体字转换为简体字，仅对标点、字词等错误进行修改，力求保持原貌，以资纪念。

武汉大学出版社

2013年8月

编写说明

文华图书馆学专科学校（简称“文华图专”）是武汉大学信息管理学院的前身。沈祖荣先生曾长期担任文华图专校长，为我国图书馆学教育和图书馆学研究作出了巨大的贡献。

本书是专门为“武汉大学百年名典”所辑。以李钟履先生所编《图书馆学论文索引(第一辑)》(34 种)，丁道凡先生搜集编注的《中国图书馆界先驱沈祖荣先生文集》(31 篇)和相关研究成果为线索，从武汉大学信息管理学院资料室、大学数字图书馆国际合作计划(Chinw Academic Digital Associative Library，简称 CADAL)数据库和国家图书馆等处，获取原文，共搜集沈祖荣先生于 1916—1944 年发表的中英文章共 46 篇(另有《民众图书馆管理法》一篇，载于《现代民众》第一卷第十二期(1935 年 7 月 10 日)，见于《图书馆学论文索引》。因该刊现已罕见，于本文集搜集整理期间在各高校图书馆、国家图书馆、湖北省图书馆和武汉市图书馆都无馆藏可供阅览或文献传递，故未能收入本文集，诚一憾事；《国际图书馆大会》一篇，载于《文华图书科季刊》第一卷第三期(1929 年 9 月)，因与另两篇内容多有重复，故略去)。本书整体依时间顺序编排，尽量忠实于原文，仅在输入时将繁体字转换为简体字，对标点进行调整，改正印刷中的个别错字等，希望这本文集，能够保留沈先生的写作风格，传达他在字里行间饱含的对图书馆事业的信心与毅力，对国家与人民的一片至诚。

虽整理小组为了克服难以言表的困难付出了极大努力，但仍难免舛讹，尚祈同仁指正。

《沈祖荣文集》整理小组

序　一*

《中国图书馆界先驱沈祖荣先生文集》问世了，值得庆幸。文集的出版，恰逢武大图书情报学院七十周年院庆，可以说适得其时。一九二〇年，文华大学兴办的图书科，是武汉大学图书情报学院的前身，从此开始了我国正规的图书馆学教育。一九二九年，图书科单独建校，定名为武昌文华图书馆专科学校。一九五三年，随全国院系调整，文华图专并入武汉大学成为图书馆学专修科。一九五六年，专修科改学制为图书馆学系。一九八四年，经原教育部批准，在图书馆学系的基础上，成立了武汉大学图书情报学院。从一九二〇年图书科兴办开始，到目前的图书情报学院，其所经历的，是一段艰难的历程，其间又以建国以前的三十年最为艰难。抚今忆昔，作为我国图书馆学教育事业的创始人之一，长期担任武昌文华图书馆专科学校校长的沈祖荣教授，在我国图书馆学教育事业上的卓越贡献，是应当予以充分肯定的。

沈祖荣教授，是我国图书馆界的前辈，也是我国最早赴美接受图书馆学教育的留学生。一九一四年，沈祖荣先生在美籍人士韦棣华(Mary Elizabeth Wood)(一八六二——一九三一)资助下，留学美国，一九一七年学成回国。他回国后，无论在开展宣传和对中国图书馆状况的调查，推进图书馆事业的发展方面，抑或是兴办图书馆学教育，开展图书馆学研究方面，都强调不要照搬外国，一直坚持走中西结合

---

* 本序言为原武汉大学图书情报学院院长彭斐章先生为丁道凡搜集编注的《中国图书馆界先驱沈祖荣先生文集》所写。文中提到的沈宝媛女士，是沈祖荣先生的女儿。——编者注。

的道路。他在《民国十年之图书馆》(《新教育》第五卷第四期)一文中说道:“海外留学,所费不赀,远涉重洋,谈何容易?纵令虚往实归,而橘枳变异,势所必然。所学之件,在外国虽称合法,在中国不能完全采用。由是言之,欲推广图书馆之事业,务须在中国组织培养人才的机关,使学生将来学业有成,可以充图书馆之应用。是以武昌文华大学于民国七年,首先组织图书科。”从这里也可以看出沈先生的爱国主义精神。

沈祖荣先生倾注了毕生精力于发展图书馆学教育事业。他作为一名教授,对教学严肃认真,发表了一系列论著。在抗日战争时期,他兼授“服务道德”课程。他对档案管理员的要求,是要与档案共存亡;他对图书馆员的要求,特别强调要在开放的时间上,管理图书的方式方法上,充分给予读者以方便。在新中国成立后,为了适应当时教学的需要,很好地承担开设俄文图书编目课程的教学任务。他不顾自己年过古稀,对俄语并不熟悉等困难,通过自学,很快掌握了俄语,并编写了《俄文图书编目法》教材,边教学,边修订,铅印了三版,为学生讲授俄文编目课。这种精神,给了学生们以极大的鼓舞。

沈先生孜孜不倦辛勤耕耘的文华图专,如今已经发展为拥有图书馆学和情报科学两个系,图书馆学、情报学、档案学和图书发行管理学四个专业,一个图书馆学、情报学研究所,一个科学技术情报培训中心,一个图书情报现代化实验中心在内的,既有研究生、本科生,又有专科生和成人教育的多层次、多规格、多种形式办学的综合的图书馆学、情报学教学和科学研究的重要基地。近年来,在改革图书馆学情报学教学体系,完善课程结构,深化教学内容,加强教材建设和师资队伍建设,改进教学手段等方面,取得了令人瞩目的进展,为社会主义培养了一大批优秀人才,成为我国最大的图书馆学情报学教育机构。沈先生离开我们十三年了,我的学长丁道凡先生,以退休后的古稀之年,从被“文革”摧毁过的几个图书馆古籍部,搜集了沈先生的论著,并精心编注,这种精神,令人钦佩。深信这本文集的出版,对于今天的图书馆学教育和研究将有重要的参考价值。

沈宝媛女士和文集的编著者丁道凡先生，嘱我写一序言，谊不敢辞。聊缀数语，以表我对沈老师的敬仰之情。

彭斐章　谨志

一九九〇年六月于武昌珞珈山

序　二*

这本文集，是我的老师，新中国成立以前私立武昌文华图书馆学专科学校校长沈祖荣先生所著，并于一九一八年至一九四四年在国内公开发表过的文章。

我怎么搜集到这些文章的呢？早在一九八四年秋，看了教育部办公厅于一九八四年八月七日颁布的(84)教编厅字009号关于编写校史的通知后，我就希望图书馆界有一部系统反映文华图专的校史问世，以供国内图书馆界同仁研究参考。无如等了四年，还没有看见。文华图专是一九五三年全国大专院校调整时，合并于武汉大学，成立图书馆学专修科继续办下去的。近年，经过武大领导和各级负责同志的努力，已发展为武汉大学的图书情报学院。一九八八年六月，我带上机关介绍信访问了武汉大学档案室。发现一九四七年春，由我和宋泽同志经手从重庆搬回武昌的原文华图专的档案，在"文革"中损失了十分之九(宋泽同志当时是图专有文化的木匠师傅，他于一九四八年冬，参加了新四军，目前是一位县级机关的老干部)。同时，沈祖荣先生的个人档案也没有了。剩下还不到十分之一的档案，据说还是"文革"后武大领导指示档案室同志抢救整理出来的。至此，我才理解，等了四年还不见文华图专校史问世的原因。

从一九八八年七月起，我开始搜集文化图专校史资料和沈祖荣先生传记资料。先从湖北省图书馆和浙江省图书馆提供的资料中，发现了我以前没有读到过的一些沈祖荣先生的文章。一九八八年十月，第

---

* 此序言为丁道凡先生为自己搜集编注的《中国图书馆界先驱沈祖荣先生文集》所写的序言。——编者注。

一次读到了钱亚新老同学赠我的《杜定友先生遗稿文选》(初集)。与此同时，我又把《刘国钧图书馆学论文选集》中的新中国成立以前的十四篇文章重读了一遍。我察觉到，沈祖荣先生文章的内容与杜、刘两先生同时期的文章相比，有其相同之处，也有其不同之处。相同的原因，在于事业相同，在于为民族素质提高，为国家富强的奋斗目标相同；不同的原因，在于各自的工作岗位有异，接触图书馆学的时间早晚有异，对社会的接触面广狭有异。从而使我联想到，作为沈、杜、刘三位先生的晚辈的我们这一代，如果想把近百年前期的中国图书馆发展史、图书馆教育思想史、图书馆学教育史、档案管理学教育史弄清楚，就很有必要把沈祖荣先生的文章更多地搜集起来，加以编注重新发表。于是我又向北京图书馆、四川省图书馆、杭州大学图书馆和几个老校友继续搜集，结果，共得三十一篇。从发表的时间看，一九一八年至一九三六年，是国内军阀混战时期；一九三七年至一九四四年，是抗日战争时期。先是社会动荡不安，继而是半壁河山破碎。敌占区，是哀鸿遍野，民不聊生；解放区和大后方，均过着不同程度的非常艰苦的生活。当此之时，四万万炎黄后代中，无论军政、经济、文教各条战线，均有一部分人为了民族的生存，祖国的复兴，不惜牺牲地坚守各自的岗位，苦撑大局。推算到文教战线的图书馆学，很可以作为代表的，当数沈祖荣、杜定友、刘国钧三人。三人中，最早投身于图书馆事业的，乃是沈祖荣先生。最早培育图书馆管理人才，继而创始性的兼顾培育档案管理人才，领导文华图专直到新中国成立初期的，仍是沈祖荣先生。沈祖荣、杜定友、刘国钧三位先生相处的关系，也是值得后辈效法的，他们始终坚持团结，坚持互相尊重。我的一部杜著《校雠新义》，是听了沈祖荣先生推荐后才去买来的。我的一本刘著《图书馆学要旨》，也是听了沈祖荣先生高度评价，才全部手抄下来的。刘国钧先生主编《图书馆学季刊》时，多次向沈祖荣先生索稿。杜定友先生在《我与图书馆学教育》一文中写道："一九二一年，我毕业回国后，全国图书馆专家，只有沈祖荣、胡庆生二人在武昌主办文华图书馆专科学校。其后，胡氏改业银行。始终其事的，惟沈氏一人而已。"这些表现，可以作为他们之间相互尊重的明证。

近十年来，我所接触的原文华图专的老师和老同学们，也一致希望有一部系统记叙文华图专的校史和一部沈祖荣先生的传记问世。经过初步交流想法，决定先由我来搜集资料，然后以适当的方式，或"先取众谋而后独断"，或由几个人合作，编写出《文华图专校史》、《中国图书馆界先驱沈祖荣先生传略》各一本，编注《中国图书馆界先驱沈祖荣先生文集》一本，交出版社出版，广为宣传。宣传的目的，主要是使它有利于继承艰苦创业的优良传统，有利于发扬爱国主义的精神，促使中国图书馆教育事业日趋繁荣。

目前，先出版的这本文集，反映了新中国成立以前四个年代国内图书馆的发展概况；反映了国内图书馆教育工作的思想概况；反映了图书馆学教育和档案管理学教育的开创与推进的史实；也介绍了一些欧美和日本图书馆的概况，是一本珍贵的图书馆教育历史文献。读者只要浏览一下，就会感觉到的。

为了便于阅读，编者对于原来没有标点的文章，补加了标点；对文中少数典故和历史情节，作了必要的注释。誊写时，对繁体字均换成了简体。对于个别明显的错别字，作了改正。读者发现错误时，希予指正！

丁道凡

一九九〇年六月

目　录

CAN THE AMERICAN LIBRARY SYSTEM BE ADAPTED TO CHINA?

To the ear of the West speaks the voice of the East! What future hand is to turn the pages of knowledge that China may read and send forth modernized relics of her arrested science and art? What she speaks for is the crumb from the loaf of educational benefactors; a penny from the world that she may return millions!

The library in China is the subject of my paper, for what factor could mean more to the advancement and civilization of a country, than these store-houses of stimulating volumes?

OLD CHINESE LIBRARIES

Libraries, in the old Chinese conception, are not a novelty, but they are considered such from the Western point of view. In china they meant a store-house where books were kept and hidden away, the main idea being to preserve the "literary treasure" of the country. The existence of libraries can be traced back in the official records of early Chinese history. In the Chow Dynasty, for instance, Lao Tan, the founder of Taoism and the respected teacher of Confucius, served as a librarian and custodian of the archives in 553 B. C. Again, after the downfall of the first Chinese Empire, Liu Pan, the founder of the Han Dynasty, upon his victorious entry into the capital in 206 B. C., directed his minister, Hsiao Ho, to collect the books and state papers from the library and keep them in a safer place.

LIBARIES OF THE PRESENT TIME

Sze Ku, the present of national library, was modeled after that of the Han Dynasty. The contents were collected for the sole use of the state officials and the princes of the royal family, and were more or less looked up to by the public as a precious possession. It is a most regrettable thing to record that, during the Boxer outbreak of 1900, many of the treasures in the national library were taken by the Japanese, British, French, and German troops to their respective countries, and more were burnt by them.

In addition to the national library there are provincial libraries as well as club and subscription libraries. The latter were established by the various craftsmen in their guilds. The customs officers also have small libraries for the members of their staff. Occasionally, in some of the Buddhist temples, are to be found libraries made up largely of Buddhist books and Sanscrit scriptures. Naturally there are private libraries for individual use. I recall my great surprise, on visiting a very extensive private collection of manuscripts of the Sung Dynasty, to find that it contained early medical and Buddhist books, old Japanese folios and rare editions.

In connections with the establishment of schools and colleges, there has been a considerable effort to make collections of books for their libraries. These collections have been purely academic, and selected for the sole purpose of meeting of the immediate needs of the schools.

Though I could mention a number of libraries in my country, there has never been a free circulating library of any sort. The collections in the provincial libraries are too one-sided and also too small to be considered as state libraries; even their existence is very seldom known. The books are not to be drawn by readers, their use having been traditionally regarded as a privilege, not as a right of the people. They have, however, gone so far as to install the one-penny admission plan. Apparently the founders of these institutions have never realized the function of a public library. To my mind the real modern library is not for the literati alone, not for the scientific man entirely, nor yet for the fortunate few who could well afford to have a private collection, but should stand with open door as an institution for self-education to train future Lincolns, Grants, Carnegies and Edisons. It should be a center of light to the whole community, from the smallest child who comes in to look at the pictures to the mature man solving the problems of business life.

CLASSIFICATION OF BOOKS IN CHINESE LIBRARIES

As to technique in the Chinese library, there is much to be said. All the books in the state libraries are classified in the same way as those in the national library, under the following headings: Classics, history, philosophy and belles lettres. Under the head of classics are found the books written by or about the great Sages. Confucius and Mencius, either in prone or poetry. Under the history heading are the histories of China. Histories of foreign countries are entirely excluded. The third group includes philosophical works, natural and social sciences, and useful and fine arts. Literature, poetry and miscellanies are entered together, and whatever is difficult to classify is put under the last heading, belles lettres. The inadequacy of the system of classification can be appreciated from this fact that the grouping is too general. Book selection, however, is careful, and in general well made. Books containing radical ideas or critical views of the Imperial government are rejected, not to mention the "trashy" books and most fiction. Should an author once be condemned by the government, his books would not be accepted again under any circumstances, regardless of their value and usefulness. For this reason the works of many talented writers have never been admitted to the library.

The well-known classified catalog of the Chinese national library, printed with critical notes, is in 500 volumes. The abridged edition intended for the use of the state libraries, as a guide to their collections, is printed in 120 volumes.

The arrangement of historical books is very difficult. The average Chinese historian treats of important events arranged according to the year of the emperor who ruled. Each new emperor has his own name and his own date. Sometimes a ruler changed his name several times during his reign. I recall an instance where the emperor's name was changed on one occasion because of an earthquake, and then again because of a famine or plague. Whenever the royal name was changed, a new date was adopted. If the historian recorded events in the fifth year of the emperor, it might be recorded as having occurred in the first year of the title "so and so," though the emperor known by the two different names was one and the same person. This frequent changing of dates and names complicates matters seriously for the student. It is difficult. If not possible, for a Westerner to get an answer to a question like this: What happened in China in 1815?

The assignment of subject heading is a serious problem to Chinese librarians. Though we have a few tools like *Bun Tsao Gong Mu*, "Chinese herbal book of nature,"; *Dze Woo Min Sze Tu Cow* , "named and pictures of vegetables,"; *San Tsai Tu Huei*, "Pictorial book of nature"; *Er Yah*, "Ready guide" etc., we greatly need aids in religious, medical, legal, and scientific subjects. There is no standardization of terms in Chinese. Many simple words, as *industry*, *liberty*, *girl*, etc., have four or five terms to interpret them, and one term is as much used as another. Which one to adopt is something the librarian must decide. Again many new words have not been translated into Chinese, and the language is so constructed as to make it impossible to attempt to use foreign words without serious confusion.

VARIOUS AIDS FOR CATALOGING AND FILING

Though there is no alphabet in our language, our system of pictorial symbolism is not without advantage. Let me illustrate it by a few instances. We have a symbol standing for the word *field*, and by adding another symbol, representing strength, it becomes a man ready for field-work; by adding *field* to it, i. e. , double field, it means comparison of fields; by putting the word *grass* above it, we have the symbol representing grain, and so on. One who sees any of these words, or symbols, providing one knows the sign for field, will have no difficulty in understanding that each has something to do with field. No doubt it was the realization of the difficulty due to the lack of an alphabet that caused our forefathers to devise the following three valuable methods by which Chinese words are grouped together. They might be used for filing in the library.

1: Natural Method. Words having similar meanings are placed together under distinct heads as: heaven, earth, moulds, hills, waters, plants, trees, insects, animals. The key to this system is the "Ready guide", which was credited to Chow Kung of the Chow Dynasty about 1100 B. C. The present form was revised about 280 A. D. This method may roughly be compared with the classified catalogs of some of American technical libraries. Anyone unfamiliar with the word belonging to a certain class, would be unable to use it, and its inconvenience and difficulty for the average man prevents its adoption in libraries.

2: Rhythmic Method. A grouping of words is made according to their similar tones. The number of tones in the Tong Dynasty was 206, and was reduced to 160 in the present form. *Pa Wen Yung Fu*, "the treasure of good sentences" in 120 volumes, and *Ping Tze La Pen*, the "classification of disyllables" in 100 volumes, are the two best aids. They have not been adopted in libraries, because of the lack of a standard phonetic system.

Only those who have written poetry or understand the technique of poetry may find them of any help. The people from Canton or Sze-Chuan would not be able to use either of these books, for though the written characters are the same in all parts of China, their pronunciation varies so much in different provinces that the natives find it impossible to understand each other.

3. Analytic Method. In this, the arrangement is made according to the radicals or keys. The number of radicals in *Lu Soo Bun Yi*, "origin of the six modes of writing", was decreased from 566 to 360, and was again reduced to 214 in the *Emperor Kang Hsi Dictionary*. Any word can be formed from 214 groups. While the lack of an alphabet causes very great inconvenience, still we are fortunate in possessing these radicals, for in them we find the solution of the problem of cataloging and filing of Chinese books. For example, the symbols for the words *brightness*, *yesterday*, *time*, *warmth*, and *summer*, have the same root or key as the word *sun*, under which they are to be filed, one after the other according to the number of strokes.

Occasionally a difficulty arises in selecting the right radical of a word. For example, we have a symbol which means *unite*. Add the symbol for *mouth* to it, and it means *bite*. If the symbol for *woman* is added to it, we have the word *handsome*. By adding the symbol for *dog* to it, we have formed the symbol for *crafty*, and so on. Through an innumerable list, in which we find that all the words have the beginning symbol for *unite*, but in each case it is not the key. No word can be found in the *Emperor Kang Hsi dictionary* under the symbol for *unite*, but only under its component parts. No cross references whatever occur. This is one of the defects of the dictionary plan. In forming a modern catalog in a Chinese library, there must be cross references. They are not only necessary, but essential.

In cataloging the names of Chinese authors we might use the "One hundred surnames" as a guide. It is commonly used in China. Every boy at ten begins with this book and learns it so thoroughly that he can recite it from memory. The names could be filed according to the order in which they came, but there would arise the objection that the adult searcher would be compelled to drill his memory so as to remember every name on record, something that very few people are capable of doing. Further confusion would be bound to arise, should the subjects and title cards be filed together with the main author cards. The third objection to its adoption in the library is that it is inadequate because there are many new names that have not been entered into the "One hundred surnames".

Moreover, the average Chinese writer does not stick to real names. The more he writes, the more numerous are his pseudonyms. The difficulty could be overcome, of course, provided there were aids to assist in finding these names. To be sure we have biographical dictionaries, but that are so inadequate and crude that they could serve no purpose. To make the Chinese library efficient, there is need for some such help as the "Dictionary of pseudonyms", " Lippincott's universal biography" or "Century dictionary of proper names" in Chinese.

I have shown that the Chinese library system is unable to meet present-day needs, but that does not assume that we should give up our old system entirely and adopt a new one. If we proceed thus, we shall create an immense amount of opposition. The failure of our reformers, who, while introducing new ideas, new theories, new systems, overlooked the fact that much of our system should be preserved, may serve as a warning to every Chinese librarian, The good points of our system should be utilized, harmonizing with the American ideas. There is no one perfect plan for a whole universe. One system, though ideal in one place, may be found of no use in another. The nearest to an ideal system is *what which* suits the conditions best and serves the people most efficiently.

ADOPTION OF THE AMERICAN LIBRARY SYSTEM

Can the American library system be introduced in my country? The answer is yes, but with many modifications. Even in this country, there is no absolutely uniform system in the libraries. each locality has its own special needs. The library of the old plan cannot be the people's university. The card catalog must be introduced. An inadequate arrangement by class should give place to a simple and up-to-date decimal classification. After studying various systems, I consider the "Dewey Decimal Classification" the best for our use because of its simplicity and comprehensiveness, and especially since the Chinese students have learned Arabic figures in solving mathematical problems. The "A. L. A subject headings" will be of immeasurable assistance to our libraries, as an aid in unifying terms. It has been my cherished desire to translate both Deweyis classification and the "A. L. A. subject headings" into my native tongue. The cataloging system should be simple and usable, so that the ordinary person may find the same help as the intelligent student. To solve this great problem, we need a Chinese Dewey, and to remedy the inconvenience of the indexing and the cataloging, we need a Dr. Poole and a Cutter.

Should Chinese books be used in the library for circulation, better bindings would have to be used and the paper necessarily would have to be of a better quality. Soft paper covers would then give place to strong cloth ones. Fortunately some of the publishing firms have their books published and bound in semi-foreign style, but even these would not be of much service to the library. The Chinese and Japanese books are very thin, so they cannot stand on shelves, so do the European books, instead they must be laid flat, one on top of the other. It will be a duty of the Chinese librarians to demand that library bindings be used, and that different parts of the book be bound in one volume instead of in the usual pamphlet form.

This question of binding and serviceability has been a strong objection to the circulation of books in China. After one or two circulations, the books would return as waste paper.

TRAVELING LIBRARIES

A magnificent marble library building with a large collection of books is indeed a pride to a community and an honor to a nation, but it is not a necessity in China at present. Aside from the question of cost, it would hinder the movement, because of the people's ignorant awe of grandeur and imposing appearances. Of most importance is an efficient staff to carry the great cause forward. Instead of waiting for the readers to come to the library, traveling libraries should be established in the different localities. They can be worked out on an extensive scale, but at a relatively small cost.

BOONE UNIVERSITY LIBRARY

In order to give my readers an example of this plan, I call to their attention Boone University Library in Wuchang, China. This library was established through Miss M. E. Wood by the gifts of American friends. It has two departments, with a collection of about 6000 volumes in the English department and 9000 in the Chinese department. The former is largely made up of theological and literary books; the latter, of classics and histories. Though the collection is too small to meet all the needs of that city, the books have been well selected. At first the people did not come with the purpose to read, but from sheer curiosity. Even the students of the university were reluctant to believe in its usefulness. Many a time the librarians were greatly discouraged, and the heads of the university doubted whether the library could continue. Gradually but steadily the students began to appreciate it and to draw out books. The work with the people in the outlying districts has also been encouraging. In 1914 only three traveling libraries had been placed in government schools, where books could be taken out for home use, but the number had grown into ten such stations, as the last year's report shows. This is a bait. More people will be drawn into the library when the privilege is understood and the reading habit is formed.

The university extension lectures on various topics such as "How disease is carried", "Prevention of blindness", "International law and neutrality", etc., held in the library auditorium, have done much in advancing the library movement. The average attendance of these meetings is between four and five hundred. Both before and after the lecture, the students serve as ushers to conduct the audience in separate groups through the library to view the arrangement and classification of books on the shelves, and to explain the purpose of the library. Most important is the influence that is exerted—the seed sown in the minds of these students, who will be the leaders of Chinese thought in the reconstruction period that is before us. Possibly no other agency is so capable of carrying to remote parts of the country the idea of the library as a factor of public education and progress. An institution such as Boone University Library, with a collection of well selected books and up-to-date American system would, with the willingness of its officials to serve, prove my people's university.

At the traveling library branches, with workable collections, Boone Library will have an important role to play in introducing the American library system. Considering the progress and development already made, I am full of hope that traveling libraries, in charge of trained assistants, may be established in the treaty-ports along the Yang Tze valley, an extent of one thousand miles. Another step will be to work with the so-called club and subscription libraries, which will gradually develop into larger ones. Then will follow the organization of provincial libraries.

The exhibits of American library methods at the Panama Exposition turned over to the Chinese Y. M. C. A. at Shanghai, will be of immeasurable help in the future of our libraries. I learned recently that Prof. Robertson of the lecture department will use them to conduct a campaign in the library movement throughout the country.

Some time ago Andrew Carnegie formed a committee with Dr. Eliot at its head, to investigate the advisability of establishing a library on the American plan in the capital of China, but unfortunately this noble idea was laid aside, if not indefinitely postponed. Has the investigation of the liberal educator proved satisfactory, the nation would have applauded him with a lifelong fidelity.

The present government is beginning to recognize the importance of the library as an educational factor and has conferred upon the writer this present scholarship as a student in the Library School of the New York Public Library. One more student will be sent next year to continue the study of such administration.

I have tried to show that the Chinese library is still in the mediaeval period; how the American system can be advantageously adopted and how Boone can be a model of the American library in China. It is in this cause I appeal to you, the citizens of land of libraries; to you, librarians and lovers of humanity. The eternal gratitude of a nation stands awaiting to be won!

To my people I give forth a vision I have had; the vision of a new China here education shall be free to all; where the best books shall be available to all; where the history, art and science of our civilization and the civilization of the West shall be gathered into libraries and museums, and form a background for the new civilization toward which we have set our faces and our hearts.

（见 1916 年《The Library Journal》第 41 卷第 6 期）

《中国书目十类法》原序

跻数仞之堂奥，必循阶级而升；浮万里之海洋，必赖舟楫而达。拥百城之图书，必有简明目录以供检阅。图书无目录，犹登堂奥不循阶级，浮海洋不乘舟楫，无是理也。考目录之学，始于《汉书·艺文志》，唐宋间代有作者。迄清代《四库全书》，分经史子集为四部。张南皮著《书目问答》，益以丛书，合为五部。目录之学，始详备矣。虽然，五部之编定，仅足概括中国古今之书。自欧亚交通，新学发明著书立说，浩如烟海，繁若列星，断非五部所能赅括。今欲求实际应用，便于取阅，不得不于五部之外，创立新法，包罗中外之书，无遗漏之患。并求检阅便利，此图书目录所宜变通而增益也。祖荣任图书馆职，勉竭心力，仿美儒杜威《十类法》，强分图书总目为十类以一千号，数为次序。如零数至九数，分总目为十类；每类分十部，每部分十项。例如五百为科学类，五百一十为算学部，五百一十一为珠算项，余以此类推。如某项书多，十数不能容纳，则于十数之后，以小数志点之法代之，以济其穷。例如三百为政法经济类，三百七十为财政部，三百七十二为租税项，三百七十三又点一，为海关税，余亦以此类推。据此编法所有书籍，均以类部项三者依次分列以某数目，代表某书名，开明某数，取阅某书，较为简便。惟书属创始不免大雅所嚎，然开馆伊始，编集目录，但求便于取阅，不惜略变成规，勉成草率之章，以供同人之用疏略之愆，自无逃避，所期海内鸿博，随时指正，逐一改良，俾臻完善，此则祖荣之切祷者也。

民国六年十月文华公书林沈祖荣绍溪甫序

（见沈祖荣，胡庆生著《仿杜威书目十类法》第二版，武昌文华公书林1922年出版）

中国全国图书馆调查表

今之谈教育者，莫不曰广设学校。然竭全国之能力，谋国民教育之效果，恐于毕业学校数年后，学业即限于止境，甚或消失无存。故不得不于学校教育外，急筹补偏救弊之法。此诚教育家极重大之问题也。学校外之教育机关甚多，其性质属于根本的，其效果属于永远的，莫如图书馆。欧美图书馆筹划之精密，设立之普遍，使其全国人民之学问技能，无一不受成于图书馆，故有市民大学之徽号焉。中国古代藏书，属于公家者，石渠金匮，视若鸿宝，人民无由窥其美富。在私家，搜罗诸子百家，侈谈宏富，亦只供一二学者，研究高深之学理，而于普通人民无与也。盖吾国士人，多持曹仓邺架之谬见，尚未明了图书馆之性质，不在培养一二学者，而在教育千万国民；不在考求精深学理，而在普及国民教育。此中国图书馆不能发达之一远因也。迩年图书馆事业，渐有萌芽，各省亦多有设立。惜国家无一种法令之规定，各馆皆人自为法。漫无标准，殊于图书馆事业前途，诸多滞碍。不佞曾列图书馆调查表，函请各省馆长，依表填复。其宗旨，一以调查各省之办法，列为总表，俾阅者取长弃短，以为改良之借鉴；一以全国图书馆逐年调查表，互相比较，以觇将来之成绩；且更欲借调查表，与各省馆长为声气之应求，互相联络。遇有改良办法，随时函告；或择适中地点，共同开会，商筹统一之法；或商办图书馆教育研究所，培植图书馆人才，以备异日之应用。此图书馆调查表，关系重要，所以急欲举办也。现各省按表填复者，已收到三十三处。特照原表先行排印，分寄各馆，先睹为快。其有未及答复者，容续补刊，阅者谅之！

中国各省图书馆调查表

西历一千九百十八年三月，中华民国七年三月

调查项目

省别　图书馆类别　藏书卷数　每季阅书人数　书籍能否借出　馆长姓名

图书目录如何编订　图书装订应否改良　阅书证券是否取资　每年经费若干

（编注者按：填复此表有33个图书馆，填法极不一致。其中一部分未予逐项填复，即对有些项目空着未填。原出版的《教育杂志》，当时是用16开纸，逐页排印在方框表格内的。现在从方框表格内拆出，按原填字句抄录下来。对其中用标点的和不用标点的各项，基本保留原状。）

北京　京师普通图书馆　汉文127000 日文600 西文400 约600人 由教育部介绍可以借出 馆长夏曾佑 依四库全书体例编目 装订未研究 阅杂志报章，收铜元1枚；阅普通书，收铜元2枚以上，学生减半；阅四库全书，收铜元5枚；阅善本书，收铜元10枚；另有优待券免费。每年经费15000元

北京　高等师范学校图书馆　汉文7236 日文3094 西文2902 约5400人 除各部教员研究室参考及教务主任指定学生用书外，概不出借 馆长刘宝廉 仿日本东京帝国图书馆之制编目 不取资 本馆设于校内，经费未划分

北京　通俗图书馆　汉文2100册，英文32册。3950人 书籍可以出借 馆长刘骏书 分经学、历史、传记、地理、教育、政法、军事、实业、算术、经济、理科、宗教、医药、小说、杂志、文牍、讲演、词曲、新旧剧、图画、体育、报告、杂书等类 中国书籍仍以华装为适宜 不取资 每年经费960元

天津　省立普通图书馆　汉文12974 日文1698 西文457　4500人 普通书可借 馆长由省公署教育科主任兼充 汉文以经史子集分大

纲，再分条目。日文西文以学科分编 中国书籍以原装为适宜 每证收铜元2枚 每年1980元

天津　南开学校图书馆　中文2000本　英文2500本　1400人

天津　北洋大学图书馆　汉文20000本 西文16460本 400人 以师生为限 馆长爱温斯 按美国国立图书馆编法编目 应改良 不取资 每年除购书外，1800元

山东　普通图书馆　汉文103472卷。日文626册。西文432册 1600人 书籍向不外借，即本馆员司阅书，亦须赴阅览室 馆长庄陔兰 分经、史、子、集、丛书、科学六部，每部分总目，又分细目 中国书籍仍用旧式装订　每人收游览券资铜元3枚，阅览室不另取资，对各学校均有免价阅书券 每年4512元

山东　济南齐鲁大学图书馆　汉文8000册，西文5000册　3000人 除字典辞典外，一律出借 馆长 德位思 初创未定，而中文以经史子集，西文以十进分类 本馆书籍大半改装 不取资 每年经费无定数

河南　普通图书馆　汉文1762部。日文及西文共有十余种 约400人 只能来馆阅览，不准借出 武玉润 分经、史、子、集、丛书、时务六门 两种券，一种准阅书，一种收铜元1枚 每年共领3600元

江苏　高等师范学校图书馆　汉文7800本 日文100本。西文1300本 4000人 除参考书外，可以借出 笪耀先 现照四库分法 拟改用杜威十类法 不取资 每年经费未定

江苏　扬州普通图书馆　中文11693本 450人

江苏　无锡县立普通图书馆　汉文37087本，日文1440本，西文444本 1034人 设备未周尚难借出 主任刘树勋 储藏处分编字号，永远固定；检查目录，视各书之性质，区分部类；另有书目印行；常雇工匠，驻馆修理。经费有限，尚未改良。普通券，每人铜元2枚；特别券，每人4枚；妇女券，每人2枚；儿童券，每人1枚。民国六年经费1488元，临时费763元。

江苏　无锡天上市普通图书馆　汉文13636，日文338，西文38。594人 书籍不能借出 胡壹脩 分经史子集、丛书、文学、理学、法学、医学、教育、实业、杂志、日文 装订宜分甲乙丙丁戊五种，大

小一律；此外无异式，藏书方能美观 图书证券不取资 每年264元

江苏 松江通俗图书馆 汉文50000本，日文约100本，西文约200本 每年7861人 不借出 馆长雷君彦 分新旧两部。旧籍，依经史子集、丛书编次；新籍，依各科学编次 不取资 本年度1500元

江苏 上海圣约翰学校图书馆 汉文1581，西文10183 7477人 能借出 徐燮元 杜威十类法 不取资 每年2000元

江苏 金陵大学图书馆 汉文2016，西文3141 17906人 书能借出每次不得超过3册，乃克文、洪有丰 西文以美国杜威十类法，汉文仿四库全书目录法 应改良 不取资 附属于学校内，并未规定常年经费

江苏 南通学校图书馆 汉文130000卷，日文108册，西文290册 约100人 非馆员特别许可，不能借出 馆长张謇，名誉馆长沙元炳 分经史子集、丛书五大部 装订待研究 每券铜元2枚 南通张謇以私资开办，建筑费13000元，常年经费2000元

浙江 普通图书馆 汉文372188，日文852，西文673 上年每季1603人，本年9月份止，每季2106人 能借出，但有保证金及其他种种条件 龚宝铨 原编目录照四库分类，新书即附其中，然新旧杂糅，殊嫌不便；明年续编书目，拟旧书仍依库目，新书另为一编；浙江藏书楼，商务印书馆，涵芬楼皆如是，但新旧无截然界限；兹事实无善法，非于四部内，别增门类，不能合新旧为一炉，此非精于目录，亦未易别增门类也

安徽 省立普通图书馆 中文33281，日文2716本，西文258本 90人

福建 公立图书馆 汉文2350种共500238卷 26480本 约5000人 不能借出 馆长黄葆钺 分经史子集编定 装订仍旧 不取资 每年2100元

湖北 普通图书馆 汉文139369册，日文511册，西文203册 约1400~1500人 按本馆章程出借 馆长杨寿昌 分经史子集、丛书五大纲 仍用原装 每券取资铜元1枚 每年1404元

湖北 武昌文华大学公书林即普通图书馆 汉文1012种共

11771 本，西文 6704 本。7238 人 本校生及前肄业或有特别介绍均可借出。现有在五省公共机关分设的巡回文库 22 处 总理韦棣华，协理沈祖荣。中西图书均用杜威书目十类法，现正在赶办目录册及目录片 中书大半改作西式装订，以便陈列，且易检阅 每日任人阅览，不用券，不取资 每年 3500 元，购书费及装订费在内

湖北　武昌高等师范学校图书馆　汉文 19680 册，日文 4355 册，西文 532 册 约 1600 人 除本校及附属中小学教员外，概不借出 由校长委员经理，尚无馆长之设 中国图书依四库目录及书目答问编定；新书依科学分类编定 不取资 每年经费无定额

湖北　武昌博文书院阅览室　汉文 1678，西文 2257，1300 人 能借出 馆长贾溥萌 西文目录片用杜威十类法，书架陈列号数与目录片同，中书分 45 类，以百家姓 45 字代之，应宜改良。例如本阅览室中国书籍装订之法如西法然，以布壳装订，以免损坏书籍。若一部书有两册，则将此两册订为一本，其他仿此 不取资 每年 100 元

江西　九江南伟烈大学图书馆　汉文 2100 本，日文 300 本，西文 1400 本 3600 人，可借出 馆长蔡天佑 照学科分类 不取资 每年 360 元

湖南　全省公立普通图书馆　现正编印书目，俟印出方能区分 每月阅览人数约 1600 人，不能借出 馆长刘善渥 中书照四库四部编定，西书照科学门类编定 中国书除蝴蝶装外，以普通线装为最良，万无可改之理 每券取铜元 1 枚 每年 14866 元

湖南　长沙雅礼大学图书馆　汉文 500 本，西文 1250 本 200 人 能借出 杜威十类分法 中国书甚少 并无证券，亦不取资 每年 158 元

广东　通俗图书馆　中西文书籍 3000 余种 无定额 不能借出，唯行政机关须查考者，先期备文知照，以便检付 馆长 1 员，馆员 4 员 按经史子集、行政、经济、教育、军政、格致、法政分编 经史子集各书装订均照旧式，他种新学书籍，一律改良装订 每年额定 3600 元

广东　岭南学校藏书楼　汉文 3000 余本，西文 6615 本 平均每日不过 15 人以上 能借出 馆长巴罗赞 装订应改良 不取资 并无证券

由1915年7月至1916年7月共费500元港纸

广西　普通图书馆　汉文60000本，日文150本，西文140本　90余人　不能借出　馆长杨贞粹　分初编上编。初编以科学书当之，内分十八科。上编以历代经史子集当之，内分四类，均依各书之性质分类　装订应改良　不取资　每年常年经费600元，添置书籍费200元，特别开支临时酌定

陕西　公立图书馆　汉文94430本，西文200本，日文268本　1440人　有三部以上者准借出　馆长高树基　依四库全书总目之例，分经史子集四部分编　每张收铜元2枚，学生军人减半。又阅书满一月者，即给三个月有期优待券　每年1200元

吉林　普通图书馆　汉文1109种，日文405种，西文12种　约330人　止限本城，不能远借　馆长王文珊　拟仿四库全书编定　现在未取资　每年4200元

云南　通俗图书馆　汉文150000卷，日文约1000种，西文约200余种　春夏秋三季每月约3000人，冬季每月约2000人　凡省内各机关须参考者，均可借出，私人一概不借　馆长一员、庶务一员　每年汇编一次，以初编、二编、三编别之，现已出初编　本馆旧书甚多，且大小参差，一时未便改订　照省立预算案每年9600元，现在每月实领360元

（编注者按：表中文字内容，到此抄完。）

据上表观之，全国图书馆之办法情形，了如指掌。不佞，就原表详加研寻，有急待改良者。兹略参管见，与诸大雅一一商榷之。

一、中国幅员辽阔，人口众多。每省图书馆，不过一二处，或一省并无一所图书馆。合全国图书馆统计之，不及美国一都市之多。其藏书总数，不及巴黎一国民图书馆。国内图书馆少，国内阅书人必少。与国家文化之进步，有无形之障碍。故欲增长国民文化之程度，则图书馆之教育，较学校之设置，其效力尤能普及。此在靠政府提倡于上，人民充分支持并利用于下，徐图异日之发达焉。

二、欧美国民，视图书馆为继续到终身之教育机关，如日用之粟米布帛不可须臾离者。故平日好读书人多，阅书人数，不可胜计。中

国阅书人少，人民求学之心薄弱，无庸讳言。然各馆阅书取资，亦足阻碍来学之心。观表内，凡取资之图书馆，阅书人数即较少，可为明证。盖图书馆为公共求学之所，应实行开放主义，不取分文，以资提倡。欧美图书馆无一取资者，日本公共图书馆亦然，故阅书人纷至沓来，倍形踊跃。中国仿而行之，洵诱导人民阅书之良法；况取有限之资财，生极大之障碍，所得亦不偿所失也。

三、各省图书目录，多沿四库四部之成规，又知四部目录，不能统中西图书，概括无遗；而于四部之外，别增目录，以补不备，糅杂参差，无一完善目录，可供应用。不佞，仿美儒杜威十类法，编印目录一部，各省亦多有仿用此法者。事属倡始，未敢认为善本。然十类之法，以号数代书类，以字母代书名、著者名，使阅者对于普通书，或不多见之书，皆易取阅。馆员欲取某书，即查某号，俯拾皆是，不致耽延时间，多耗脑力。此十类法各国所以通行也。

四、图书装订，各省有仍用旧式者，有未经研究及此者，有知应改良者。盖图书装订，重在永远保存，便易检阅。中国书壳，纸张绵薄，不耐摩擦；出入频繁，最易破坏。书头虽可注书名卷数，层累堆集，碍难检查；不若西式装订，壳面坚厚，颠扑不破，便于保存。各书平行竖立，背面注明书名、著者名、标题，排列整齐，一望明瞭。且依类粘贴号数，依号取书，极形简捷。此中书装订所宜改良也。

五、图书馆的书籍，不在搜罗美备，而在切合当地人民之需要。美国 300 部之图书馆多至 8261 处。日本文部省统计，尤多数是百部之图书馆。其宗旨在于适合多数国民之阅览而已。现在各省馆内所藏之书，备参考者，实占多数。今后添购书籍，选择必求其当。种类毋求其备，以能培养国民之常识为要旨。所有高古书籍，及大学参考之书，概从缺略。这样，可以省购许多闲书，调剂出一些经费，多办一些适合一般民众阅读需要的图书馆。

六、国家的富强，其表面在政治和经济，而促成政治和经济发展的重要条件，实际上在于国民具有较高的各种学问水平。图书馆是有助于国民提高各种学问水平的重要机关，是导致国家富强的社会教育机关。故各国不惜发费较多之资财，投入图书馆事业，始有今日普及之效果。图书馆经费支出，合各全国统计之，不及纽约城公共图书馆每年356000金洋之多。图书馆不能发达，其弊在此。所望中国政府深明图书馆与国家富强有关，广筹经费，随处设立。或富商大贾捐资兴办，或学校师生、实业协会共同捐资，以充经营图书馆之用，补助政府财力之不足。如此，中国图书馆之发达可冀矣。

（见1991年《中国图书馆界先驱沈祖荣先生文集》1—9页，又见1918年《教育杂志》第十卷第八期）

《仿杜威书目十类法》新序

古今书籍之多，出则汗牛入则充栋，苟无统系则检阅綦难。考诸古贤，邺侯则牙签万轴；求之今人，杜威有《书目十类法》。祖荣忝膺图书馆，职为便于检阅起见，因取杜威之法，参以已见斟酌损益，编为一册。付印二百本，五年之间或赠或售，业已告罄。而各处图书馆来相索取者，仍络绎不绝。或者以是篇对于图书事业稍有裨益，今竟无以应付，愧良多矣。虽然，草创之册，仍多遗漏。经验既久，觉其中更宜稍加损益，以期臻诸完善。幸胡君庆生，对于分类之法，素有心得，彼此磋商，各抒所见，又与敝校图书科第一班诸学生互相研究。取从前之旧章，再行修改。虑其歧出也，则归并之；嫌其支离也，则浑括之。总期统系联属，阅者了然。不必拘专与杜威相吻合，惟期适用而已。现在各国图书馆大形发达，出版之书，日新月异，浩如烟海，繁如牛毛，即《杜威十类法》，善则善矣，如谓毫发无遗，恐难自信。即以美洲而论，图书馆用《杜威法》，迄今颇觉困难。欲改革，则甚觉棘手，欲因仍，则不甚完全。况我国与美洲，文字书册，大相悬殊。前册多所仿用者，草创时代也。今兹特加修改者，进化期间也。不过是册之中，虽分十类，而包罗极夥。欲寻细目当用简单方法，因采取检字目录法，付诸篇末，较为便捷。至其中有欠完善尚需修改之处，尚祈海内宏博匡其不逮，则幸甚矣。

中华民国十一年一月庆生与祖荣叙于公书林之东窗

（见沈祖荣，胡庆生著《仿杜威书目十类法》第二版，武昌文华公书林 1922 年出版）

中国各省图书馆调查表

地点	图书馆类别	藏书卷数	每季阅书人数	书籍能否借出	馆长姓名	图书目录如何编定	图书装订应否改良	阅书证券是否取资	每年经费若干
北京	北京大学校图书馆	汉文二十万册， 日文二千册， 西文二万册	平均二千人	重本者可以借出	李大钊	汉文用本子仿四库分类，日文用本子十分类，西文用片子十分类	尚未改良	不取资	一万元
北京	京师通俗图书馆	汉文三万二千六百二十五册， 西文一千一百零九册， 日文五十四册	每季阅书人数七万二千三百九十三人，此系按九年统计平均数	书籍未及二十部以上不得借出馆外	朱颐锐系教育部主事，馆员四人	公众阅览室图书分新旧两部计三十一类，旧籍用四库全书目录分类法，新籍用日本帝国图书馆分类法。用片子目录，儿童阅览室图书分为二十四类	装订仍旧	阅书人入馆凭券领书不取资	每年经费八千四百元

续表

地点	图书馆类别	藏书卷数	每季阅书人数	书籍能否借出	馆长姓名	图书目录如何编定	图书装订应否改良	阅书证券是否取资	每年经费若干
北京	高等师范学校图书馆	汉文书籍共六百八十九种，日文共二千三百六十八种，西文英德法共三千六百九十一种	每日阅书人数在百人上下	普通书籍可以借出，至于公共参考书及贵重书不外借	馆长冯陈祖怡，馆员六人	汉文旧籍用四库全书分类法，新籍用杜威分类法，略有修改，西文书籍全用杜威分类法	正在改良之中	自由阅览不收费	经常费由学校支付，特别费临时规定
北京	清华学校图书馆	汉文五万本，日文二百本，西文二万本	平均三万三千余人（系按每小时计算）	流通书籍可以借出馆外	戴超，字志骞，正馆员八人，学生助手三人	中文书籍按经史子集丛书分五大类，新书及西文书籍均用杜威十类法	本馆书籍多半已改西式装订	不取资	购书费二万元
北京	燕京大学图书馆	汉文三百五十四本，西文四千五百七十四卷	每日平均百余人	书籍能借出馆外	田洪都	否仿杜威十类法编定		不取资	两千元

续表

地点	图书馆类别	藏书卷数	每季阅书人数	书籍能否借出	馆长姓名	图书目录如何编定	图书装订应否改良	阅书证券是否取资	每年经费若干
北京	法政专门学校附设图书馆	汉文二万零一百四十七部，日文三千八百九十八部，西文二千一百四十五部	每日五十人，每月一千五百人，每季四千五百人	除本校教职员学生照章填券借书外不能借出馆外	主任杨孝斌，号掬泉，馆员三人	目录片及目录簿	因经费支绌仍旧装订	不收费	二千八百元
北京*	京师普通图书馆	汉文十二万七千册，日文六百册，西文四百册	约六百人	由教育部介绍可以借出	夏曾佑	依四库全书体例附新书目录	尚未改良	阅杂志报章收铜元一枚，普通书卷二枚以上，学生减半	一万五千元
直隶	省立第一图书馆	汉文三十万卷，六万五千四百一十七册，日文一千二百二十四册，西文一千四百零七册	六百余人	准借出馆外惟善本不许，然善本亦不多，有借书之规定或有人介绍或保留证金	严台孙，馆员四人	旧书目录分经史子集丛书五大纲，新书目录先取混合体裁，以笔画多少为先后，将来之分类法拟取法泰西	装订仍旧	一律收费，每券铜元两枚，惟长来馆阅书者及曾捐书本馆者给予免费券，惟阅报者不取分文	三千三百六十元

续表

地点	图书馆类别	藏书卷数	每季阅书人数	书籍能否借出	馆长姓名	图书目录如何编定	图书装订应否改良	阅书证券是否取资	每年经费若干
天津	南开学校图书馆	汉文一千零六十二部，日文无几，西文四千三百二十六部	一万余人	能借出馆外	馆长凌冰，馆员四人	西文书照杜威十进分类法，汉文书分经史子集丛书五类	急欲改良装，订尚未实行	不收费	一万二千元
天津*	北洋大学图书馆	汉文二万本，西文一万六千四百六十本	四百人	以师生为限	爱温斯	按美国国立图书馆编法	应改良	并不取资	每年除购书外一千八百元
吉林	省立图书馆	汉文二万余册，日文三百余册，西文七百余册，共十余万卷	约一千七百余人	能借出馆外，但须有保证金	馆长王钟兰，馆员五名	分经史子集科学五大部	旧书仍旧装订	不入馆借阅者不出资	大洋四千四百六十八元

续表

地点	图书馆类别	藏书卷数	每季阅书人数	书籍能否借出	馆长姓名	图书目录如何编定	图书装订应否改良	阅书证券是否取资	每年经费若干
吉林	滨江县立通俗图书馆	汉文六百三十余种，日文十余种，西文二十余种	约一千二三百人	不能借出	馆长张果良，字维中，馆员一名	按类编列，因书籍不多，暂尚未按部编定	尚未改良	不取资	约一千一百五十九元一角
陕西	省立图书馆	汉文十万零三千九百四十八本，日文二百六十九本，西文二百二十六本	约三千七百三十人	两部以上者准借出	馆长高树基	依四库全书例分经史子集四部，计印六本，现正筹备续编	尚未改良	每张阅览券收铜元二枚；学生、军人向定减半，现时全免，以视优待；阅书满一月者，即给三个月有期优待券	三千六百元

续表

地点	图书馆类别	藏书卷数	每季阅书人数	书籍能否借出	馆长姓名	图书目录如何编定	图书装订应否改良	阅书证券是否取资	每年经费若干
山东	公立图书馆	汉文十四万五千八百七十四卷，日文八百九十七卷，西文一千九百六十五卷	约二千八百余人	不能借出馆外	馆长丁麟年，字绂宸，馆员六名	分经史子集丛书科学六部	仍照旧式装订	只收游览券资铜元二枚，阅书不另买券	四千七百七十六元
山东	济南齐鲁大学图书馆	汉文九千余部，日英文共一万余部	二千余人	除字典辞典外一律出借	馆长奚尔根，馆员吴清超	凡中西书目均照杜威分类法编定	多半已按照西法改订以便保存而复雅观	不取资	三千六百零一十元
山东*	普通图书馆	汉文十万三千四百七十二卷，日文六百二十六册，西文四百三十二册	一千六百余人	本馆章程书籍向不外借，即本馆员司亦赴阅书室	庄陔兰	分经史子集丛书科学六部	尚未改良	每人收游览券资铜元三枚，阅书室不另取资，各学校送有免费券	四千五百一十二元

续表

地点	图书馆类别	藏书卷数	每季阅书人数	书籍能否借出	馆长姓名	图书目录如何编定	图书装订应否改良	阅书证券是否取资	每年经费若干
河南	高等图书馆附设通俗图书馆	汉文日文英文共十四万卷	约一千八百余人	在阅书室披览不能借出馆外	馆长武玉润，号德卿，馆员三人	分经史子集丛书时务六门	装订急拟设法改良	不取分文	二千九百六十四元
山西	文庙教育图书博物院	汉文一十万余册，日文九千余册，西文二千余册	每季平均五万余人	以机关名义填写贷书证方可借出	郭象升、兰承荣、柯璜	仿张氏书目答问体例	尚未改良	并不纳费	五千二百元
南京	金陵大学图书馆	汉文九千三百五十六册，西文八千五百四十五册，日文无，另有各种报告一万五千四百三十一册	平均每年三万五千四百九十五次	可以借出馆外	馆长克乃文、刘国钧，馆员连同服务生共二十一人	西文用杜威分类法，目录一律用卡片；中文分新旧两类，新用杜威法，旧用四库法	急拟改良	不取分文	一万三千元

续表

地点	图书馆类别	藏书卷数	每季阅书人数	书籍能否借出	馆长姓名	图书目录如何编定	图书装订应否改良	阅书证券是否取资	每年经费若干
南京	东南大学图书馆	汉文一万七千二百一十五本，日文一百六十本，西文四千七百五十本	每年阅书人数五万零四百人	普通书籍可以借出馆外，至于参考书及贵重书不借出	馆长洪有丰，馆员朱家治、谢家禧、顾天枢、孟传甲	中英日文书目均采用卡片式	中文旧书仍用旧式，新出书籍已改良	不取分文	购书费归各科系自行预算，以该各科增购需要图书为准
南京	中国科学社图书馆	中国文一万一千九百四十二卷，外国文一万零一百四十八本	二千四百三十二人	社员能借出，非社员可托社员代借	馆长胡刚复，管理员王凤岐	用卡片式以特殊编制法分类，编定共分三组：(1)以书名为序；(2)以著者姓名为序；(3)以书柜陈列为序	目前无须改良	不取分文	约四千余元

续表

地点	图书馆类别	藏书卷数	每季阅书人数	书籍能否借出	馆长姓名	图书目录如何编定	图书装订应否改良	阅书证券是否取资	每年经费若干
江苏	松江图书馆	汉文五万一千六百册，日文一百零四册，西文二百三十五册	每年阅书人一万二千五百三十人	无借出馆外章程	馆长雷瑊，号君彦，馆员二人	分新旧两部，旧书依经史子集丛书编次，新书依各科学编次	旧籍以原来装订为适宜	不取资	本年度一千五百六十元
江苏	无锡县立图书馆	汉文十六万六千九百五十七卷，日文一万九千六百四十二卷，西文九千八百二十一卷	每三月阅书者三千零四十人	不能借出，附设巡回文库分送四乡，可以阅览	馆长刘书勋，馆员四人	旧书照四库书目，新书略照科学分类	限于经费，尚未改良	普通铜元二枚，特别四枚，妇女二枚，儿童一枚	二千四百元
江苏	无锡天上市立公园图书馆	汉文五万一千二百六十六卷，日文一万三千二百一十卷，西文二百二十八卷	春四百九十六人，夏五百三十人，秋四百零七人，冬四百九十三人	不能借出	馆长胡壹脩，主任张蔼人，馆员二人方永年、丁春荣	分类以经史子集丛书文学理学法学医学教育实业杂志日文是也	急谋改良	不取资	六百元

续表

地点	图书馆类别	藏书卷数	每季阅书人数	书籍能否借出	馆长姓名	图书目录如何编定	图书装订应否改良	阅书证券是否取资	每年经费若干
江苏	无锡县泰伯市通俗图书馆	汉文八千一百六十五册，日文无，西文二百册	二百人左右	不能借出馆外	馆长钱穆，馆员一人	分哲学文学史学群学自然学实用学美学杂学共八门	未加考虑，仍旧装订	不收费	四百元
江苏	无锡私立大公图书馆	汉文分新旧两类，旧书十二万一千四百八十六卷，新书一万九千五百八十一卷，日文无，西文不及百册	每季约三百余人	不能借出	馆长严懋功，字肖兰，馆员二人，一缮写，一修葺	目录依四库书例，另加丛书一部，初编已于本年出，版计十二卷，分装四册，新书另编，尚未付印	急拟改良	向不收费	经常费每年八百四十元，购办图书及岁修无定额

续表

地点	图书馆类别	藏书卷数	每季阅书人数	书籍能否借出	馆长姓名	图书目录如何编定	图书装订应否改良	阅书证券是否取资	每年经费若干
江苏	常熟县立图书馆	汉文十万四千余卷，日文八百五十二卷，西文三百二十四卷	每季约千人以内	普通用书可以借出，办有巡回文库	馆长张隐南，主任蒋炳蔚、馆员陈君祥、张敬臣、张善夫	共分十部，部中分门，门中分类，类中以亚喇伯字母为记号	尚未改良	不收阅书费	在本县教育费项下年拨经费一千七百六十七元
江苏	上海圣约翰大学校图书馆	汉文一千八百四十八册（系洋装巨册），约五千余本，日文无，西文一万三千六百零一本	每季约一万零二百三十四人	有特别介绍可以借出	馆长黄维廉，字介成，馆员四人	中文仿四库全书目录并参用杜威十类法，西文纯以杜威法分编	全用西式装订	不取资	六千元

续表

地点	图书馆类别	藏书卷数	每季阅书人数	书籍能否借出	馆长姓名	图书目录如何编定	图书装订应否改良	阅书证券是否取资	每年经费若干
江苏	上海徐家汇天主教堂藏书楼非通俗图书馆	大约有华文三十万卷计七万余册，西文二万余册，另有藏书楼	仅限于教士方面研究参考，每季约数百人	不能借出馆外	馆长张渔珊，无他员担任，助手一人	照四库全书例及康熙字典字母次序以书名之末一次编成目录	装订或用华式或用西式，华式惟于浆糊内加外国杀虫药水方能久存	无收费例	五六百元之谱
江苏*	扬州普通图书馆	中文一万一千六百九十三本	四百五十人						
江苏*	南通学校图书馆	汉文十三万卷，日文一百零八册，西文二百九十册	一百左右	非馆员特别许可不能借出	张謇名誉，馆长沙元炳	分经史子集丛书五大部	尚未改良	每券铜元二枚	南通张謇以私赀开办，建筑费一万三千元，常年费二千元

续表

地点	图书馆类别	藏书卷数	每季阅书人数	书籍能否借出	馆长姓名	图书目录如何编定	图书装订应否改良	阅书证券是否取资	每年经费若干
浙江	公立图书馆	中文十万三千五百九十二册，日文一千四百二十五册，西文一千四百四十五册		能借出，但付保证金	龚宝衡		尚未改良	不取资	一万二千六百元，又购书洋一千元
浙江	公立图书分馆	中外文图二百七十七幅，中外杂志四千一百五十四册			同上		同上	同上	同上
浙江*	普通图书馆	汉文三七二一八八，日文八五二，西文六七三	上年一千六百零三人，本年九月份二千一百零六人	能借出，但有保证金及其他种种条件	龚宝铨	原编目录照四库分类，新书即附其中，然明年续编拟旧书仍依库目，新书别为一编	未改良	不取分文	连附设印行所（即前浙江书局），经费共一万零七百九十九元

续表

地点	图书馆类别	藏书卷数	每季阅书人数	书籍能否借出	馆长姓名	图书目录如何编定	图书装订应否改良	阅书证券是否取资	每年经费若干
安徽*	省立普通图书馆	中文三三二八一本，日文二七六本，西文二五八本	九十人			中国图书依四库目录及书目问答编定，新书依科学分类编定	尚未改良	不取资	无定额
江西	临川县公立图书馆兼具通俗图书馆之书籍	汉文一万二千四百一十二册，日文三十三册，西文无	九千四百六十八人	借出馆外需缴保证金，限期交还	馆长徐守仁，号迪安，馆员万机新，号焕东	经史子集四部外又分教育科学通俗妇女少年儿童六类	装订仍旧	不取资	二百六十元
江西	省立通俗图书馆	汉文一万六千八百五十五册，日文五十册，西文三百六十三册	每季二万余人，全年八万余人	暂时不能借出	馆长马祀光，馆员胡侃，沈景春	分类编定尚能一目了然	正在改良	不取分文	年拨教育经费二千元

续表

地点	图书馆类别	藏书卷数	每季阅书人数	书籍能否借出	馆长姓名	图书目录如何编定	图书装订应否改良	阅书证券是否取资	每年经费若干
江西	省公立图书馆	汉文七千八百五十册，日文三百五十四册，西文五百四十册	尚在筹备期间，只杂志新闻开放阅览，每季约六千四百余人	不能借出	馆长未定，筹备员王经畬、蔡漱芳，馆员二人	尚未编定	中国书籍装订欲放置及检查之利便，均有改良之必要	不收券资	三千零二十元
江西*	九江南伟烈大学图书馆	汉文二一〇〇，日文三〇〇，西文一四〇〇本	三千六百人	可借出	蔡天佑	照科分类		不取资	三百六十元
福建	福建公立第一图书馆	汉文二千五百余种，五万一千余卷，日文无，西文无	每季约六千余人	不借出	馆长吴曾祺，馆员六人	分经史子集丛书教科译林小说八种	急应改良	概不取资	二千二百余元

续表

地点	图书馆类别	藏书卷数	每季阅书人数	书籍能否借出	馆长姓名	图书目录如何编定	图书装订应否改良	阅书证券是否取资	每年经费若干
湖北	武昌文华公书林	汉文一万三千二百七十二册，已改良装订四千零四十八本，西文一万三千一百二十二册	本城共设立阅览四处，一万六千七百一十五人	本校师生及前肄业生或有特别介绍，除参考书及教员所指定课本外均可借出，另办巡回文库可供给五省二十二处之阅览	总理韦棣华，协理沈祖荣、胡庆生，学生助手共十三人	中西图书均用杜威书目十类法，此法已经稍事变通，印刷成册以备中国图书馆之概用卡片	均已改作西装以便陈列且易检阅	每日纵人阅览不用券不取资	五千元，购书及装订书费在内
湖北	省立图书馆，馆内另设通俗阅览室	汉文十三万三万九千九百三十三册，日文五百三十一册，西文二百一十册	约二千三四百人	能借，本馆立有借书专章	馆长严献章，馆员五人	分经史子集丛书五大纲，又设科学实业哲学武学杂载等类	仍用原装	特别阅览券收铜元二枚，普通阅览券收铜元一枚，通俗阅览室免费	二千四百九十一元二角

续表

地点	图书馆类别	藏书卷数	每季阅书人数	书籍能否借出	馆长姓名	图书目录如何编定	图书装订应否改良	阅书证券是否取资	每年经费若干
湖北*	武昌高等师范学校图书馆	汉文一九六八〇，日文四三五五，西文五三二	约一千六百人左右	除本校及附属中小学校教员外概不借出	由校长委员经理，尚无馆长之设	同上	同上	同上	同上
湖北*	武昌博文书院阅览室	汉文一六七八，西文二二五七	一千三百人	能借出	贾博萌	西书目录片用杜威十类法，书架陈列号数与目录片同，中书分四十五类，以百家姓四十五字代之	应宜改良，例如本阅览室中国书籍装订之法如西文然以布壳装订，以免损坏书籍，若一部有两册订成一本	同上	百元

续表

地点	图书馆类别	藏书卷数	每季阅书人数	书籍能否借出	馆长姓名	图书目录如何编定	图书装订应否改良	阅书证券是否取资	每年经费若干
湖南	普通图书馆	汉文十二万一千六百七十卷，科学书五千册，日文四千册，西文九百八十四册	约一千四五百人	不能借出馆外	馆长黄彝寿、号仲长，馆员七人	暂照四库全书目录编定	急应改良	不取资	三千四百六十元
湖南*	长沙雅礼大学校藏书室	汉文五〇〇本，西文一二五〇本	二百人	能借出		杜威十类分法	中文不甚多	不取资	每年一百五十八元
广东岭南	岭南大学图书馆	汉文二万八千九百八十四册，日文统入汉文数内，西文一万二千九百八十四册	每日平均约有八十人，每季约有七千余人	可以借出馆外，但限于在本大学者	馆长特嘉女士，美国人，馆员五人	依杜威十类法分编，现未竣事，书名目录则以画数多少为次第	洋装中装互有利弊，南方卑湿易致霉菌蛀蚀，装订改良尤属困难	概不取资	去年一学年中支出费三千三百二十九元，馆员五人薪金尚不在内

续表

地点	图书馆类别	藏书卷数	每季阅书人数	书籍能否借出	馆长姓名	图书目录如何编定	图书装订应否改良	阅书证券是否取资	每年经费若干
广东*	通俗图书馆	中文西文共三千余种	无定额	不能借出，惟行政机关须查考以便检付	馆长一员，馆员四人	按经史子集新学各目编定及分类行政经济教育军政格致法政等	新书一律改良	不取资	五百元
广西*	普通图书馆	汉文六万本，日文一百三十本，西文一百四十本，	九十余人	不借出	杨贞粹	分初编上编，以科学书当之，内分十八科，上分以历代经史子集当之，均依各书之性质分类	应改良	不取资	八百元
四川	省立图书馆非通俗性质	书卷分中外二种，中国书四万余册，外国书二千余册	约三千余人	所有书籍概不借出	馆长祝彦和，馆员六人	中国书依四库书目分经史子集编定，科学书参用日本帝国图书馆分类法编定	装订仍旧	阅书券每张取当十铜元一枚	全年预算四千二百八十元，照省属七成通案令领二千九百九十元

续表

地点	图书馆类别	藏书卷数	每季阅书人数	书籍能否借出	馆长姓名	图书目录如何编定	图书装订应否改良	阅书证券是否取资	每年经费若干
四川	合川县立通俗图书馆	汉文六百五十余种,日文无,西文无	约三百余人	能借出馆外,需纳保证金,限期还书,保证金作退	馆长邓光辉,馆员一人	分哲学,经籍,教育,文学,史记,法政,格致,经济,农学,商学,工业,医业,数学,美术,体育,军学,地理,杂志,小说,日报,共二十类	即宜改良以便阅览	概未取资	三百余元
云南	云南图书馆,系通俗办法,此外并设分馆三处	汉文十五万八千余卷,日文一千余卷,西文四百余种	约一万余人	省内各机关有须参考书者均可照本馆章程借出,私人一概不借	正馆长赵樾村,副馆长袁树五,馆员六人	每年汇编一次	旧书甚多大小不一,未便改订	概不取资	约四千元

注:凡有＊者系民国十年之调查

（见1922年《新教育》第五卷第一、二期合刊）

民国十年之图书馆

中华教育改进社主任干事陶先生，致书祖荣，命将关于全国图书馆之事实，略为陈述，缀为短篇，登诸《新教育》杂志，俾众周知。窃念祖荣鄙务猬集，无暇预备，兼之学殖荒落，何敢播弄笔墨，贻笑方家？继而思之，生平所学在此，职务所任亦在此，纵使谫陋无文，亦当将己之所知，并逐年所经验者，贡诸社会，以资阅览。爰将十年以来图书馆之历史及其状况，并希望将来改良进步，与夫提倡推广之方法，合并言之。明知齐东野语，无补文明，然区区热忱，不能自已。倘有语涉过激，或与事实不相符合者，尚望同业诸公，暨海内鸿博，有以教我，则幸甚矣。

近十年来之图书馆，适与民国共发生。其最引人注意者，即梁任公为纪念蔡松坡所建议设立之图书馆。当时几有登高一呼，众山响应之势，故各地方非常踊跃，或担任捐书，或热心捐款。不料时局变更，事竟中止，人民热忱，竟同泡影，甚可慨叹。假使松坡图书馆成为事实，不但社会方面，便于阅览，更可因有此举，凡入此馆者，亦无不想象松坡，以为伟人为国捐躯，获此纪念，而一般人士，均可因崇拜英雄，而增长其爱国心。由是言之，我辈总希望任公先生，对于此举，有始有终，不废于半途，不隳于末路，是不特松坡之光，亦士林之福也。前任北京大学文科主任陈独秀君，被请至广东，亦曾组织国民大学，及市民图书馆，规模宏远，预备由南政府所存储银行款项内提出银洋一百万元，专办此种事业。因其学说近于社会主义，有类过激派之主张，人地不甚相宜，遂不得不离开广东，而此举遂作罢论，是亦图书馆事业之一劫运也。上海商务图书馆，系聂君云台所发起，然基础已具，以聂君魄力雄厚，又富于公德心，此馆之蒸蒸日上，可预料也。至于已经开办者，如北京之清华学校图书馆，一九一六年动工，至一九一九年告成，三年之间，创此巨观；馆中墙壁，均系大理石所砌，一切地板皆用软木为之。书架书库悉用钢铁造成；其建筑法，能避火险，计费银洋二十五万元。东亚学校图书馆当以此为首屈一指，夫教职人员及学生有如此参考之馆舍，其进步之速，不卜可知。兼之戴君志骞以图书馆专家，详为布置，规定每年购书费为二万元，其方兴未艾，更可想矣。南通图书馆办理如法，故其中看书之人非常踊跃。推原其故，因张季直老前辈，热心公益，既捐款项，又捐书籍，极力提倡，乃有此现象。事在人为，信不虚也。东南大学孟芳图书馆，江督齐公捐洋一拾五万，为建筑费用，业已兴工。夫以如此巨款，创修图书馆，虽齐公之提倡文明，无以复加；亦由组织诸君子，认真办事，其精神，其热忱，其学问，足以感召齐公，始能乐善好施也。双方凑合，成此善举，求之东亚，可谓独一无二，将来辅助教育，传播文明，我辈当拭目俟之。上海交通部所办之上海工业专门学校，即前之南洋公学，为该校二十周年纪念，募资建立六万元之图书馆，该款由该校师生乐捐，或由其他交游处募集，集腋成裘，颇费苦心，但房舍虽已建筑，其所缺乏者为图书人才，暨书籍耳。倘能从此不懈，定有告成之一日，予日望之。职工教育馆，我国工人，向无相当通俗教育机关，以开通其智识。是以黄任之先生等，首先发起职工教育馆，以嘉惠工人；馆中分配，有图书馆一座，预备工人娱乐事业，使之看书报，养成乐于求学之心，引起嗜好读书之趣味；希望将来发达，为中国之皮紫百克，康内基工人图书馆，猗欤休哉！何其盛也！无锡县立图书馆，经侯君鸿鉴提倡，又有刘君书勋等，热心办理，进步之速，一日千里，在我国图书馆中，诚不多见。长此以往，不懈不怠，必更有起色。此外，正在进行者，如北京大学、燕京大学、北京高师、天津南开大学、南京金陵大学、湖南湘雅医学、山东齐鲁大学等等，对于图书馆事业，极力扩充。夫大学为造就成才之所，必建设图书馆，乃能备参考而收实效。故各处大学，皆积极进行，视图书馆为要务。此风一倡，处处以为模范；数年以后，中国之大学，断无不设图书馆者，此诚我国之好现象也。综上述各项观之，我国人士，对于图书馆，如梦初醒，以为可补教育之所不及者，胥赖此也；热心求之，非如从前之冷静态度，是于图书馆事业中，放出绝大曙光也。要之图书馆之发达，非一蹴所能致，必先培养图书馆管理人才，研究专门学识，庶几办理合法，有条不紊，幸机缘凑巧，适有美国女士韦棣华，在武昌文华大学，创办公书林，逐渐推广，以饷士林；又恐囿于一隅，难以普及，因又有各处支馆及巡回文库之添置。现时一般舆论，谓韦女士人虽美洲之人，而心实中国之心；至其培养人才，不遗余力。以为非派人出洋，学习专门图书事业，万不能措施咸宜。其眼光之远，令人钦佩；因此之故，首先筹款，派祖荣赴美洲，学习此种专科，特恨祖荣资质愚钝，学问浅薄，不能仰副女士之盛心，每用耿耿，旋又派遣胡君庆生，继续前往，幸胡君学成归国，每每匡我所不逮，此诚祖荣之快心事也。自此以还，渐多鸿博之儒，有志之士，先后留美，研究此种专科。如徐君燮元，戴君志骞，杜君定友，洪君有丰，才如积薪，后来居上，济济跄跄，吾学不孤；此数君者，皆热心教育，以振兴中国为志愿，除徐君在家养疴外，其余三君皆在各图书馆负有义务，以期达到生平之目的。虽然，海外留学，所费不赀，远涉重洋，谈何容易？纵令虚往实归，而橘枳变异，势所必然，所学之件，在外国虽称合法，在中国不能完全采用。由是言之，欲推广图书馆之事业，务须在中国组织培养人才机关，将来学业有成，可以充图书馆之应用。是以武昌文华大学于民国七年，首先组织图书科，分门教授，不求近功，毕业期间，规定三年。现已毕业一班。其学员有在厦门大学图书馆、上海商务书局图书馆、北京政治学会图书馆、北京协和医学图书馆、燕京大学图书馆、清华学校图书馆任事；更有各图书馆向文华来聘馆员者，因已毕业之学生均已就事，其未毕业者尚在求学期中，无以应付，抱歉殊深。此外尚有短期图书馆员研究所，附属于北京高师，乃系陈君晓庄、程君伯庐、戴君志骞等于民国八年时组织之夏令图书馆员讲习所。彼时来学者，共计八十余人之多；继以晓庄辞职，兼之时局不靖，好事多磨，是以中止，后难继续，殊为憾事。然而天道好还，物极必返，今幸广东广州市，穆君耀枢、杜君定友组织图书馆员研究所。所章简明，课本精当；兼之二君热心教育，循循善诱，虽属速成，由祖荣观之，实大有补于图书界也。所惜其住址偏在粤峤，他省人才，因道路迢迢，不能担簦往学，亦属缺陷。

上所列举，种种色色，不能强同，或巩固图书馆之基础，或培植图书馆之人才，或整顿图书馆之形式，或探求图书馆之精神，通盘打算，其图书馆之数目奚若，亦当尽报告之义务。据祖荣所搜集全国图书统计调查表，不过三十余处，合并前次调查表计之，亦只五十余处，其中遗漏之处，在所不免；即按诸我国教育部《行政纪要》第二辑之调查表计算，全国图书馆，共计四百六十四处。以我国幅员辽阔，人民之数，占全球四分之一，仅仅四百余处，何济于事？即如日本区区岛国，其图书馆之多，不止千数，况欧美文明诸邦耶？兼之我国图书馆，多属通俗性质，仅备杂志数种，小说几部，报纸几份，即以图书馆呼之，若与欧美之图书馆相提并论，奚啻天渊之别，邹楚之分耶？我国为文明古国，其所以进步迟钝者，虽不尽关于是，而图书馆之寥寥落落，亦其一种原因也。兹将中国图书馆之现状就祖荣所调查、所洞悉者，试详述之如下：

（1）图书馆常年经费，查美国纽约城市，公共图书馆，该馆一处经费，每年须美金三百六十四万元。我国合全国五十处计之，不到两百万元。此两百万元中，除馆员薪俸及一切杂用外，所剩以购办书籍者，不过十分之一。甚至有开幕以前，购置书籍若干，至开幕以后，无论三年五载，再不增加书籍。似此办法，完全系位置人员主义，非服务社会普及教育之作用也。其图书馆不能发展，此亦原因。

（2）中国图书馆，多因经费支绌，故遇事因陋就简，其中一切设备及房屋形式，总不相宜。馆中光线不合，空气不通，应用器具，多不完全，甚至灰尘满案，有碍卫生，目录复杂，检阅甚难，阻人兴会，丧人心志；且馆员疏慢成性，对于来阅览者不能殷勤接待，表示欢迎之态度，故人多过门不入云。

（3）中国图书馆之书籍，半属腐败。查外国图书馆，其书籍不论其价值如何，总以有益于社会为宗旨；我国之图书馆则大谬不然，除历代艺文志及四库书目外，并不注意现时及环境所合用之书。问其书有益于现时否，有益于环境否，则瞠目相视，茫然不知。如此书籍，即有苦心孤诣之士，欲研究一种有统系之学术，无书可观，无册可考，穷年累月，不知所从。由此观之，可知图书馆之书籍，不在搜罗宏富，而在选择精当也；不然，于社会无益，虽汗牛充栋，亦奚以为？

（4）中国图书馆之书籍，其所以如前项所云者，良由一种有嗜古癖者，食古未化，中毒太深，动称古书最有价值，最饶滋味；故一般办图书馆者，信其论说，多陷于搜罗古籍，谨守成规，欲以万卷牙签，媲美前古，不论适宜与否，一味抱残守缺。如此办法，无论其无益于人也，即令造出人才，亦不过为考据之儒；对于古学虽称渊博，而与现实潮流，讲求新学说者，适相凿枘。即此言之，适成为片面之图书馆，而欲一般人民，吸取其中意味，岂不甚难？

以上所述，皆中国图书馆之流弊，盖其流弊甚多，不堪枚举，此特就其最著者言之耳。流弊既已揭出，试就图书馆之必要，言之如下：

图书馆之作用，系补助学校教育所不及，养成乐于读书之习惯，为改良社会之利器，即人民对于图书馆，如布帛粟菽，不可须臾离也。假使无图书馆，第一，即易阻学者之自修心。社会万众，俱可读书，欲专注某种学术，即宜研究某种书籍。倘无图书馆，遇有疑难，无从参考，遂致不能解决，疑团留于脑海，志士因以灰心，则将因噎废食，屏弃一切，再不向此中问津。一人如此，一国如此，虽希望文明发达，徒劳梦想。第二，无从收学者之放心，青年学子，心志俱未坚定，假使无图书馆，以便浏览适当之书，当课余无事，以有用之光阴，作无益之消遣；于图书外求娱目之具，则有害于德行者必甚多；于图书外求悦心之事，则耽搁于学问者必不少。欲矫正不规则之行为，非多设图书馆不可，诚以图书馆，真改良社会之一种利器也。第三，锢蔽学者之思想。寒家子弟，个人为学，欲荟萃中西万国之书籍，以供参考，势有所不能；即有新思想，无各种图书以为补助品，自不能独类引申；不但古时之文化，不能继续，即现时之新智识，亦无书可以证实。思潮虽高，徒劳无益，则愤气填胸，遂从此不用脑筋，不劳心力，则思想终于锢蔽矣；外国图书馆，到处林立，每有一种思想，即有一种书册，以成就之，此所以硕学辈出，项背相望也。第四，难期职业之发达，中国人之观念，以为研究学问，为学士文人所独，非众人所同也；故于各种职业，均无图书馆之设立，殊不知凡百职业，其中皆有学问，皆当研究，如欲研究，非有此种图书馆，断不能收圆满之效果；故欧美各国，专为众职工建设图书馆，以造就之，（如医学，实业，法律，农学，银行，商业，技师等，皆有专门之图书馆，）故职业之发达，蓬蓬勃勃，日盛一日。中国之图书馆，寥寥如晨星，纵置身学界者，稍知阅览书报，而一切职工，全无智识，不能有所发明，正坐此也。第五，易阻读书人之进步，读书人有三大职业：如学校教习，如翻译著述，如新闻记者；中国惟教习一业，认为一种职业，若新闻记者，则以为士林败类，或视为不正当之营业；至翻译著述一项，类皆目之为失业无聊，不过借此渔利，亦不认为职业。兹数者，若在欧美各国，均认为高尚之职业，操此业者，终年在图书馆内，纵横翻阅，随意参考；而图书馆亦供给其笔墨，以赞助其书稿之成。中国则不然，虽有此三种人，因图书馆之不发达，虽有疑窦，无从参稽；进步之难，亦何足怪?，第六，无终生继续求学之机关，中国人之眼光，以为在学校毕业（如小学中学或大学），即登峰造极，可以无事学问矣。不知学问之道，穷年莫殚；学校毕业，不过对某于某级学科，告一段落而已。至于学问，岂真达于极点；是以西人以图书馆，为终生求学之补助机关，诚不谬也。尝见中国人求学海外，毕业回国，每每以无继续求学之机关，引为恨事。更有家资薄弱，入校或三五年，即因经济支绌，不能继续求学，甚为可惜。若能多设图书馆，凡已经毕业，及未毕业而尚思求学者，均可以继续求学于图书馆，以遂生平之志愿；何以我国政府，对于此种事业，绝不提倡，甚可怪也。祖荣报告至此，不得因政府对于此事，漠然淡然，而鄙人亦遂灰心丧气，而不思改良之方法，今试即图书馆改良方法，贡献于下：

（1）书籍宜选择精当。盖图书馆种类甚多，即其中所用书籍，亦不无分别（例如国立图书馆、通俗图书馆、参考图书馆、幼童图书馆、普通图书馆等等，其范围广狭、程度浅深，均不一致），故搜罗书籍时，当十分注意，若不关时用之旧书，宜于古，不宜于今。虽浩如烟海，而人民不看，虽多何益？盖选择书籍之方法，须对于地方情形、社会状况、学校课程，或特别应用等项，以为标准，细心审查，细心品评；断断不可夸张宏富，徒壮外观，大概所选之书籍，理想要高尚，还要能合实用，事实有趣味，又贵文法精详，至对于人伦道德，绝对的不可背弃；板印要明晰，装订要整齐，壳面要精致，不然纸张恶劣，字迹朦混，最易减少阅书人的兴味。

人类社会，有儿童，有浅学，有普通学者以及专门名家之区别；图书馆之书籍，要能供种种社会之需求，例如对于儿童，宜储备《幼童须知》及《蒙养金鉴》，或古时神童之诗歌对联，及其小时历史等书，以娱乐之，总以引起儿童高尚之心思，读书之趣味为目的。至于诱导浅学之人，务使之多看文字，文字看得多，文理渐就通顺，例如《三国演义》，或《东周列国》等书，用之增长学问，固不足道，用之多识文字，未必毫无补益。若图书馆不备此种书籍，暗中阻遏浅学之知识不少，凡父兄所许阅览，及浅学之人，看之能了解而非常欢迎的，皆宜尽数具备；以文字之消遣事业，来替代种种无意识之游戏，庶几阅书之风气大开，而浅学者亦相率向学矣。若夫普通学者，其读书无一定之统系，亦无一定之目的，即有现时出版新书，亦不甚注意，偶然翻阅，但以悦心目资谈柄为第一义；即书籍能改良社会，研究新理者，大都恝置不顾，故对于书籍效用，不过达到广些见闻而止。而专门学者则异是，所有中外各国，上下古今之书籍，无不博采兼搜，以充其智识之丰富；假使有志如此，而无力购书，则研究参考，定多缺憾；若设有图书馆，则专门学者，得贫粮而资补助，其获益无穷，有必然者；是以西欧诸国，博学硕儒，继踵而起，实赖乎此。由以上各项观之，若图书馆书籍稍有不备，各种进步，必至停顿，此不可不注意也。

（2）图书馆之经费，宜规定的款。凡百事业，均须经费做成。经费愈充足，则事业愈发达。至于图书馆，亦何莫不然。我国中央政府，以及省政府，全不注重图书馆之经费，故图书馆难望起色，此必然之势也。改良方法，须在省教育经费中，提出十分之一，为办理图书馆之用；或规定由印花税中拨出，最为简便。外国图书馆经费，由捐税拨出者实居多数，诚宜取法。但每年经费，不能尽数用之于馆长馆员之薪俸火食，须提出十分之五，为购书购报、装订修理图书等费。如此办法，则书籍日多，而文明庶可发展矣。再有个人或地方团体，所设立之图书馆，或牺牲一己之金钱，或集收公共款项，以提倡社会之文明者，似此热心公益，真堪嘉尚；倘办至半途，力有不逮时，政府当酌量情形，加以补助；即有款项丰足，不须补助者，则当加以奖励，或给徽章，或给匾额，与奖励输金办学者无异；庶人心鼓舞，对于图书事业，亦增兴味。

(3) 图书馆之馆长最宜得人。大凡图书馆经费充足，书籍虽宏富，然而不得其人，其事业终归低落。选择馆长，第一须有专门学识，第二须有坚定操守。诚以馆长职务，有指挥监督的全权，要设法使全馆能够改良，能够经营，并能监督经费，决定办事的方针，检选主要的书籍，调查办事的成绩，编制精好的目录，对于董事部负责，考查社会上的情形，谋大众教育之普及等类，是即其职责也。

图书馆须选派董事部。董事部之职务：（一）保管馆中财产及馆舍，（二）决定图书馆进行方针。董事部每月至少须开会一次，以议决馆中一切事宜，对于馆中成绩，非常注意。董事部中当划分为各种委办，以专责成：一经济委办，管理馆中基本金及常年经费，与临时捐款等事；二书记委办，管理选择图书，及认可购书等事；三房屋委办，管理本馆及支馆修理，或添筑等事。董事部对于图书馆，处于监督的地位，凡馆长称职与否，宜负其责。至于馆长，对于图书馆，处于执行地位，每每董事部欲立一法，当立法之先，须与馆长商议妥适后，方谋进行，是馆长又似处于顾问地位。中国图书馆，其所以流弊丛生者；以其无董事部也。以馆长而论，有数日不到馆者，即到馆，有不依规定时间者；又如馆中开闭时间，各处不能一律；又如经费，但给薪资，不添购书籍，馆舍毁坏者，不重加修理；每年成绩优劣，无人过问，馆中诸事腐败，无人干涉。若设置得力之董事部，以上各种情况，均可免除。

董事部之资格及人数。董事部但须有普通学识，热心公益，最有读书之嗜好的，即可为之。对于图书馆之职务，为纯粹的义务性质，其选出由于公民；至个人私立之图书馆，亦可由个人资格，请出某某等为董事部，其任期由一年至五年，其人数不一，视馆中之局面大小，以酌定人数之多寡，三五人至十余人不等。其人数用单数者，预防议事有冲突时，可从多数也。至于解任方法，可规定轮流解任，每年只听一人解任。其所以如此办理者，以为倘听全体解任，则新任之董事，对于所办诸事，难寻头绪，则办理恐多棘手；若系全体终不解任，则旧董事安常习故，对于新知识，恐难增加也。以上所述，系关于图书馆之内部一切情形，如能逐渐改良，自有起色。然内部纵能改良，而规模狭小，亦非所宜；故于提倡图书馆之方法，又当注意。兹言其方法如下：

（1）学校　图书馆与学校相辅而行，可以补学校教育之不足，当然宜先从学校入手。学校中之教师，预备课程，须参考书左宜右有，则事半功倍。学校内学生，当课余偶暇，入馆纵览，亦可养成自育的习惯。兼之校内房舍，是现有的，划出一部分作图书馆，较之创修馆舍者，为轻而易举；仅仅购备书籍，亦易为力。所以中学或中学以上之学校，应极力提倡。已设者积极进行，未有者设法新增，则教育进步，当较迅速，是以美国大学中至大的图书馆，皆由如此办法所致也。

（2）学会

中国教育会，文学会，以及政治学会等等，不外以联络感情，研究学术为宗旨。查研究学术，非图书馆无从入手。诚能于会费中，每年提出几分之几，购办与学会有关系之书籍杂志，以便阅览，逐年加多。若虑其散失，欲为便宜起见，可以寄附就近之图书馆内，托其保存整理，日久愈积愈多，为将来创办学会图书馆之基础。

（3）协会

中国实业协会，及各工商团体，凡关于此种业务，欲谋发达，不可无研究之材料。况此种协会，其房屋大都是宽敞的，其款项大都是充足的。每年能抽出少许，购办有关于此种业务之书籍，既可开通智识，亦可增长实业，日积月累，年复一年，其中书籍自然宏富，将来开办实业图书馆，亦甚易易。

（4）官厅

我国中央行政官厅，及各省行政官厅，暨市政厅，均宜广储中外书籍，以为阅览的资料，且便于本国与各国，为精确之比较。试举例言之，如中央官厅，不能不设教育部。外国办法，该部须搜罗本国古今各种教育书籍，并兼采各国古今各种教育书籍，藏之该部，以便应用；如有专门名家，著有关于教育之新奇等书，尚未出版，而其人已物故，则为吸取新知新理起见，亦必出资买其版权，印刷成书，保存该部，以资参考。不但此也，凡有裨益于教育，即与教育有关系之书籍，无不旁搜远购，以备临时之用，故该部书籍，繁如牛毛。欲观某书，以电话通知司书员，立时取来，极为便利。一部如此，各部如此。推之市政厅无不如此。中国官厅，如肯仿而行之，则教育前途，庶有豸乎。中国财政奇绌，现时即难做到，亦当取法欧美，视为将来必不可少之件，而徐谋进步可也。

（5）全国图书馆研究会

中国图书馆，其所以不能发达者，又在各该馆各自为法，孤立无助；推原其故，由未联络研究机关，以谋协助也。诚能组织全国图书馆研究会，以馆中馆长馆员主任为基础，再征求全国同志，及热心赞成家，加入此会，则会员愈多，见闻愈广，集思广益，知识交换，合群策群力，以改良其办法，则此种事业，定有进步。不然，一盘散沙，毫无统系，同为此种事业，而意见分歧，各处异制，即有良法，无人学步；纵多流弊，不知铲除。长此以往，欲谋发展，未之有也。

以上所述，因祖荣对于图书馆事业，期望太奢，故反覆陈说，语无伦次，热血迸涌；致使语多伤时，尚祈邦人君子，怜其苦心，恕其疏狂！虽然，我国图书事业，较之欧美，固有上下床之分。而较之本国数十年以前，则又今昔殊观，颇有进步。何则，前清时代，虽有四库丛书，然藏之天府，或外省书库者，普通人民，无从阅览；即有名门士族，贮书满家，又只供其子孙之诵读，非如图书馆之书籍，听人浏览，毫无限制也。今据祖荣所调查，目前藏书之家，能将书籍捐之图书馆，以供众好者，则有天津严范生先生，南通张季直先生，无锡侯鸿鉴先生等，热心教育，不以书籍私之子孙，真堪钦佩。倘我国人民，咸慕诸公之高谊，乐捐书籍，或巨款，以建设图书馆，则图书馆事业，不逾数十年，将到处林立，蒸蒸日上矣。

（见1923年《新教育》第六卷第二期）

民国十一年之图书馆教育

我国历来，只有藏书室，无所谓图书馆也。至于图书馆教育，则更毫无头绪。自欧风东渐，此种教育，始有人注意，然亦不过知其表面，而其内容，亦茫然莫晓。余前撰《民国十年来之图书馆》之报告，乃将其沿革利弊，琐碎言之，希冀一般国民，悉知此中关系。其有补益于我国之文化，实非浅鲜。今同志诸君，又嘱撰十一年之图书馆教育，其用意所在，不过欲知此种教育，较前为优劣，以觇其进步与退化耳。惟念本年统计表，尚未调查确凿，各省图书馆之数，加多或减少，不得而知；其中书籍，添购与散佚，不得而晓；其阅书人数较前为多寡，亦无从而觉。由是言之，此种教育之发展与否，似无把握。虽然，图书馆教育，纵无本年之统计表，以为根据，而从各方面观察之，亦有可以证明其教育之发展者。约而计之，盖有数端如下：

（一）提倡图书馆教育者之踊跃也。本年夏间，海内通人，学界巨子，在山东济南，为改进教育起见，开会研究。其研究之条目繁多，而图书馆教育，亦居其一。足见此项教育，前此无人问津者，而此次集合中国之硕学鸿儒，犹提倡及之，此图书馆教育渐次发展之一原因也。

（二）征求图书馆人才者之孔多也。前此办理图书馆，均以为无关轻重。其馆长与管理各员，无论何人，皆可为之。一至本年，如厦门、天津、北京等处，均到武昌文华大学，聘请图书馆专科人才，办理此项教育。间有不遂所请，若深以为憾者。由此观之，是深知图书馆教育，办理必资熟手。不似从前美锦学制，所伤实多；问道于盲，徒劳无益也。即此一端，又足征图书馆教育之有进步矣。

（三）造就图书馆人才者之热心也。欧美对于图书馆教育，本视为专门科学。顾我国对于此种事业，方有萌芽，遑云专科。幸本年夏间，北京高师、南京高师、武昌中华大学，开暑期演讲，其中列有图书馆教育一门。冬间，武昌高师，亦组织图书馆教育一科，以教授将毕业之学生。此数校所组织，虽皆速成班，然实足以一新闻见者之耳目，将见逐渐推广，可预期也。

（四）人民受图书馆教育较前略深也。前此一般人民，知识幼稚，对于图书馆，若以为憩息之所。其阅览也，又以为仅消遣之为。及至现在，皆已如梦初醒，知此种事业，不愧为教育机关。其看书也，各有心得；其阅报也，皆有统系。何以知其然也？因一般士民，多来观览，如今日所阅之书报，有未阅毕者，无不向馆员预先说明以便明日仍得接览。所索某书某报，如渴者思饮；倘所索之书，为他人借去，所索之报，又为捷者先得，则每每以不能先睹为恨事。由是观之，则图书馆教育，饶有进步，可断言也。

（五）捐资办图书馆之热度甚高也。我国此时，财政困难，教育经费，亦大受影响。官立学校，有数月不发薪者，以致学潮激荡，罢课索薪。似此现象，棼如乱丝，一切教育，近于停滞。然本年对于图书馆，竟有乐捐巨款者，如北京高师图书馆、山东齐鲁大学图书馆。河南第一学生图书馆等皆于本年成立。南京东南大学图书馆，于本年亦积极进行。非捐款踊跃，何克至此？更有表扬先德，捐数千元于图书馆，以作纪念者；据此看来，是图书馆教育，正方兴未艾也。

（六）捐书籍于图书馆者之时有所闻也。我国前此，凡藏书之家，视书籍为鸿宝，或藏之秘府束之高阁，宁饱蠹鱼，不欲公诸同好。现时人民之思想，与前此大相径庭，以为书籍为一种公器，非一家一人所得而私。已能阅，阅之，己不暇阅，或已经阅过，即捐之图书馆，以供众览。不特家藏旧书，乐于出捐，甚有持资买书以捐者。本年岭南大学图书馆，有人乐捐大批书籍。商务印书馆，对于公书林，亦捐多种书籍。东南大学图书馆，亦收到书籍及捐金不赀。本年冬间有粤人相隔数千里之遥，曾以数部书籍寄捐于公书林者，其余零星捐书者，亦层见叠出。苟非人民知图书馆教育之可贵，亦乌能如是？

（七）因潮流所趋，有似默助于图书馆教育者。现时为新文化新思潮最盛时代，例如学制问题，制产问题，文字改革，家庭改造，女子开放，与夫劳动主义，种种问题之发生。一般学者，闻风兴起，惊喜欲狂，如水趋壑，如蚁附膻。又欲以此种学说，输入社会人民之脑筋，故著书立说，层出不穷，报章杂志，繁如牛毛，而图书馆为传播文明机关，非多备此种书籍报纸，不足以供其研究。既足以供其研究，故阅览者蜂屯蚁聚，挟所愿而来，偿所愿而去，则教育之日隆，可想见矣。

以上所述，是即十一年图书馆教育之成绩也。异日本年统计表制就，再有可以证明者，当为补录。然余对于此项事业，尚有臆见，以贡献于阅者诸君。窃以图书馆教育，与学校教育，其目的虽无异同，而其研究方法，实有悬殊之处。盖学校教育，讲师授之，学生听之，其受教育，尚属被动。至图书馆教育，无严师之督率，而阅览维殷，其受教育，乃纯粹自动。被动者旋得旋忘；而自动者印入脑筋，此其异也。又图书馆教育，与流行演讲，虽均属社会教育，然演讲教育，使人知其当然，而图书馆教育，乃使人知其所以然也。人苟欲研究一种学术，一入图书馆中，可以探其原，穷其委，洞悉其中之曲折，究极将来之效果。是以图书馆教育，可以为科学之研究，而非普通教育，所能比较。愚见如此，质之大雅君子，当必有能辨之者。

（见 1923 年《新教育》第六卷第二期）

提倡改良中国图书馆之管见

欲谋我国教育之发达，无论现时或将来，图书馆所占的位置，是最关重要的，且是无疑议的。所以置身图书界者，应当以如何使图书馆事业得充分的发达为不可逃避之义务。论到我国的图书馆事业，现在虽然未曾到发达的时候，但是不可不从事提倡，就现在所有的图书馆，不可不改良他的弱点，将来推广和发达图书馆事业，即以此为基础。这种义务，除了现在担任办理图书馆的人，和有志图书馆教育者，还责任谁呢？祖荣对于此事有一些意见，特为贡献出来，与教育界诸君妥为商榷，如下：

（一）须设图书馆责任委员会。图书馆是一种专门事业，与别项科学，同一性质。这是各国所早经承认的事实，譬如美国之图书馆事业，都归图书馆专家办理，他们更设立许多机关，以帮助图书馆事业之发达。其中最关紧要者，即为各省图书馆责任委员会，该会之职务，约而计之，则有数种如下：

1. 辅助已经设立之图书馆，促进其事业之发达。

（1）或馆中缺乏经费时，略津贴之，以便购买书籍，但视该馆之成绩何如，以为标准。

（2）对于办理不如法之图书馆，由委员会派专员前往该馆，为临时之指导，或帮助，以事毕为限。

（3）制备最新图书馆各种之图形，及其价值之梗概揭示该图书馆，以便为建筑或改良之借鉴。

2. 对于未经设立图书馆之地方，备置循回文库。

3. 介绍一切最新科学的管理法于各地方之图书馆。

4. 养成图书馆人才。

5. 联络各地方之图书馆，互通声气，互相比较，由委员会提出适用书籍之名目，以供采择。

6. 提高图书馆办事人员之资格。

7. 提携各图书馆组织促进会，以交换管理上及推广上之知识。

以上所述，美国图书馆之发达，原因虽多，然于此亦可窥见一斑也。我国的图书馆，现在正待提倡的时代，那些旧式的，个人的，私有的，不合科学的一切办法，均宜整理。间有新创办的，学校的，模仿西式的之图书馆，亦有许多不完全不满意之处。有此种种缺点，其改良方法，应由委员会派员前往，实地调查，视其设备之完全与否，书籍之适用与否，管理之合法与否；若非介绍一切最新的方法，以救正之，恐难希望其有进步。这个就是祖荣对于我国图书馆事业上，要设立责任委员会，其理由盖如此。

责任委员会在美国就是 Library Commission。其在委员会中，占最重要的位置者，就是执行干事。此干事负有调查之职务，因要责成该员尽力服务起见，故宜有薪金的代价。此会对于教育上贡献极大，所以各地的教育当局，应担任经济上之义务。如在我国，或限于财力，一时恐做不到，对于薪资一节，可以想出通融办法，兹将图书馆责任委员会之任务言之如下：

（1）划分全国为数区，以便分任调查，或通函，或亲到，临时斟酌之。

（2）调查已经设立之图书馆的成绩，以及管理方法之有无缺点。

（3）介绍一切最新之管理法，须与各该馆之管理员，互相磋商，助其改良。

（4）对于未经设立图书馆之地，须负提倡讲演及著述之义务。

（5）将所调查之结果，汇成报告书，分寄各处图书馆，俾该馆之管理员，知其优劣之所在，因之可以联络声气，群策进行。

（6）须于每月对于图书馆应办及改良事宜，或自身，或请人，出著作一篇，登载《新教育》杂志以资鼓吹。

总之图书馆责任委员会，为一种至要的机关，为能扶助扩充此种事业之强有力机关。现在我国之图书馆事业，正在萌芽时期，散漫毫无统系，万轴牙签，多非适用之书籍，数本目录，别无简便之方法，故见自封，难期进步。至于馆舍，因陋就简。或光线不佳，于卫生有碍。其中设备，处处乖方，不讲清洁，灰尘满案，致有心研究学术者，往往裹足不前。且管理员缺乏图书专门学识，兼之对于阅览者，未能恳切服务；至于省会之公立图书馆，其馆长一职，似为安插官僚之地位，但取薪资，或数月不到馆，徒拥虚名，职务绝不过问。学校图书馆，不知以学生之程度，为购办书籍之标准。复不按学生之名额，为布置阅览室之大小，种种错乱情形，难以枚举，此特言其太甚者耳。此时不谋改良则已，如欲改良，非个人之力所能胜任，鄙见以为非有责任委员会，为有统系的研究，不能扫除积弊，收美满之结果，此设立责任委员会所以为刻不容缓之组织。

（二）中华教育改进社为全国教育改良之总机关，对于组织此会，最为适宜。诚以中华教育改进社，对于改良各种教育俱在积极进行，派有专人，逐步改良；而图书馆教育，事同一律，亦须派遣专员，赴各处调查，处理关于全国图书馆所宜解决之一切问题，并规定有统系之办法，庶几图书馆教育，逐事认真，不致有名无实。至于经费一节，可视事业之大小，及需要之缓急，或挹彼注兹，诚属轻而易举。祖荣本为该社图书馆教育委员会之一分子，所以建此议者，良由天职所在，义不容辞。且该社第一次开会时，图书馆教育组所提议案及一切计划，无非促人深省，使知图书馆与教育本不可离。设使实行或派定专员，调查整顿，或负文字鼓吹之责，或应演讲提倡之任，则我们图书馆之成绩与进度，必斐然可观也。

（三）责任委员会须规定常年经费。我们创办一事，每每感受经费上之困难。枵腹从公，有劳无获，于理有所不合。故欲免将来经济上之牵制，无碍会务之进行，祖荣以为须早宜筹定常年经费，因责任委员会中，既置有主任与干事，应稍给津贴。此外如旅费，及著作者之酬劳费等等，无一不需经费。窃念改进社既以全国教育改进为志愿，故祖荣不揣冒昧，欲于图书馆教育已有之委员会，及书报目录编辑组外，又提议设立责任委员会；或不另设，即以已有之委员会，暨书报目录编辑组，扩充范围，为一责任委员会。如此，则成为强有力之机关，自可收极美满之结果，甚希望改进社担任经济上之辅助，一切用度之支配，须由责任委员会，或由委员会所派执行书记，编成预算案，协同改进社之董事部，筹商核准，以资办理；或由董事部之经费中，指定的款，作为此会之常年经费。组织就绪，积极进行，图书馆事业定行发达，直接言之，为图书馆事业之一部分；间接言之，实能补助我全国教育也。至于其中委员，或由曾经为图书馆主任或副主任，或热心图书馆事业者担任之，再由委员会选派执行书记，由改进社聘请之，而执行书记，施行责任委员会所通过之议案。以上管见，是否有当，祈海内硕学名公，有以教我，则幸甚矣。

（见 1923 年《新教育》第六卷第四期）

中学图书馆几个问题

鄙人等承戴君志骞、陶君知行，谬相推重，嘱令于此次会议时对图书馆教育组，提出关系中学图书馆问题，与诸君共同讨论。须想出一种适宜办法，要中学校可以实行者，鄙人等素乏经验，再四坚辞；既不获命，只得勉强效劳。若所贡献不副所望，乞为原谅！但有一言不得不预先申明，今鄙人等所提出与诸君商筹者，系办理中学图书馆几个问题；既欲研究此问题，则全国中学校之数目，共有多少，亦不可不先言之。

据前数年教育部第五次统计表所载如下：

中学	三五〇
师范	一九五
农业	四一
工业	二一
商业	二二
其他	三六三
	共九百九十二所
男生	十万零三千零七十三人
女生	八千零五人
	共十一万一千零七十八人
教员	八千六百三十八人
常年经费	洋八百五十七万五千零九元

以上所述中学既如此之多，而中学图书馆其数目又有几许。似此情形，应当到各处调查现时中学图书馆实在情形，方能陈述。奈我国向来无此种统计，纵然有之，所有报告事项，恐亦不甚真确。兹之所

述，乃就平日旅行数省或得诸传闻，或目所亲见。其已所设置之图书馆，其数不多。是以提出讨论。

第一，中学是否需要图书馆。

今之中学教育何以要办图书馆，因学生之住中学者，其目的有二：一在升学，一在自谋生计。即办理中学者，亦当抱定此目的，方不辜负学生来学之意。试问今之中学校，果能达此目的否？鄙人等不敢断定。如据外人所批评我国中学教育，不外三现象。其现象如何？试述之如下：

（1）中学所施之教育，乃课堂教育。此种教育，除却黑板无学问，一下讲堂无功修。在校一日，即照例上课一日。有时离开课室，即荒废学业，前功尽弃矣。此等中学教育直是夭亡的教育。

（2）课本教育，此种教育不论课本之新旧，亦不问课本之优劣，依芦画样，照本宣科。凡课本以外之学问，皆茫然不知。此等中学教育，直是井蛙的教育。

（3）但凭师授，不自研究，此种教育先入之言为主。自修之功全无；不问师说之是非，而一味盲从。教师之于学生，犹养娘之于孺子，饥固饲之；即不饥，亦饲之。哺则食之；苟不哺即不能得食。此等中学教育，直是喂饭的教育。

以上三种教育，只算是片面的，非完全的。既非完全教育，倘长此以往，中学学生将来出学可必其升学乎？可必其能自谋生计乎？如不能升学，不能自谋生计，则所学果何所用乎？况学生当中学时代，正值青年时期，易生危险者，在此时期，而最有进步，亦在此时期。何以故？记忆力强，理想力富。苟能于课室课本师说之外，更为中学学生辟一座闲暇读书之所，俾伊等优游其中，养成嗜学之性质，提起读书之兴味。是何也？赖有图书馆也。然则图书馆之对于中学，其不可不设也，章章然矣。

大凡中学学生之求学贵自动，不贵被动。如有图书馆，则学生便宜参考，乃自动矣。浏览流观，可自寻入学之门径，探源问津，亦可自得求学之道路。由是工具熟悉，学有根柢，将来可以升学，可以自谋生计。此种教育，真能终身继续，不至离开课堂室教育，即形夭亡，可以旁证曲引，广见博闻，不致囿于课本之范围，而见等井蛙。纵有时须教师指导，然求之不已，自有心得，如食物然。可以消化，不致成为喂饭的流弊。

由上述所观之，图书馆非办不可。然而办理中学者，居然不办，抑又何也？料想其理由如下：

(1) 教育的当道，虽知其紧要，然对于图书馆真关系，尚不十分明了。是以偏重别项教育，而轻视图书馆教育，以为比较上似可从缓办理。此种教育家虽不甚多，然亦复不少。

(2) 学校的当局，迫于潮流之趋势，与新文化之影响，明知图书馆是一种应有的设施，居然因循退缩，并不打算如何进行。由是掩耳盗铃，仅悬挂一块图书馆空招牌，以饰外观。作为应潮流之点缀，自欺欺人，纯是敷衍。

(3) 或因困于财力，而不明了适当办法。夫图书馆规模之大小，可视金钱之多少为转移。不明乎此，故亦不能积极进行，仅于学校之内，另置一阅报室，备几种杂志，几种报章而已。校中并未筹措一定图书馆购置经费。

以上三种人，第二种系完全敷衍，固难望其进行；至于第一种与第三种是涉于人才与经济问题。是经济一节，亦当加以讨论。

第二，问题为中学图书馆之经济如何维持。

窃念创办一事，非财不行，是经济诚关重要。故当在经济上为切实之计划，现时一般质问者，谓办中学图书馆须筹若干款项方可开办。盖图书馆之开办本无一定，如欲办应有尽有的规模限度，则房屋宜高大，光线宜明亮，书籍宜宏富，设备上宜整齐，管理员宜完全。此种图书馆至少经费，亦需数万元。由此言之，令人望而生畏，束手无策，然而天下事不可一概论也。九仞之山，基于一篑。大则大为，小则小为。必欲先筹数万元始开办中学图书馆，恐终无办理之一日。鄙人等从长计划，务须实际可以施行者。于是按学生名额以为经费之规定。如学生数目自一百六十至二百名者，约略计之，开办费至少需洋六百元。兹将用途分配，列之于下：

开办费总目　　　　共洋六百元

（1）设备费　　　一百三十五元

（2）书籍费　　　二百六十十元

（3）薪资　　　一百八十元

（4）杂费　　　二十五元

至于常年经费暂定三百元，不在此内。

开办费细目

（1）设备　共洋一百三十五元

①出纳台一张　十二元

②阅书桌四张（每张供六人用）　共三十二元

③椅凳各十五把（共三十把）　共二十四元

④书架一乘（可贮书六百本）　十五元

⑤馆员办公桌一张　八元

⑥目录片盒子一具　八元

⑦借书券暨掌书架子等　共五元

⑧目录卡片（一千张）　四元

⑨书架目录片（五百张）　二元

⑩借书券（五百张）　三元

⑪信筒书片借书日期纸条等（各五百张）　共五元

⑫二千册图书总记簿　三元五角

⑬橡皮图章　一元

⑭笔墨暨日期图章标目纸条卡片等　共八元

⑮信纸信封邮票等，共四元。

以上所列设备费，计一百三十五元。

若第一至第五所需各件，校中本有，可以借用。更可减设备费八九十元，临时酌定可也。

（2）书籍

参考书

《康熙字典》或《中华大字典》	四元
《词源》（丙种）	十四元
《韦氏英汉词典》	二十四元

《汉英辞典》	二元
《英文成语辞典》	一元五角
《中国人名大辞典》	八元
《白话辞典》	九角
《国语字典》	五角
《新文化辞典》	四元
《英文字典》	六元
《中等国文典》	一元
《家用百科全书》	四元
《科学大纲》	十二元
《中国年鉴》	三元
《中国地图》《世界地图》	六元
健身游戏运动游戏规则等	五元
中学所用几种教授法	十元
中学所用参考书	二十五元
小说类	二十元
文存类	八元
英文书	五十元
杂志共九种	三十元
教育两种	
学生一种	
普通两种	
小说两种	
英文两种	
日报两种	二十四元①

（3）馆员薪资　于馆员人员选择问题内，尚须加以讨论。

馆员须用人兼理（每月十五元）　　共一百八十元。

（4）常年经费　　共三百元

① 以上共计二百六十二元九角。

①添购书籍　　　　　　　　　　　　　每年一百元
②装订暨杂费　　　　　　　　　　　　每年二十元
③馆员薪资　　　　　　　　　　　　　每年一百八十元

以上所列开办经费，至少须六百元；又以后常年经费至少须三百元。此种经费如何筹措，既办理中学校对于此种款项，应设法提出。如万做不到，即有如下之方法：

（1）列入学校预算案照学生数目每学期每人摊派洋一元

（2）应规定为学校的例费（如健身费理化室费之类）

（3）学生公费购书

（4）学生乐捐购书

（5）学生毕业纪念捐

（6）学生开游艺会筹捐

（7）旧生或其友人纪念捐

（8）学校特别纪念时筹捐

第三，馆员选择问题。

中学图书馆既已设备，非同藏书楼仅事保存。乃所以供学生之研究，使学生利用书籍，领略其中之趣味。此种图书馆范围，虽然较小，而其中之职务与普通图书馆无所区别，不过服务之人，稍有不同。简单言之，如指导用书的方法，规定借书的手续，选择主要的书籍，编制适当的书目，考察学校的情形，俱关重要，实缺一不可也。

以上种种职务果何人能充当乎？

（1）专门人才已受图书馆教育训练，而富于经验者。如欲图书馆收绝大的效果，当然用此种人才。无奈经费有限，恐难罗致。

（2）校中教务处主任，或热心图书馆之教员，有愿稍尽义务者，使兼任之。

（3）师范学生或中学毕业生，稍有图书馆教育之训练者，亦可充当之。

（4）学生助手，学生中有与此种性质相近者，亦可充当此职，但须由主任或教员指导之。

以上四种，除第一种不计外，其余三种，或系兼理或系学生充当，故每月津贴或薪资十五元。其数虽微，实因图书馆初办职务简单，阅览时间又短，故暂时规定，如此而已。上言学生助手，须选择学生中品学较优者为之，或再送入临近规模较好之图书馆，实地练习一二月，或至暑期所开之夏令图书馆研究所者。学生助手亦可因此练习。如因财力或其他事故之障碍，上列所计划都做不到，或可就近专门图书人才来校指导，如此办法，可以渐成熟手，由兹进行，可臻发达。

第四，何人能选择图书馆之书籍，其选择法又如何?

中学图书馆已有设备，亦有经费。苟无书籍，仍不能称为图书馆。盖图书馆所最宝贵者即书籍，惟书籍浩如烟海。中学图书馆经费有限，对于书籍只能选择，不能搜罗；不然徒花金钱，而且多费手续，故要选择精确；至于选择之人，若是专家当然负选择之责；不然，或教务主任暨各科负责之教员等。总之无论何人，其选择书籍，不外以下几种原则：

（1）依学校性质为转移　例如农业工业商业各学校，其所选择书籍必合乎农工商之作用；至于普通学校其选书方法，须对于学校课程特别应用的等项，以为标准。

（2）视学生程度为弃取　中学书籍理想不宜过高，须学生能自领会者。文理不宜太深，须学生可以适用者。凡背弃人伦道德，或描写下等社会伤风败俗，诲盗诲淫小说编，不可购备。总以引起学生高尚心思，读书趣味为原则。

虽然选择一事，言之甚易，行之甚难。诚以我国缺乏选择书籍之工具。外国以书籍选择精当为各种图书馆用，例如中学校图书目录，或小学图书目录，分门别类，加以批评。界限明瞭，我国无有。至于书坊刻本其目录未经选择，纯以图利为目的，无从确实之评断。虽有名目，不知内容，务须从头观览，方知意旨所在。想在座诸君，皆经过此种困难，深望本组编制有价值批评之目录，以贡献国人，为选择书籍之指南。

第五，用何法引导学生利用图书馆。

因图书馆之书籍是阅览品，非陈设品，务须想出方法，俾学生等乐于观览，助其兴会。

（1）标明新书的名目　例如图书馆新购到特别书籍，即标明于图书馆之揭示处。或开列书单发送于各教员处，令其注意；并将此书陈列案上，便于浏览。

（2）关于时事问题　例如家庭问题、婚姻问题、妇女开放问题等。图书馆对于此类材料，或得诸报纸，或见诸杂志，或取诸书籍，亦书明揭出。俾学生感触，相率研究。

（3）关于功课　例如学生预备课程或作文时，馆员询问各教员，对于此种问题，所需之书籍，或参考材料，预先检出。候学生来馆时，供其应用，免得耽搁时刻。

（4）利用学生会社作图书馆施行教育之机会　因学生喜爱组织会社，或开演讲会及辩论会，往往缺乏材料，馆员此时宜搜集此种材料，供其应用。

（5）馆员引导用图书馆所编制目录及用参考书的法子　往往学生一入图书馆，如五花八门，不知所择。阅览之心，因此畏阻，此皆由于不善用目录，一种流弊。是以馆员每日须费点时间，引导学生善用目录，及知用参考书的方法。

以上所述是否有当？尚望同会诸君，匡其不逮，是则鄙人等之所厚望也。

（与胡庆生合作，见1924年《新教育》第九卷第一、二期合刊）

中华基督教教育联合会图书馆组开会记

中华基督教教育会，于本年二月十二日在上海举行年会。该会之图书馆组亦于是时举行第一次会议。虽以其时间值阴历新年，到会人数，未能如预期之踊跃，然精神并不因此稍衰，成绩亦不因之稍减也。

本组举行分组会议时，列席之会员，共十二人，华人五，西人七，凡代表九机关。主席为华中大学沈君祖荣，书记为沪江大学汤美森女士。共举行会议五次与国文组合议一次。

所讨论之问题甚多，如协同编制索引，各图书馆互借办法，各种书目之编制与交换，各图书馆之预算标准，养成办理合购图书馆用品之商店，培植深通图书馆原理之流通部人员等等。皆详细之研究。而尤其注意于教员与图书馆之联络。拟采用种种方法，俾一切教职员得以明了大学中图书馆之重要，而引起彼辈之注意，与之合作，以应付学生。盖大学图书馆者，教育与文化之中心，而为各科系之实验室，吾人所必当努力以求名副其实者也。

本组与国文组合议之议题，为“图书馆中之中文部”。会议之下，深悟昔日侧重西文，书籍之非。当兹研究国学之潮流日趋澎湃之际，吾人殊不能不设法扩充已有之中文部，而改良其方法。然如金陵大学之年以二千元，东吴大学及岭南大学之岁以一千元购中籍者，亦未始非可喜之现象也。

会中宣读之论文，凡十一篇。皆预先由本组主席拟定题目，请人撰述者也。罗宾斯定博士，曾参与本组会议。并表示愿与本组合作，俾各种议案得以实行一切。

在末次会议时，主席曾代表中华图书馆协会，讲述基督教学校图书馆之合作。主席继复表示国内图书馆界应切实赞助该会。因此，本组议决如下之建议案。其文曰："图书馆组今建议于中华基督教高等教育议事会，请该会于今后迄下届年会之间，成立一委员会，研究并执行基督教学校图书馆与中华基督教高等教育会及中华图书馆协会间之合作事宜。并请该委员会讨论下述诸事：如书目之交换，消息之流通，预算之划一，及流通图书馆之创办等。"

（见1926年《图书馆学季刊》第一卷第三期）

中国图书馆应采书本式抑卡片式

图书馆作为辅助教育利器，为教育家所公认。所谓利器者，非谓馆舍美丽，藏书宏富，亦非谓所藏之书，价值宝贵；或为世界孤本，或为名人遗著；而实在社会人民，能否利用所藏之书籍。易言之，即其馆书籍，能否活动于社会，人民能否获其益也。夫图书活动，全恃目录。目录者，如网之纲，如丝之绪，绝对不可少也。馆中书籍，若无妥当目录，即欲阅览，无从问津。欲谋阅书人之便利，可以永久使用，除目录外，别无他法。故人谓目录为智识宝库之锁钥也。是以图书馆急宜制目录，以供人用。编目细则，容另讨论。今所研究者：即今日图书馆之目录应采用何种形式是也。盖目录古今异宜，东西异式。书本式目录，既相沿未改；卡片式目录，亦应时发生。互有优劣，各有利弊。主张用书本式者，既持之有故；主张用卡片式者，亦言之成理。兹将两式之利弊，分别言之。

书本式目录之利：

(1) 印刷成书，便于邮寄。穷乡僻壤，人得一篇，能知图书馆之内容。汉书艺文志，胪列书名，亦此类也。用此种目录，于古无悖，其利一。

(2) 凡因职务在身，或以时间冲突，不能来馆游观者，临近虽有图书馆，收储宏富，亦无所用之。若备置书本式目录，以赠送之，则可依据目录，指定所需书籍。借出馆外阅览，其利二。

(3) 凡创办之图书馆，欲选择书籍，苦无标准，欲编辑目录，或不知其方式。得此书本式目录，可作借鉴，其利三。

(4) 图书固能益人神智，然仅藏于馆内，如玉韫椟中，珠藏匣内，夫复何用。自有书本式目录，无论远近，咸手一编，藉知馆中藏书之价值。此与商店之利用广告何殊，其利四。

(5) 古人之书，固已浩繁。近今所出版者，亦日新月异。无论何馆，不可能收藏无遗。自书本式目录通行，彼此互观，乃知我所有，为彼所无；我所无，竟为彼所有；可以多识书名，相互借阅，其利五。

书本式目录之弊：

(1) 图书馆之书籍，日渐增加，而书本式目录脱稿或印就时，往往需一年或半载。然在此编辑印刷期间，图书馆所增书籍，不能随时编入目录。况科学进步，一日千里，阅者最重新出版物，待书本式目录印就，此种科学书籍，恐不免陈腐过时矣，其弊一。

(2) 增加新书，不能不补印目录。补印过多，则日积月累，为数至夥，此经济上之失算也。一旦寻觅某本书籍，非检查全数目录，不易得之。更于阅者所费时间上，亦不经济，其弊二。

(3) 图书馆阅书之人纷至沓来，或同时并来数人，或十数人。倘必待先来者，翻阅目录毕，始得接着翻阅，则后来者，必至束手久待。故馆中必须备置多本，方能应用，未免过于琐碎，其弊三。

(4) 书本式目录，当再版以前，发现错误，不能及时更改，而馆中书籍有增加或失落之时，又不易增减。若就书改窜，于形式上殊不美观。即所谓印板文章，不能变化，其弊四。

(5) 印刷目录，耗费甚大，编辑校对，手续繁多。新增一批书籍，则新制一种目录，既制一种目录，则书籍又增，而前此所制目录，便形不足。以经济论，则费财；以人工论，则费时，其弊五。

卡片式目录之利：

(1) 卡片式目录，变更书本式目录之旧制，形式简单，运用灵便，若有新增书籍，可以随时加入，其利一。

(2) 目录修改。手续繁多，涂乙累现，有碍观瞻。若用卡片式目录，不拘新旧书籍，随时可以修改。掉换抽插，不露痕迹，其利二。

(3) 易于按次序排列。经史子集，名目各异。若无次序，不便检查。若用卡片式目录，无论书籍到馆之先后，均易按序插入，其利三。

(4) 馆内某项书籍，倘经遗失，此书目录即成废纸，在书本式目录不免留存册上，而卡片式目录，即可随时抽出，且抽出后与全目录无碍，其利四。

(5) 用卡片式目录，编辑目录人，及检用目录人，时间上及经济上，都甚便利。且此一种目录，可同时供多人之用，其利五。

(6) 卡片目录，用抽屉存储一处，外有标名，内有导片，形式上颇壮观瞻。既不如书本目录之复杂，亦不必俟全部目录印刷就绪后，方可取用，其利六。

卡片式目录之弊：

(1) 不能携出馆外，以供阅览，其弊一。

(2) 不能与其他图书馆互相交换，其弊二。

(3) 不能四方广布，披露图书馆之内容，当广告之用，其弊三。

(4) 每张卡片上，只能注明一书，不能一目涉阅数张，其弊四。

(5) 稍欠检点，易于杂乱或遗失，其弊五。

总览以上所说，书本式目录，与卡片式目录，互有短长，为今日图书家所公认。兹特分别揭出，何去何从，颇有研究之价值。自表面而言，截长补短，表里相助，国立省立各图书馆，或经济充裕之图书馆，自宜二者兼备，不可偏废。然略加研究，书本式目录之利益，亦未尽足恃也。

(1) 易于普及，便于邮寄，穷乡僻壤，咸知图书馆藏书内容。然徒知内容，又有何益。譬如看花，必亲见其含苞吐艳，方称玩赏，若徒持花谱，未见实花，何能赏心悦目？且所谓普及者，岂谓家寄一部乎？此非有大宗款项者不办。然与其空印书目，无济实用，何不多购书籍，供人观览。更或用印送书目之款，组织巡回文库，对于交通不便，风气未开之地，运书其处，以资应用，按期更换；较之空印书目，利孰大焉。若将馆中书籍，择其关系某地人民需要，或与其程度相当者，寄存其地之热闹店中，就近阅览，其所收效果，当远胜印送目录矣。

(2) 社会中人有因职务之故，不能到馆阅览者，诚为重要问题。

然亦非印行目录，即能解决也。况印送目录，增加馆内工作之负担，助长阅者之惰性，盖来索目录者既众，目录有限，供不应求，势所不免。虽财力极裕之图书馆，亦难办到。且与设立图书馆之宗旨，亦相违背。图书馆时欲人亲身来馆，利用书籍，研究学术，即“百工居肆，以成其事”之意也。所以馆舍须美丽，地址应清静，环境当幽雅，设备需完全，并备有各种研究学问之功具，专谋阅览人之便利；而馆员对于有疑问之人，尽心指导，使其人身入其中之，油然增其读书之快乐与兴趣，朝斯夕斯，养成人民乐于读书之习惯。广而言之，可以提高人民知识程度；狭而言之，可以供给一般学者，为学术之研究。对于世界文明，有所贡献。若读者不亲身来馆，徒恃通函借书，其受益必较少。然则印行目录所费不赀，而其益甚少也。

（3）书本式目录固可作小图书馆选择书籍编制目录之标准，然细加研究，亦有流弊。图书馆既分大小，经费当有盈绌之分，书籍亦有多寡之别。编制目录，将完全仿照耶？譬如三家村，效城市之排场；穷人子，效富翁之装饰；必贻“无而为有，虚而为盈”之讥。将不完全仿照耶？选择之权，仍操之自己，编制目录，可以自由，何必取则于人乎？且各地情形不同，图书馆之收藏亦异。人民程度各别，书籍之选择悬殊。则谓指导小图书馆为大图书馆之任务，非确论也。况现时选择书籍之辅助品，有出版界或有新书评论，等等。不但记明书名、著者姓名及价格多寡，且有精详之批评。大图书馆尚资借鉴，况小图书馆乎？故小图书馆不必用书本式目录为选择之标本也。泰西图书馆，对此问题，已废书本式目录，用卡片式目录。考其理由，因大图书馆常设若干支馆，编制卡片目录之际，辄加制数张，以便支馆之用。当分配书籍给支馆时，书籍若干部，卡片若干张，两相符合，非如书本式目录，不问支馆有无此书，全部目录合并交付，导致支馆中，除少数书籍与目录相符外，其余皆有目无书，其不便为何如。

况书本式目录，性质固定；卡片式目录，性质活动。固定者，甲馆不能移用于乙馆；活动者，此馆可出售于彼馆。在售者，所以广公益，谋普及。在购者，可以节费用，省手续。例如美国国会图书馆之卡片目录，不但可供国内图书馆之用，即外国图书馆，亦可按价购买。我国与其他各国，曾经购买此种目录者，需要某种，即购某种，价值极廉，取携甚便。非书本式目录可以同年而语也。

（4）书本式目录之利益，可充广告之用。谓图书馆为公共设立，故其内容宜绝对公开。以目录作广告是亦有理。然分别言之，广告与目录，万难混同。广告之范围广，凡馆中屋宇之精美，设备之完全，书籍之丰富，以及可供精神之娱乐及启发读书之兴趣者，无不俱载。至于目录，其范围较狭，除记载书名外，别无所长。且广告或榜诸门首，或揭诸通衢，或登诸报纸，或排印成册，分送各地方及各机关，断非一本区区目录所能包括，所能代用。此即就广告之功效言之，亦至有限也。

（5）书本式目录之利益，可彼此交换。以为交换目录，即交换知识。有交换则有比较；有比较，则有优劣；有优劣，则竞争生；有竞争，斯有进步。是交换目录，似为不可少之事。然而图书馆间宜交换者甚多，固不仅限于目录。愚意不如每一年度时，制造详细报告表，如基金之总额若干，每年经常费若干，书籍之旧有若干，新添若干，中西书籍总共若干，馆中职员若干，每日阅览人数若干，一年度总计若干，以及馆外借阅书籍若干，各制成表，互相交换，当胜于交换目录也。盖目录交换，特交换一种耳。挂一漏万，其益甚微矣。

我国旧式图书馆，皆以编书本式目录为善本，甚至因编目之故停止阅览。该馆经费，全为编目人员之使用。据其简介，则以编辑目录，为办理图书馆之惟一要事，目录告竣，即图书馆之工作告成。此种见解，其谬孰甚。况我国之分类法素无号码，（分类号及书码）取阅之时，甚非易易。每每因取一书，费去阅者及馆员时间甚多，因而妨及阅者之兴趣。使主张书本式目录者，于此种问题加以审察，当知舍短取长，改采卡片，无可疑矣。即或为赠送书目，便利馆外人阅览起见，不能用卡片时，尽可便通办理，将新添书籍目录，用油印印成，随添随印，轻而易举，较之编制全本目录，似为便利。又何必拘守成规，不图改进乎？

（见1926年《图书馆学季刊》第一卷第三期）

图书馆编目之管测

编目的功用

图书馆为什么要编制目录？编目录有什么作用？有什么功效？在一般反对的，觉得编目是耗费金钱，耽延时日的一桩事，就发出一种论调：以为只要得一个有学识有经验的馆员，周知图书馆的办法，熟悉馆内所有书籍，就能够备阅者的顾问，供给他们的需要，尽可不必要依靠目录了。我想他们这种论调，是很不对的。固然图书馆员，负有指导读者的责任，但是新旧书籍，汗牛充栋，专靠馆员的记忆，来指导阅者，是绝对不可能的。Therso Hitchler 曾举出不可能的理由来，他说：

一、古今中外的书籍太多，馆员绝没有全能记忆这些书籍的能力。

二、就是馆员富有记忆能力，也只知著者姓名或书的概要，若是阅者问某丛书内，有某一种书没有，恐怕馆员非经查考，不能答复这个问题。

三、馆员事务殷繁，不能不偶出馆外，就是在馆内别的地方办事，也不能随时随地供人询问。

四、馆员因病辞职或女馆员因完婚辞职，继任他们的馆员，未必都有他们的奇异的记忆能力。

从这样看来，馆员不能代替目录，所以图书馆应有编目的必要。编目的作用，可以为图书馆的代表，可以永久为阅者的导师，它的功用是伟大的。

目录的功用，不是要编得怎样繁多，只是在编得适用与不适用。怎样为适用的目录呢？即是如有人问某著者名，或问书名，或问件名，要能够不多费时间，即刻检查出来。我们要晓得目录的作用，是帮助阅者，节省他的时间，只要他查到这三桩中的一桩，就能便易检出。不但这样，在阅者问某书名，如果馆内有这本书，自然在目录上，可以立时知道；若是阅者，问某著者名，不但供阅者晓得某人所著这本书，并帮助他知道某著者名之下，尚有他所著的别的书；若是阅者，问某件名，不但供他晓得这类书，也晓得与这类书有关系的书，足见图书的目录，真能供阅者有“问一得三”的功用了。

总而言之，编制目录，是把馆内所有图书，用一种极明了极便捷的模范，陈列在阅者左右，供他的随时检阅。免得多费时光，减少繁难。有人说：“图书馆譬如宝库，目录譬如锁钥”。倘若宝库封闭，没有锁钥打开库门，虽是“琳琅满室”，难免“宫墙外望”。图书的目录，就是把锁钥，交给阅览人，自由开库取纳，有“予取予求”的快乐，这样就晓得目录大概的功用了。

编目的人才

编目的功用，既然是这样重大，编目的人，也最“难能可贵”。善编目者，必定曾受高等教育，有专门学识，特殊才能，熟悉古今书籍及著作家的来历才能胜任。并且要多受训练，富有阅历，增长他的学识。所以善编目者，必须具有以下的资格：(1) 须头脑清明；(2) 须趋向坚定；(3) 须常识丰富；(4) 须度量深宏；(5) 须经常留心阅者的需要，择善而从，不得有“胶柱鼓瑟”成见。因为编目是一种极繁难的工作，不是有这样资格的人，不能担任。若是“滥竽充数”，所编的目录，决不会得良好的结果。

编目既然要有专门的人才，方能做繁难的工作。换言之，编目就是一项锻炼人心精细的工作。(1) 供人有确定的见识；(2) 供人有思考的能力；(3) 供人有清洁的习惯；(4) 供人有秩序的作为。所以初学编目的人，常常把“准”同“慎”两字，警戒他。若要他编目能准，务供他澄心观察，随时随事，“小心翼翼”无毫厘差误。就经验上来看，大概编目失败的，他的弊病，不是不准，就是不慎，或是写法乖谬，或是抄录错讹。种种困难，由此而生。所以说编目是一项极繁难的工作。不耐繁难，就不能担任这职务。现在把编目时，应当注意的几点，分写如下：

（1）编目时候，不独对于一部分书，详细审查，更要注意目录的局部同全部，都无抵触谬误的弊病。

（2）编目的程式大小繁简，都要有划一的标准，编这种书同那种书，先后一律，历久不变。

（3）编目所用的标点符号，同每段的距离，都要有一定的准绳。

（4）编目所用的文字，英文或是正写，我用打字机写。中文或是宋字，或是楷字，也应决定一律，不得参差。

（5）一人著有多种书籍，编目时应汇集一处，不可纷存各处。

（6）选择件名，如有义同名不同的件名，应当选择那最适用的。那未经选用的，就作“见”法以便备考。

（7）小图书馆，藏书不多，编目的人，应该把所有的书，都表现出来，供人容易取用。不独件名，要仔细研究，就是书内重要的资料，为本馆不多有的，并且是人民所需要的，在书名上，或者不能表示出来，必须用分析目录，把他提出，以便应用。

（8）编目时选择件名，评定书籍的优劣，以及副目录片的去留，排列的先后，校对有无错误，均要详细地查勘。

（9）编目应备一间精雅清洁的房屋，光线合度，设备适宜，供编目人，心旷神怡，少耗精力，得良好的功效。

（10）编目的宗旨，是为阅者谋便利，不是为编目的谋便利；所以编目的心目中，时时留意阅者那方面，才不致“背道而驰”。

编目以何为规则呢

编制目录，因为想得一个统一的程式，免得出现许多的淆乱，所以要制定一个编目的规则。不论规则怎样的繁碎，怎样的精细，或所定的程式，层见叠出，但总是想编目人，就极多的规则，编成一部简明适用的目录，使阅者容易检查。若是编目的人，对于规则中，无论哪一条，不论有无裨益，而且容易发生混乱，这样规则，应当注销；更有不适用的目录，虽合规则，这样目录，终必归于须淘汰。要晓得编制目录，非是理论的。所以克特说：“不是科学乃是艺术。”还要晓得，编制目录的规则，多由经验得来。所以克特又说：“没有规则能代替经验。”总之，富于经验的人，能够利用规则，表示他的经验。既然有了经验，又遵守规则，恒久不变，所编的目录，自然能统一，能有秩序，能够合用。

照这样说法，编目的人应遵守一定的规则，是无疑义的了。但是规则，有由自己制定的，也有采用别人的。编目的人既然确定一种规则为适用的，那么非至万不得已时，不得稍有变更。一切编目的程式，始终划一，不得稍有参差。不是这样，编的目录，必至杂乱无章，不适于用。现在把编目应守规则的理由，分别写在下面：

一著者目录　泰西人名，常有几种写法：有名字全写的；有名字一写出，一不写出的；有名字全部写出，只用字母代名字头一字的。中国人名，常有一人数名，如张之洞、张南皮、张香涛之类，编目的人若不认定一名为准，势必把一人所著几种书，分列多处，其结果必至紊乱。若阅者只知著者名，不知其他，就不能供他的需要。

那就失了著者目录的功用。所以编目的人，必先决定用一正名，始终不易。别的变名，也恐怕阅者询问，可用“参见”法，以备考。况且著者有同一姓名的（唐有傅良弼，清有傅良弼），更要设法分别，或把朝代来分，或把职业来分，使阅者知二人的异点。西人同名的，比中国人更多。编西人目录，尤要留心区别。中国人大抵姓先名后，西人则名先姓后，编目时应把西人的姓移前，以归一律。至于著者名，有用爵位的，英人最多；中国古书，有用谥号的，应把爵名同谥号，存记在正名以后。其他著者的学位，可以删除。这就是编著者目录应有的规则。

一书名目录　图书命名，多有不同，有一书数名的，如“石头记”“金玉缘”“红楼梦”之类。有同一书名，有加批、详注、增像及钦定、御纂之别。据普通理论，编目无增减书名的必要，但是为编目求其明确，亦不得不酌量增减。即如英文本《国史》，系何国史呢？应加国名。《东华录》系何朝录呢？应加朝代。《马可波罗游记》（前二百年出版今复印行）系何时游记呢？应加时代。这是书名应当增的。其他如加批增广、绘图等字，无关重要，又应删去。书的版本，有殿版、宋版、原版、初版、再版的分别，科学的书，再版比初版为精详。本版书，古本比今本为贵重。是版本的种类，应当详明记载。出版地方、出版书局、出版年代以及书本的册数页数，与书的价值，很有关系。编目者欲供阅者增长鉴别图书的识力，也不得不为之详注。印有某书属某丛书内的一种，某丛书何名？亦应注明，告知阅者。这是编书名目录应有的规则。

一件名目录　件名繁多，不易选择，有名不同而义同的，如名学论理逻辑之类。究竟应该取哪个作件名？也很有研究的价值。大概公共图书馆，选择件名，以普通常用，不属于专门的为适当。美国国会图书馆，同图书馆协会，都著有选择件名的专书，供编目人应用。这书搜罗各项件名，汇集一册，用英文字母，排列次序，以备采取。所印英文的字，分作浓淡二色，浓的，表示这件名是编目人所应采取的；淡的，表示这件名虽不是编目人所应采取的，但可用作“参见”法的。（如哲学参见形而上学及一元论再见哲学）“参见”法的用意，因为阅者只看这一本书，不能满意。有“参见“法，指导他们，使他们多看同类书籍，以满足欲望，“参见”法就是阅者的指南针了。我们用这本书来选择件名，有应当注意的几点：（1）馆中有这类的书，就选用这件名，若是无这类的书，徒选录这件名，反引阅者入于迷途，贻误不浅；（2）书中件名，曾经选用一次的，就加记符号，表示这件名，已经选用；（3）近代出版书籍，在这书上，无此件名，编目的人以定一新件名，补录在空白上。这样看来，选择件名，最为繁难，编目的人，非有这常识及判断力，不易得圆满结果。所以编目的，对于选择件名，是应有一定规则的。

按美国国会图书馆所编选择件名的专书，比图书馆协会所编的更为完善。因为搜罗新名词很多，所采用的件名，尤其合理。所以大学图书馆，多用这书作根据。图书馆协会所编的，有人说他所选件名，未能尽善尽美，且这书出版在十五年前，近日发现的新件名，未曾补录在内，觉得有点遗恨。殊不知这书所定件名的程式，颇含归纳演绎的作用。例如“普通字典”条下，凡关于各科各种的件名，均罗列其下。（普通字典见反义字典各类字典，再见每科字典，再见每科件名之下。）用再见法指示阅者，“举一反三”，免却繁难（他件同名）。这书积许多年的经验，费许多人的心力，通力合作，编定成书，实是一种有系统的著作。所以出版以后，全国公共图书馆，皆当作编目的准绳。如同杜威的十进法行于当时，传于后世，他的价值，可想而知。我国此时提倡图书馆，最缺乏编目专书，以致编目的人多感困难，甚望海内同志，对于这类著作，多为编辑，供后来编目的人，有个准则，这是我很盼望的。

（见 1927 年《图书馆学季刊》第二卷第一期）

图书馆用不着杂志么

人们都知道图书馆的重要，但是还有许多办理图书馆的人，主张狭义的图书馆，不是不购杂志，就是购了也瞧他不起，随意抛散。他们说：

图书是个“不朽”的东西，是要给那大学问家评定，承认他是可“藏之名山，传之其人”，才能有图书馆保存的价值。杂志是随便的人都可著作，没有经过审定的东西；好容易就把图书的头衔奉送他们，好像教皇把王冕加到各国君主的头上去么？

哈，这种重大的谬误，我们能不给他们严厉的纠正？

说是要能“不朽”才算图书么，我看天下就没有绝对“不朽”的著作！时代是著作产生的，著作又是时代产生的，彼此循环的产生。那最初的著作，就归到衰朽；最初的时代，也成为过去。如果我们只管保存最初的著作，丢下最近的著作，那新时代就不会产生，自自然然地葬送到衰朽的地方去了。我们放开眼界看，政治的趋势，学术的潮流，那样不是一天新似一天。杂志这样著作物，就是本着潮流和趋势，讨论他当如何对付如何顺应，再去产生新时代的。今天讨论了，明天把别人看。讨论得对呢，让人照样的做；不对呢，人们也得从这著作物的里面，去发表他们的主张。不像那学究似的关起门来著书立说，一味的“孤芳自赏，目无余子”。那潮流和趋势老早就过去了，老早就衰朽了，还对付什么，顺应什么！谈什么“不朽”！说是要删定才算得图书么？我看杂志的删定，比古书的删定，还要特别的严密。何以呢？从前的删定，是重在篇幅和字句；杂志的删定，是重在主义和精神。从前的删定，是用笔。杂志的删定，是用脑。只要是学术，社会上各种重要问题，那杂志的著作家，就群策群力的向前研究去。一天一天的删定，到今日，都有积极的主张，具体的办法。比如前几十年，君权的至尊无上，国权的被蹂躏无余，小百姓的颠连困苦，都是没有办法。经他们研究的结果，才说是要服从党权，主张收回租界，取消领事裁判权，关税自主，劳资调节，改良待遇。从前的语言歧异，古典文学和旧体诗的束缚，结果就有读音统一的运动，国语文和新体诗的革新。经他们精神上重大的牺牲，得着特殊的删定，就形成现代著作的结晶，卓然不可磨灭。杂志的删定，是“日进无疆”的。一方面是著作，他方面是删定。不离开删定有著作，也不离开著作有删定，所以更有进化上的价值。他们的意思是这么说："我们对于从前的一切著作的错误，固然常用绝对的权威去纠正。但是我们不能说今天的纠正，到明天还有价值。要是说我们的主张算得一成不变，那从前一些著作家，何曾不都是这么样自负。我们要删定从前的著作，后来的又要删定，我们的删定，那删定有了时么？倒不如丢却形式的删定，只用精神去研究，逐渐地改进，当作删定罢！”现在所以将图书馆当购杂志的理由，和购置方法、管理、装订几点，详细讲讲：

（一）购置理由

（1）就经济论　少数金钱，万难购得最优良最新颖的文学作品。假使发刊杂志里面文艺的一部，作成个书本，当高过全年的杂志。所以读杂志，就是一件最经济的事情。

（2）就研究论　无论什么方法，少数金钱，万难购得最迅速最普通的参考书。杂志的性质，能包括社会上各种重要问题，可供各种学业最新的参考。就是留心时事或专门研究家，有了杂志的索引，也有研究和商榷的绝好机会。

（3）就选择心理论　爱读杂志，胜过爱好普通著作，这是一般人的心理。适应这种心理，来会合多数的好友，同时选择优良杂志，作读者的向导。这是图书馆购杂志的重要任务。

（4）就规模论　杂志廉价，就是最小的图书馆，也可把最新的作品，不断地输送给一般读者。假使规模既小，又没有杂志，必使读者扫兴。

（5）就习惯论　社会上多数人，除读小说外，懒得读书。要纠正这种习惯，还是利用他的惯性，多备杂志，渐渐地引他来读有益学术的学科和他种论著。因为杂志的内容宏富，体裁简明，是读小说外，引人入胜的惟一读物。也可说是医疗和减轻那懒于读书病的兴奋剂。

（二）购置方法

（1）费率　杂志的购置费和装订费，原是要按图书馆的财力可能担任的程度来定，谈不上什么比例率。但是有的图书馆，这两种费用占到全年购买图书费五分之一，甚至占二分之一的。我们固然不能“刻舟求剑”似的去办，总得尽力扩充才是。

（2）标准　什么是选择杂志的标准？不外以下几个条件：①能受社会欢迎的；②内容美备的；③有科学和实业技术等研究性的；④不含攻击某种人类的特性的；⑤有永久可供参考性的；⑥能补助别种杂志的缺陷的；⑦有索引的（杂志有价值，才有索引，但阅览室的普通杂志，当在例外）；⑧适应环境和风土人情，并不限定环境里面的局部的；⑨购费不大，本图书馆的财力能供给的。

此外选购英文杂志能到25种以上的图书馆，有简明的阅者指南替我们做向导，更不必陈述了。

（3）选限　选购当具割爱和兼顾的两种态度。某同类杂志，就是内容都好，但是选购的限度，不可超过四五种，使别类的杂志发生向隅的恐慌。某种问题的杂志，内容既好，人们都不注意他，最少也得选一种。

（4）杂志的必备品　杂志的索引，好像锁的钥匙一般。经济困难的图书馆，也许不能按月购置，那年终索引——阅者指南——是万不可少的。（外国杂志，每月发刊索引一册，三月汇成季刊，年终汇成总册，五年再汇订一次。选购只在二十五种以下的图书馆，购简明的阅者指南，如 Abridged Readers' Guide 也够了。）

（5）订购手续　离杂志出版地很远的图书馆，除非订得特别优待的条件，用不着自己去购，最好是把这事委托那名誉较好的经理杂志的商人。一不麻烦，二可省钱。订购来年的全年杂志，最好是在本年十月。

（三）管理

（1）整理布置　馆员每天早晨，在料理寻常职务以前，就要整齐阅览室里面的各样杂志的次序。白天也要有几次一定的时辰来整理。最紧要的，就是阅览室的杂志都要有一定的位置，并且在馆里面最明显的地方，挂个新到杂志一览表。他的样子在下面。

新到杂志一览表
一月份
《文社月刊》
《心理杂志》
《清华学报》
《青年进步》
《东方杂志》
《中华教育界》
《国学季刊》
《图书馆学季刊》
《小说月报》
《真理与生命》
《妇女杂志》
《经济半月刊》

前面各杂志和月份的名目，都是用几个纸片写好的。因为一月份这几样杂志都到了，就把月份和书名一样一样的写好，插进那嵌着玻璃的一个架子里面去。若是再到了几样，就再写几个纸片插进去，做这一览表的纸片，都要制得精致，唤起看书人的精神。换一览表的手续，要时刻注意，万不可到了新的杂志，一览表仍旧没换。

杂志阅览室，要备各种杂志的陈列架。架上标出各样杂志的名目。某杂志就放在某名目上。最近一两期的，放在架子上把人看。远期的就收进抽屉里去，预备后来装订。

（2）收到邮寄物后的手续　邮局送到的新杂志，立时拆封检查。有联页的，就裁开；有残缺的，就报告馆长，好通信去索补。同时对他的内容也略微看看，预备好答应那来问的，但不是一味为自己去研究，只是看个大纲，以免妨了办公的时候。随后把杂志封面的题签处，盖上图书馆的戳记。

戳记盖完，就要登记。是在一个制定的卡片面上把那杂志的名目，或是周刊、旬刊、月刊、季刊，什么地方出版，报费的数目，某卷起，某卷止，都记清楚。记到的方法，就在卡片内印定的月份作个记号。季刊记在该季第三月。月刊记在该月的中心。旬刊记在该月内三个定点，周刊记在该月的四角。如果一月有五周的，那第五周也记在那月分的中点。（编著者按："杂志登录单之格式不一，大约以简明易用为要。沈君所记特其一种。）

某项杂志新到，就把这项的旧杂志原来摆在书架上的取来，抽掉他的夹板，将新杂志换进去。夹板可以买得着。如果不买，就用厚纸板做壳，将原来的书壳粘在面上。倘若这项杂志是预备借出去看的，那还要在书壳内安个封套，套的里面，装个卡片；到那实行借出的时候，才取出卡片出来，记明借书人的号码（或姓名）存查。无论是订购夹板，或厚纸做壳，总得杂志名和图书馆名印在上面。

（3）借阅　分期杂志，没有汇订成册的时候，可和普通图书一样借出去读，有阅览室的图书馆，还须留最近一期给人们来看。在没阅览室的图书馆，可尽量的借出，但须限三天缴还。那规模宏大的图书馆，某些杂志订有复本的，第二本以上的，全可按普通图书出借。

（4）保存　新到图书馆的杂志，当时就装进那坚硬的书壳里面去，使它久用不坏，这种书壳，最好是向它的制造地订购。

有索引的杂志，年终按期次装订一册，好好的保存它，做后来的参考品。这种参考品，在图书馆里面很占重要。此时恐怕或者遗失，再难还原，也就犯不着借出去看了。常有顾全公众利益的人，看见图书馆里面失却这种参考品，就把自己的杂志，赠与图书馆。这种美德，也是我们可以引来作榜样的。

（四）装订

（1）装订前应有的注意　杂志每年当装订一次。先要查明全年的期数，看有没有遗漏，细目完全不完全，再依原来的卷期装订。倘若是一卷的册数太多了，就分作几册装。又装订必是有索引和有价值的，不然，可以不必。

（2）书壳的种类　装订的书壳，种类很多。有的是用胶质粘着书轴的；有的是在书脊旁面钻孔用线穿拢的；有的钻孔用铜环穿的；有的钻孔安螺钉的；有的用暗闩夹着的。用暗闩的第一坚固。各样装订法，看后面的各图就明白。

第一图

是杂志的临时用壳，有制成的可买，书脊是布条做的，里面涂丁胶质，用水润它，就能把杂志的书轴粘上去。

第二图

这书壳市面也买得着，把书本子夹进这壳去，再用钻子在书脊旁面锥几个孔，用线穿紧。

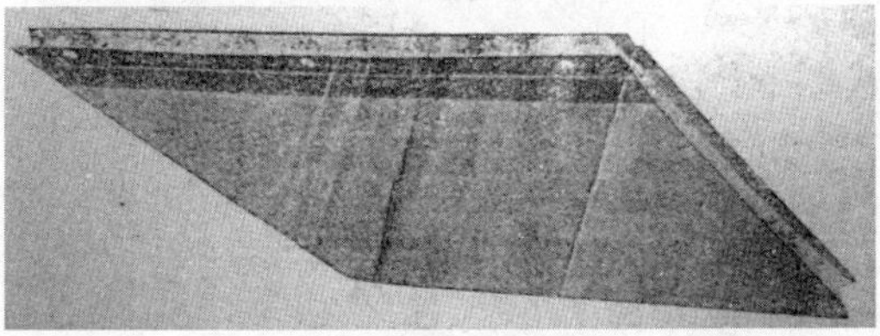

第三图

这壳和上图是一样的，不过是不用线穿，只用螺钉缀它罢了，就是新闻纸也可以用这壳夹的。

第四图

第四、五、六图，都是用暗闩夹书的壳子，但第五图比第四图坚固，价钱也大些。用钥匙催紧暗闩，就使力去扯，书本决不会脱，若是换夹新杂志，又能用钥匙转松暗闩，退出旧杂志，再夹。第六图是第五图装成书本后的形象。

第五图

第六图

（3）装订的格式　有的图书馆，印些格式样，粘在应装的杂志上面，将装订各事项（如书脊书角书面的样式材料和颜色，书面书脊应记载何种名称在记载的地位等），按格填给装订人，使它不至于错误。装订成后，连条交还。

文华公书林装订书籍的专用格式

<table>
<tr><td rowspan="5">装订价目……何年月装订……何人装订……</td><td rowspan="5">样　式：
甲·全布装
乙·皮脊皮角布面
丙·皮脊皮角纸面
书脊书角的材料：
甲·牛皮
乙·鞣皮
丙·羊皮
丁·图书馆用的坚纸
书面的材料：
甲·布
乙·图书馆用的硬布
丙·花色纸
颜　色：
甲·黑
乙·蓝
丙·棕
丁·绿
戊·洋红
己·红
特别指导事项：

装书存根簿：
装的次数
装的号码
目录装在书前
索引装在书后</td><td>书脊题字法：

著者姓名</td><td rowspan="5">如有错误归还原条对照</td></tr>
<tr><td>书名或杂志名</td></tr>
<tr><td>卷数</td></tr>
<tr><td>杂志出版年月
或数码
1928　一至六月</td></tr>
<tr><td>图书馆名</td></tr>
</table>

附注　本格式右边，填出年月一项，作个例子。其余照图书馆的实际填写。左边目录索引的前后，是档案的，所以径直印出。样式材料颜色，各有几种，取甲种，就涂去乙丙，取乙或丙，就涂甲种。特别指导和次数号码，都照实际填写。

（4）装订的存根　装订图书是图书馆里面常有的事。没有存根，就漫无系统。关于历次装订上各种事项，也无从考察，有了存根，一看就能明白，无须遍查，且一样的杂志，前后装订，都能统一。

文华公书林装订书籍存根簿

<table>
<tr><td>杂志</td><td>东方</td><td rowspan="9">样　式：
甲·全布装
乙·皮脊皮角布面
丙·皮脊皮角纸面
书脊书角的材料：
甲·牛皮
乙·鞣皮
丙·羊皮
丁·图书馆用的坚纸
书面的材料：
甲·布
乙·图书馆用的硬布
丙·花色纸
颜　色：
甲·黑
乙·蓝
丙·棕
丁·绿
戊·洋红
己·红
特别指导事项：

装书存根簿：
装的次数
装的号码
目录装在书前
索引装在书后</td><td rowspan="2">书脊题字法：
著者姓名</td><td rowspan="9">如有错误归还原条对照</td></tr>
<tr><td>全年卷数</td><td>一至廿四号</td></tr>
<tr><td>自何月起</td><td>从一月起
、、、、、、、、、、、、
、、、、、、、、、、、、
、、、、、、、、、、、、</td><td>书名或杂志名</td></tr>
<tr><td>书题及索引</td><td>到了△
未到
每卷末期△
新卷第一期</td><td>卷数</td></tr>
<tr><td>何人书版</td><td>商务印书馆</td><td rowspan="3">杂志出版年月
或数码

1928 一至六月</td></tr>
<tr><td>住址</td><td>上海棋盘街</td></tr>
<tr><td>装订人</td><td>正信印书馆</td></tr>
<tr><td>住址</td><td>武昌</td><td rowspan="2">图书馆名</td></tr>
<tr><td>装订价目</td><td>八角</td></tr>
</table>

附注　本簿也有印成可买的、填的法子，也和格式条没甚差别。不过书题及索引两桩东西，外国杂志有随没关的末期附送的，有随第一期附送的，所以这项的右边四项字样，也是印成的，到了的只作个△，未到的就不作，随每卷末或随后卷一期附送的，也只分别作个△，其余的都照实事来填写。

（五）结论

中国的杂志，虽然赶不上外国的，但在历史上有荣誉，能做参考品的，毕竟不少。它们的种类，依《中华年鉴》或《中华图书馆协会会报》统计起来，约四百余种，也就很多了。其中固然有些停刊了，但那继续和新出版的，恐怕比从前还多。可是没有索引，任凭它的内容如何丰富，那办理图书馆的人和阅览者费尽许多气力去搜索它，总是扑朔迷离，捉摸不着，只得索性地弃置不顾，把它当作个一塌糊涂的瓦砾场，眼见那可宝贵的参考品，“付之东流，束之高阁”，无人问讯了。这是多么可惜的一件事情！于今要做这破天荒的事业，不是“一朝一夕之功”，也不是“一手一足之烈”。本来，外国杂志索引，都是出版界编辑的。我们中国的出版界，既然没有编辑，依我看来，现在中国的图书馆，也有这么多，又有个研究图书馆事业的最高机关——图书馆协会，这编辑事项，可算是我们图书馆界惟一的使命“责无旁贷”了！还待谁来办？倒不如请图书馆协会用分工合作的方法，发个命令，召集个编纂杂志索引的编纂大纲委员会，议出那编纂的规则和体裁，由各图书馆就他所有杂志的全数，认定编辑某种或几种，并且规定一个最远不得过某时期编完缴会的限度。候他们个个缴齐了，图书馆协会就担任这总编辑的事务，至于那从前残缺了的杂志，如果搜罗不齐，就从某年起立个限断，从那里向后编辑。限断以前的，暂且丢下不管。这么一来，既不至于互相诿卸，也不至于各自为政，且可以免掉一书重编而枉费气力，自然是“整齐划一，事半功倍”了！到那时，按着大纲，依着规则，各路动员，猛力前进，不要两三年，中华杂志索引的绝大著作品《中华杂志阅者指南》（*Chinese Readers' Guide*）一定“崭然露头角”，和西方先进的《阅者指南》（*Readers' Guide*），并驾齐驱，岂不是我们图书馆界的一件勇往性而且高尚的津逮后学的事业么？我是这么希望的，和我同情的当也不少罢！起来！努力！

（见1928年《图书馆学季刊》第二卷第三期）

我对于文华图书科季刊的几种希望

月来筹备渴望出版之《文华图书科季刊》，竟于今日发刊矣。这刊物，纯粹是由文华图书科现在肄业的同学之心血研究的结果。我们同学才走近图书馆学的宫墙，尚未睹宗庙之美，百宫之富。所得既少，价值又小，讵堪笔著于书，刊印行世，妄济图书馆学刊物之列？《图书馆学季刊》《图书馆协会月报》《北平图书馆月刊》《广州中山大学图书馆周刊》……凡此等刊物，所载皆图书馆界先进及海内专家大作，议论宏富，记叙翔实。《文华图书科季刊》，岂得望其项背？日月出矣，而复为爝火，其于光也，不亦小乎？但同学以为既得中华文化教育基金董事会之补助，一得之愚，自应提供大家讨论，以引起自身研究图书馆学及有志图书馆事业者之兴趣，以告慰中华文化教育基金董事会，遂不自量地出了这种季刊。

图书馆事业之在中国，极为幼稚，而地当全国中心的武汉更甚。武昌为湖北省城，在昔军阀时代，图书馆只有湖北省立图书馆，国立武昌高师图书馆，文华公书林，及少数的学校图书馆而已，可偻指数也。汉口虽为全国内地通商首埠，交通枢纽，乃并此等图书馆亦无之。武汉以外，湖北省属各地的图书馆事业如何，可想见矣。

现在国势底定，训政肇始，凡百事业，俱趋建设。据湖北省党务指导委员会宣传部制训政实施工作计划，关于设立学校也，其一曰，利用人民义务劳力，筹设学校；其二曰，自幼稚园小学中学，办至大学；其三曰，外设公共讲堂书库夜校等等。是政府于“知”上已知图书馆为重要心理建设，辅助教育利器，有重要关系，伟大价值矣。至于“行”，湖北省立图书馆内部业已积极整顿扩充，武汉增设了省市通俗图书馆十余所，各县市亦正筹设通俗图书馆，武汉市中山公园内且有以二十五万元建一大规模之公共图书馆之计划。这不可谓非鄂省图书馆事业发达之一好现象。

图书馆虽然渐次设立多了，然管理若不得人，设施不以其道，则仍与无图书馆等。所谓得人者，不仅指馆员须曾受图书馆学专门之教育与训练也，尤须有极热烈之情感，伟大的服务社会之精神。文华图书科同学，今日在受图书馆学之教育与训练，异日将必服务图书馆界。执事所须之热烈情感、服务精神两要素，不可不于今日养成之。研究问题，出印刊物，正养成此两要素之一法。此同学发刊本刊之又一原因也。

如上所述，我对于本刊，有下列之希望：

1. 不半途夭折。靡不有初，鲜克有终，此吾人所深知者。同学以一腔热情，发刊此刊，前途之种种艰虞，亦曾思及否？经费一则，固非大虑，然此后材料是否不缺，出版能否按期？自己的不满意，外界的批评，足以挫折我们的意气，阻挠我们的前进。设不幸一旦际此情形，我们务须仰望前途的光明，继续最初的热情，抱着决心，不断地出版。非特徒求保季刊之生命而已，并须我们努力读书，积极研究，丰富季刊之内容，使生气蓬勃。若夫一息奄奄，不死不活，则亦等于半途夭折也。

2. 要特重实事。图书馆学为实用科学，今兹此刊，更当实事求是，特重图书馆实际困难问题。若中书分类法，中书编目法，汉字排列法等等，皆应研究。而尤应急亟研究的，则如何引导民众，使能利用图书馆。民众既知利用图书馆矣，馆员应如何以应其需求。须一一作系统之研究，探求解决之方法，不稍蹈空言。至于图书馆各种高深学理，海内外专家颇多研究之者，正不烦我们厕身其间。

3. 不避琐细题目。不特应特重实事，即最琐碎、最微末之事件，亦当详细讨论。何则？盖惟小事正足以贻误大事，故虽书脊背上之书签，应用胶粘或用浆糊，亦有研究之必要。

4. 审合社会情形。图书馆之设立，所以谋当地人民之福利也。故一切经营方法之取舍，一视便利人民与否为转移。譬之张之洞所著书，当用张之洞为著者名。若夫抱冰、南皮、文襄，盖不可用。何则？不便于人民也。推之其他一切，亦莫不然。我们所研究的一切，不可忘此要件。

5. 整理丛书。我国丛书甚多，亦甚有价值。盖其中收罗颇富，类多少单行本之书籍。顾各丛书内含有何种著作，集刻丛书者为谁，集刻者之历史及时代之背景若何，普通人鲜有知之者，故亦少有人能利用之者。我希望同学，多依上述各项，取各丛书一一研究而揭示之，使丛书内之宝藏，能为我们所用。

6. 介绍新知识。图书馆学为属世界性的科学，无畛域之分，无种族之异。而英美图书馆事业发达完善之国家，一切颇多足资我国借鉴者。故凡有何英美新出版之图书馆学名著，或业经人实验之改良新法，已发表于英美图书馆学刊物者，当量力翻译介绍，供大家研究，而采行其与我国情相合者。

7. 读者通讯与读者论。本刊之不至半途夭折，这固在同学本身之努力，一方面还仗读者的扶助，尤其希望者已卒业之老同学与海内图书馆学专家。老同学卒业有年，执事既久，经验丰富，学识优赡，希望能于馆务余暇，将历来之经验，与卒业后所得新学识，作短札或长论赐登本刊。希望本刊开一通讯栏与读者论坛刊载之，使新旧同学之智识得相互换，精神得相联络。更希海内专家，不吝佳作，使同等得研究图书馆学之门径。

文华同学们于将发刊本刊前，索文于余。拉杂写来，得上希望七事。所冀容尚过奢，尚希同学努力，海内先进扶掖，得一一实现是盼。

一九二八年十二月三十一日

（见 1929 年《文华图书科季刊》第一卷第一期）

在文华公书林过去十九年之经验

作此题的动机

荣今之作此题，动机在哪里？所以铺张自己之经验，炫耀自己之成绩吗？读者诸君苟以为荣今之目的，果在铺张炫耀，荣就不敢言了。荣今之作此题，实在另有一种原因；在未说明此原因之先，请先举一个例，与诸君言之。

前十余年，荣在美国，曾赴过他们的图书馆年会，见各地图书馆任事人员，都不辞劳苦，不畏炎热，纷至沓来，聚集一处，人数达一千以外。他们为什么要这样？他们为什么要开这会？初时甚不明白。迨会毕，始知他们开这会有两个很重要的意义：一是诉说困难；二是讲述心得。

各人将各人的困难棘手之事说出，以免他处办事人，再蹈此种故辙，并公求一解除的方法。各人说出各人的心得成绩，以为别处办理人取法模仿。至若交换意见，联络感情，犹为余事。

荣今之作此题，心得成绩，可以说一点没有，惟将十九年中种种困难的情形，棘手的事件说说，作为现在及有志将来办理图书馆事业的诸君之参鉴。

十九年来之困难

文华公书林建筑于一九一〇年，那时，正值中国清廷改行新政，废科举，兴学校。武昌方面有一个兴学的首领——张香帅为湖北总督，他极力创办学校，振兴教育。除设立五六十余堂小学，五路高等，两等师范外，并设农、工、商、医、方言各专门学校。学生总数达五千以上，几乎把武昌城变成一个学校城。先是一九〇三年美人韦棣华女士见我国文物之邦，乃竟无一图书馆。于是在文华学校内创办学校图书室，自任总理。至是看见中国时机很好，益加奋发她办理图书馆的热心，于是数次返美，募集巨款，在文华大学校内，建立公书林，以求稍有贡献于此学校城。

斯时，荣正卒业文华大学，准备在公书林内任事，初以为崇楼杰阁，馆址颇为壮观；中西书籍，虽不敢说搜罗宏富，也可算规模粗具；办理必无若何困难。孰意任事不久，种种窒碍，种种困难，竟层出叠见，几乎穷于应付，诚如俗谚所谓“事非经过不知难”。

最初的难关，就是外界的讥评。

当荣之方决定就公书林职事时，亲朋戚友，谁都不赞成。当面阿谀，则说“方今各处需才孔亟，以你大学毕业，何事不可为？乃作此招护书籍的事业，不其长才短驭？”背地议论，非说某“毫无远志”，即说某“学识平庸，不能充当学校的教员，不能做洋行的买办或写字，只能混迹书丛，做书班的事业，这种整理书籍的工作，花费数元，雇一个失业的书贾担任足矣，何以在大学毕业之后，反去做这种工作，真是不可解”。似此热嘲冷讽，在风气未开的当时，固觉不堪，很难为情，但明眼有识者闻此不过付之一笑，所以当时在我这并不为大困难。真正大困难，还在内部的工作。兹分别略述如下，以供诸君的研究。

分类编目的困难：

余虽为大学卒业生，顾未受图书管理之专门教育与训练，所以一切均很隔膜。类分书籍，编制目录，就是取美国国会图书馆目录卡，依样葫芦，由之知之，诚属莫名所以。工具呢？除了一本已经够资格排到古物陈列所去的第六版《杜威十进分类法》外，一毫没有。而且分类又不完全依据它：如《圣经》无论《新约》、《旧约》、《新约》的某部分、《旧约》的某部分、《圣经》注释，《圣经》辞典，都标以272；声光化电，俱归自然科学普通书籍类，用的号码是530。

当时我们以为我们小小公书林，书籍不多，只须分个大概足已。哪知这不可行，更改又困难——一直到现在还不能一一改正呢？至若著者名、标题等规则，更未梦及。不知应当用完全格式，也不知同著者的书，号码还是各有殊别；所以当常将同著者的书，分置了数处，或同著者所著几种书，书名各异而号码竟相雷同。标题呢？是就十大类下再分细题，如 Natural Science-Light，Natural Science-Physics 等等。有时竟昏到新书一到，只写了一个号码，就排上书架上了，既未编目，亦未登记。当工作綦繁之时，我们请校中学生来帮助，这更乱糟，他们写目录卡，笔记不同，而且你写的是 Natural Science-Light；他写的却只是 Light，登记呢？有的很详细，有的很疏漏。总之，一切总不一致的，根本我们自己也是莫名其妙。是时我心中所认的：图书馆管理人的职务无他，惟保藏书籍，典司出纳而已。保藏既如彼，而出纳方法，也非科学化的，是用流水记账式，清查统计既不易，又很费时间。

韦女士知道肩任公书林管理责任者，非受此种专门训练，事业必难有发展之希望，于是派命荣赴美研究。管理图书馆的职务，不就止保藏书籍，司理借还吗？此行赴美，有何研究？外人如是怀疑，我亦如是怀疑。既是美国，始知向日所见，浅陋已极。图书馆的工作：有行政、组织、参考、编目、经营、扩充……；图书馆的种类：又有儿童的，专门的，以及利用图书馆的方法，五花八门，诚非浅易短时研究，可以穷尽之事。

留美数年，返国，满意既经专门研究，学得一切方法，又带回了一些工具，如《美国目录》（*U. S. Catalogue*）、客特氏《著者三字号码法》，Pittsburgh 以及其他几个大图书馆的目录，则昔日所遇种种分类、编目之困难，不难迎刃而解。乃事竟大谬不然。东西国情不同，文字亦异。我国书籍，旧以甲乙丙丁四部分门，彼则用杜威十类法、客特氏展开分类法、国会图书馆分类法。同门同类之书，我则大都依著者时代之先后排列，彼则根据著者姓名字母之顺序。既有如是之差别，自未可一概因袭模仿。于是与胡庆生先生，于民国六年，根抵新法，混合中西，创为仿杜威十类法，以类分书籍。又用 Willams 永字八笔母笔法，为排列次序之依据，行数月觉不可行，只得仍改用笔画多少法，凡此一切，皆是为解决自身难题而造的，乃至今日尚为一困难，现在又改用王云五四角检字法，亦尚在试验时期。

日本与我同种同文，又是图书馆事业先进的国家。在许多图书管理上的难题，没法解决，穷极无聊时候，曾想看一看。于是到日本在东京住一月之久，其他内地游历参观月余，想寻求一解决方法，岂图结果，乃如求仙丹一样，毫无所得。盖彼于和书，各地有各地之分类，如帝国大学图书馆分类法，杜威分类法，至于中书，还是奉行我国之四库法，仅少数图书馆，是用新法。然目录卡均很单简；关于中书目录，有的不编，有的仍用书本氏，并且排列是用和文，我们一点都不能采用。返国只得仍遵旧轨进行。

书本装订问题

久而久之各书的分类编目，稍有一点眉目，我们想此后当再可容易办理了，岂知又有一个难题发生。什么难题呢？这个问题本不是图书馆本身问题。而在中国图书馆竟成一个大问题，就是中国书籍，向来的装订法，不合陈设——不能立置架上，必须卧陈，又不便检查，更太不美观，不耐久用，此皆诸君所深悉的。不解决则一切编目手续俱等空劳，求合于陈设，将书尽行改为洋装吗？此实不可能之事。我们当时根据书之价值，书之版本，书之大小，厘定三项办法：

（1）平装，如厚纸壳。凡普通及价低廉之书，俱用是种装订法外写白粉宋字。这是一种经济的方法，利用馆中工役，在夜间暇时无事的时间，训练他们做这种工作。只须于他们正得工资外，津贴少数金钱，又可免他们于闲暇时间作种种不正当之娱乐，他们必甚乐意从事。较之发交外间装书店装订者，经济得多。

（2）洋装，布面。

（3）布函。函内书若系薄本，并合数册为一本。

斯二种是发交装书店装订。用何材料，印何文字，若何颜色，有装订书籍指导单，随书送交装订人照办。

自经这种装订手续，编目陈列，方算整理就绪。故费用甚多，非年预定百分之几的款作此用不可。

工具的问题

“工欲善其事，必先利其器”。我们想好好的办理公书林——就止说办理罢，随着，就发生工具的问题。一切工具，如目录橱，出纳台，以及各种应用品表格等，在英美皆有图书馆用品公司制售，在中国无有也。欲购外货，则价格甚昂贵，且不应急需。打样雇人照做吗，再三叮嘱工人，而结果呢？终不如外货之合标准、适用。即如印制卡片，非纸张不同，即大小宽窄厚薄各异，或格线不一致，或眼穴上下不准确。大件工作，更可想见。但在事实上和经济的关系，只容许我们走第二条路——本馆自造。在这仿造工具上，我们亦获得一个经验，即购制一种工具，总应制一很精确图样，发交工人，再三指说，计划上并须把眼光放远大，不要徒顾目前，须计及将来扩大时期。不然，则今岁所购制者，或数年后即不敷用，另行购制，多么的不经济？不特对于工具设备如是，其他非属工具的，若分类，若编目，亦莫不应当如是。

择购书籍的问题

智识是日新月异的，出版书籍日多一日。它的数量真个浩如烟海、汗牛充栋，我们要添购书籍，又无标准；什么书宜购，什么书不宜购，什么书宜多购，什么书宜少购，什么书宜急购，什么书宜缓购？抉择很难；并且除中华商务及少数新书出版公司外，各书售价多少，卷帙如何，都无目录可查。花甚多金钱，而买者竟为残缺。后来再三请求专家的指导，征求教职员的意见，阅者的介绍，此种困难，遂渐渐的减少。现在这件事在公书林或不成问题，以人既多，又订有择购方法。我们择购书籍的方法是：根据新书店新书日多，各编刷有目录：

（1）各系主任、各教授、图书委员会、本书林职员及各阅者之介绍。

（2）普通参考书则由主任审时代之潮流及阅者之需要自定之。

（3）各书评。

（4）出版界。

（5）美国图书馆协会书单上彼等之标号采购者。

（6）旧书目录中之可采购者。

（7）出纳股建议之应补购者。

既择定应购之书籍，经主任审知确系书林内所无，而财力又可购置后，即由主任开具书名，填写订购卡，交图书委员会审查，然后通函订购。

助理的缺乏的困难

最初学校经费有限，书林只祖荣一人掌理，不似今日之有数同事。这种独角戏制的图书馆，在今日还很多。即大学校图书馆之初办的，亦或不免有此情形。分部分股，分任工作的事，在当时曾未梦及。工作綦繁，很难办治。后来有了胡庆生由美国研究图书馆学返校，又加了一两个助理。虽然分去一大担，可是还不够分配。

在工作紧急不能办了的时间，我们将机械的工作，如写书签、书片、目录卡等，交请学生帮助，按月或每小时给资若干津贴他们。今之在各处图书馆任馆长或其他要职之文华图书科卒业生，有几个他们从事图书馆事业之志愿，即于彼时养成，岂非数利之道吗？

可是利用学生，固一善法，但须有详细的分派工作的计划。因为请学生，是拣他们在日间无课的时间，这种时间，每次只能有一小时之久；在此空闲时期前后，学生又各有课。彼等按时至书林内服务，诚所谓当当而来，当当而去。且又有数人所作工作又不一样，像这样若不预先将请彼等要做之工作准备，则彼等来时，无可事事，就要虚靡学校金钱，花费他们光阴。在他们既走之后，又必得将他们所做的工作清检一下，有无错误，或留示学生，或径代改正。

在暑寒假期中，学生有许多纯粹为公书林尽义务、做工作的，他们来时，至少总有三五人。他们这样的热忱，我们得了他们不少的帮助。但有时一书经三数人手编目或抄写，就难免有错误之点，此种错误，一直保留至今，尚未一一改正，故苟再遇此情形，当派人巡视指导，工作完毕后，尤宜清查改正。

分配工作的问题

在没有助理人的时节，我们愁的是工作太繁累。但一到有了几个助理人时，分配工作又成了我们的一个难题。

理想中有甚多的职员，尽分全馆工作为若干部，人专一职，如北平北海图书馆，清华大学图书馆的分配工作法，法固周善。但在一般小图书馆，如文华公书林，仅仅是大学的一部，人力、财力都不够，分配工作的方法，万不能仿照他们，和他们同。虽不能和他们相同，然亦不能不支配一下以专责成。因为小图书馆职员虽少，职务手续，工作步骤，仍与大学图书馆相埒。事多人少，工作就当格外紧张，寸阴不可虚靡。

我们的分配的方法：系经长期精细的考验，就各馆员的特长，分派他们担负某一项工作，或二三项工作，并且是永远担任该项工作。或以为馆员永远担任某项工作，必致使他感觉乏味。我们的经验觉得不然：久专一职，容易熟练，熟则能生巧思，同时发生兴味。再者彼既专任一职，则与该所任职务发生之困阻，自竭思尽虑以解决之，由此努力中亦发生兴味。若夫工作时时调易，馆员对于此部工作，方有头绪，调至他部，必又忙无所措，不知怎样办理，日惟汲汲于学习该部办事手续、规程，更何能发生兴味呢？且工作常时交移，未免有难衔接之处，对图书馆进行，对馆员个人，都非得计。不过愿于本责之外，略习他股工作，这也是很好的，因此于各股工作的联络的效率，可使增大。

我们重专工，我们更重工作一贯，各部都是联络一气的。

书架公开与书籍借还问题

书架公开否？这在各图书馆办法上是不一致的。这件事在本书林也成为一个大问题。因这问题，也发生了不少的争执：公开吗，难免书籍有遗失的事情；不公开吗，又背近代图书馆原旨。韦女士是主张应采公开制的，可是有许多人——即如当时翟校长，他们都很反对。韦女士觉得行公开制虽不免有书籍损失的事，可是对于阅者利益要大，终毅然决然地行了公开制。这么一来，翟校长死时，遂遗命将他的遗书送赠上海圣约翰大学图书馆，文华公书林牺牲了不少。

关于借还书籍，各处图书馆的办法，大致相同。但有一两事，可以特别提出说说：

教员或阅者向图书馆介绍要买的书，大都系他们急待参考的；订购往返，颇费时日。既到馆后，编目分类，共经十六七种手续。彼等屡次到出纳股询问，在书未到前，自易答复；若夫书已到后，彼等连来询借数次，皆遇书的编目手续，未曾完毕，不能借出，必滋误会。所以我们有时对于某教员或阅者介绍购买之书，既到馆，与原订购卡并发单校对完毕，戳盖公书林私有章后，即发通知单，通知该教员或阅者来馆阅览或借出，不必俟编目完毕。

借书过期不还，这是各图书馆很普通的一个病象。若任其过期吗？则人人过期，驯且久假不归，办理很是困难，而且又难周转，这是不可疏忽的。我们对于这件事，也照别馆办理的方法：

将借书逾期未还者的借书卡，依逾期的长短，一来复，二来复，或三来复，或一月，分陈四处。在借限将满日，发期满单通知借者还书，或声明续借。逾一来复，发逾期第一次通知单催索；逾两来复，发第二次通知单；逾三来复犹未还来，就专函催索；至一月，就专人索取。至于逾期罚金，也同他图书馆一样是要向阅者征取的，不过这很易使人对于图书馆发生恶感，我们也是观势而行，不对于学校职教员，学生方面，我们感觉得最重要的。是要能与教员合作，得他们的谅解或扶助。

上所述皆内部工作一切，兹再略讲引人利用图书馆及扩大图书馆事业问题：

门可罗雀的公书林

公书林初成之后，一切设备规模粗具。这时第一要务，就是要人前来阅览，以符辅助教育的宗旨。不料那时来馆阅书的人，寥若晨星，几乎门可罗雀，真是大大的失望。于是引导诱掖的工夫，不得不极力研究。我们就从文华本校入手，引一些学生前来阅览。口讲指画，如学校内的教师；应接周到，又好像旅社的堂倌。不图学生们来的，不过翻阅几份日报，读几本杂志。茫然而来，轰然而去。我们向无图书馆，学生没有在图书馆精心研求的习惯，这也难怪他们。

经过这次的失败，我们又改变方针，去运动教员。请他们鼓吹学生到馆阅书。并将与各教员所教授有关系的书名，揭示出来，以便他们前来参考。又要求教员将所出的论文题，先行告知我们，我们，就将关于那论文的书籍，参考材料，检出陈置一处，以使学生不费翻寻之劳，而得逢源之乐。像这样办理得教员之赞同，颇收效验，学生很多自动到公书林查阅图书的，不似从前虽招之亦不肯来矣！

公书林应用范围的扩张

本校学生阅书的兴趣，是渐渐的引起了；但是韦女士募建立公书林的性质，不是专为本校的，于是第二步工夫，不可不做。第二步工夫是什么？就是要使武昌各官立学校，都到公书林来阅览。这个题目很大，范围甚广，殊非易事。我们鉴于在文华的前功，于是不运动学生，先去运动校长和教职员，请他们劝令学生到公书林来阅书。韦女士每季一次拜会彼等，谈及设立公书林的意义，当时他们都一律以应酬语回答，说：“贵校这样的热心公益，设立公书林，我们非常钦佩，容日必定令学生前来观光。”口里是这样说，究竟令他们学生来了没有？可以说没有，顾或偶有少数学生来，但都是自动的来的，并不是由于校长的劝命。后来我们过细调查，他们不来的原因：大都是不明了图书馆的真相。他们想：天地间安有这好的事，他们从美国捐钱来买书，给中国人读，恐怕当中总含有别的臭味，不是招揽学生的方法，就是作引人入教的阶梯。这非子虚之谈，当时武昌各校的管教员，确有抱这种心理，发过这样议论的。

这种运动各校长的方法，既遭失败，于是韦女士又变方针，举行大学扩充演讲，敦请中西名人，或道过武汉的专家，在公书林定期演讲。先期分送入座券各校，请他们的学生都来赴会。像这样的会，每月总要举行二次。每次在演讲之先，就引导一些学生，纵览各处书籍，解说公书林的性质。像这样举行演说会，经数年之久——直到民十五年革命军底定武汉之后，宣传演讲之机关既多方止，才把借公书林为招揽学生，引人入教的流言，渐渐消解了。现在各学校来公书林阅书的人次比前要踊跃得多了。

分馆及巡回文库之设立

各学校来公书林阅书的人，虽然渐有增加，但是韦女士还以未能普及为恨。公书林地位僻在武昌城东北隅。来阅书人之少，这是一种原因。韦女士鉴及这点，于是又设立分馆于长街适中地点，以便人就近阅览。又兴巡回文库，将各种适用书籍，每五十册至一百册，装箱分送各欲借书学校机关陈列，以便就近阅览。他们起初不敢收纳，恐怕一有损毁，要负赔偿责任。经向他们再三声明，说书籍之损失，若非出于有心，并不负赔偿之责，这样才得他们认可。现在用巡回文库的，在民国十五年时，有二十三处，不特是武昌城内学校，就是附近的各地的学校、团体以及远道邮便所在，也有巡回文库的往还。

图书馆事业之鼓吹

在我们竭力设法引领武昌各校学生到公书林阅书的时期，也曾想到当时的人们，多不知道图书馆之需要，不知道应用图书馆。引领学生利用图书馆的工作既毕之后，我们于是又积极从事这种工作，设法宣传，鼓吹提倡。与基督教青年会全国协会合作，制造各种仪器，揭示于人，使人明了今日之图书馆，非如昔日官府之藏书楼；今日图书馆所藏书，是要供公众阅览的，而非作书蠹之运动场、大餐馆。又用设计法，具体的方法，并携美国赠送之关于图书馆之各种展览品，至国内各大城市游行演讲图书馆事业之重要组织并经营大概。意者图书馆事业之至今日，不敢说当时举动，或曾生万分之一切效，如今日图书馆学专家，有少数当日也曾听过胡庆生先生和荣的此种粗俚不堪之演讲。

文华图书科之举办

更进，我们知道仅仅有宣传，依然不足以发展图书馆之事业，尤要在有专门人才善办此种事业。韦女士感觉此种需要又得美国一般人士财力之赞助，又于一九二〇年——胡庆生先生返国后第二年，创办文华图书科，作华中大学一分科，以应这种需求。这件事前华中大学校长孟良佐、主教韦卓民先生，很费了一番心血经营。

一九二六年，中华教育文化基金董事会，也觉得国内图书馆管理人才缺乏，承中华图书协会诸同志不弃，介绍委托本校负责训练，每年给补助金一万元本校。于是遂有补额之设立，而学院较前发达矣！不过我们深觉我们工作不满，时时总希图书馆界同志先进之引导。

最后的几句收场白：

文华图书科季刊将刊第二期，同学们征文于余，爰拉杂写此付印之。文中所述，固皆前尘往迹，现已是时过境迁了，可是此情此景，尚有见于今日各公共各学校图书馆中。故敢写出，以供现在及有志将来办理图书馆事业之诸君参镜。以求诸高明之郢教，作解决的方法。

再所望祝的：以上所说，皆文华公书林十九年来荣等办理中之困难情形。现中国图书馆的花，还未开得灿烂纷披，有志后事图书馆事业的同志们，希望不要因为这一派难话，生出畏难和退缩的心。现在因时局的变迁，社会的进步，荣前觉得是困难的，在国内同志或早设法解除了；即或亦倘有一二种困难，诸君只要抱一种普及教育的目的，服务社会的热情，勇敢、耐烦、奋斗、前进，未有不迎刃而解的。努力！灌开图书馆界的鲜花！

（见1929年《文华图书科季刊》第一卷第二期）

中文编目中一个重要的问题——标题

名称之商榷

Subject Headings 一词在我国图书馆界，译名有类名、标题、主题标题、科目标题、主题标目、标题汇典及件名目录之别。用名各殊，不相统一；我国图书馆事业之不统一进展，多少实蒙此影响。深愿中华图书馆协会，能公定一公用名词，及其他各种名词。今试略述个人之意见，以供商榷。

余意对于馆中常用名词，务求单简便用。上述诸译名，除类名、标题外，皆连缀四字，再加“目录”二字，共长六字，诘屈聱牙，颇为不便。而其间又有与原义不符者。分论如下：

类名：就表面视之，此名似指分类各类名，如 Class。Class 中，有多少分析出作标题者，将 Subject Headings 译作类名，必致引人误会，以为系分类目录。

科目标题：科目二字与课程义相混。

标题汇典：似指 List of Headings，而非 Subject Headings。

件名目录：此为日本名词，既未将 Subject Headings 之意表明，使人一望而知，又且不甚正确。

就中余觉可用者，惟“标题”一词。既甚明确，又已应用于一部分图书。或谓标题似仅指 Headings 而非 Subject Headings，且似近专门术语，不便阅者。余以为凡各名词，皆系为本界同志应用，与阅者不生何影响。对于外界，无论译作何词，亦少人明白。若为阅者计，只须于目录规则上，略加解释即可。若谓标题仅指 Headings 则非的论。盖 Subject 之意，已含于标题之中。惟 Headings 一字。现亦译作标题，两相雷同，似嫌不便。为区别 Headings 与 Subject Headings 计，可将 Headings 译作别字。本文以下于 Subject Headings 暂用标题表之；Subject 则作主题；Headings 仍作标目。至于 List of Subject Headings，则作标题总录；标题汇典固亦可用，但两相比较，似总录与 List 义较合。

标题之意义与目的

意义：标题系采一以词或短语做成之主题。作标目（Headings），以标明一书之内容——所讨论者何，与该书之体裁；并藉以将凡同主题之书籍，编置其下。

副卡之记载，以此等主题之名称为主——依词或短语之顺序排列者，曰标题卡。

目的：制定标题，所以便制标题卡也。故欲明制定标题之目的，当先知标题卡之功用。“标题卡可答复阅者关于某某问题，馆中有何书”（Wilson 语），盖一切书籍，除小说、独幕剧、论文等外，仅制一著者卡、一书名卡，必不敷应用。以无以表显书之内容，仍将减失书之功用。故当于著者卡、书名卡外，加制一或数标题卡。阅者对于馆员，常发“讨论某题者，馆中有何材料”之疑问，“彼等喜用一主题向馆中求材料，正如喜问馆员某著者有何著作用同”（Fellows 语）。若无标题卡，员必致茫然不知所对，纵令馆员博学强记，能详举告之，而发同问题者多，一一答复，无乃不惮烦扰乎？

再如有人来馆欲阅某书。仓猝间，将该书名及著者名遗忘，惟忆该书之内容，所讨论者何。查标题卡，必能告彼所欲阅之书为何，馆中是否备有。

抑有进者，标题卡中，又有“见”引照卡（See reference）与“参见”引照卡（See also reference）两种。参见引照卡可告阅者各关系于某标题之一切材料，借阅者选用。此与见引照卡并留于后文论之。

故标题卡之目的，即使各书之功用增大。然卡所用之标题，若无正确统一之标准，则各书之标题，漫无次序，势必将同类书分置数处，仍将减失书之功用。制定标题，即所以祛此弊也。

标题在编目上之位置

欲充分使人利用图书，端赖标题目录。故标题在编目位置上实占首位。刘君衡如于《图书目录略说》中曰："自有标题目录（原文作主题款目）而关于一事物之资料，举手即得。向之需翻阅数册数十册之分类目录乃始得之者，（祖荣按，非特分类目录若是，即辞典式目录，若仅有著者卡、书名卡，而无标题卡，亦将有此弊）今展卷即可得之；向之需淹博之学识以为背景者，今乃可以检字得之。其便利为何如耶？章实齐当谓'校雠之先，宜编群书总类，按韵排比。至校书之时，即名而求其编韵，因韵而求其本书，参互错综，即可得其至是。'此则渊博之儒，穷毕生年力而不可究殚者，今即中才校勘，可坐收于几席之间。"寥寥数语，标题目录在编目上之位置，昭然纸上。

然此亦为编目中最烦难之事。盖著者名、书名皆有一定之规则可循，标题则不然。故"非熟悉各标题，博览载籍；深明两者相互间之关系，具有正确判断力，不错用诸名词，与实际编目及编目工具之专门学识者不能任"（Wilson 语）。故图书馆多仅有分类目录，而无标题目录者。是乃原于人才问题，不得便据以为标题目录可以不制也。

标题选择之标准

（以何为根据？以何为标准？）

选择标题既无确定规则，故欲选择一书之合适之标题，与能立时决定该书应用何标题，诚一大难事。今为解决此困难计，立一大概标准与方法，以便有所依准，至神而明之，则存乎人。

标准之制定，所以便编制标题卡，以利阅者。故一切当以阅书人为主位。今即本此原则，定选择标题之基本标准与普通标准二。

一、基本标准。分二项：

（1）某书所含之内容为何？所标标题，该标题所代表之材料为何？二者须相切合。

（2）视图书馆所在地方之需求。

二、普通标准。分四项：

（1）选择标题，务极审慎，必采其能将书之内容完全表明者。

细绎书之书题面、目次、序言、导言，并书之各点，自可知该害所讨论者何，决定用一某标题，或何数标题。分类法可以标示书之内容，第仅能标示书之某一部分内容。盖分类依书之某一内容，编置一处，若该书所论，有数主题，内容有数方面，则无法标示矣。标题目录所以优于分类法者即在能依书中所讨论为何，尽量编制副标题卡以标示之，此一点也。

（2）不特须能表明书内容各方面也，且须正确明了，使普通中人检用目录者，迅速易晓。所谓明确之标题者，即所用标题恰与书内容合，而非范围较大，含义甚广，足以包括该标题之标题。如一书所论者，系宴会之事，当以“宴会”为标题，而不可用“娱乐”或“消遣”为标题。

（3）所用标题，前后务须一致。凡内容各相同之书，皆须有同一之标题。所用标题，前后一致，实为第一要务。

顾使标题一致，亦一困难之事。在事实上就编目者言：从无两编目员对于同书所标之标题，尽相雷同者。即一人独手制编，所得结果，亦无无一毫错误者。就标题本身言：无何标题绝对无瑕疵者。惟有先定一标题书作根据，或用卡录记已用之各标题，每次编目前可以翻阅。编定后，再细心观察是否便于阅者，徐徐改善。

（4）用最普通单简之名称。决定一书之内容为何后，第二步手续，即择一名称，以为该书标题。

在各公共图书馆，其标题目录中，各标示书之内容之重要之字Catchword，俱应单简普通。如一书所论者系桂花，即当以桂花为标题，而不可用木樨。

但事实上，于多少标题，无法使之单简者。如西书有“矿穴及采矿术”一标题，必须以此数字作标题，各同类书亦然，盖无他单简字足以表明此书之义。标题虽长，亦仍采用。

兹更进论选择标题之方法。

选择方法可分两部述之。（[注]此系集录泰西通行之各选择方法）

一、选择各不同之主题为标题法。

（1）普通主题与有特性之主题。编制一书，当以该著作之有特性之主题为标题。如一书所论者系狸奴，当以“猫”为标题，不可用“动物学”、“乳哺类”或“家畜”为标题。（参见普通标准2）

（2）人名与国名。凡论某元君或某统治者之传记，与该元君或该统治者在位时之历史书，俱以该元君或统治者名为标题。但非专论该朝之历史书与叙述该朝之重要大事，及一切政治小册书，非显然评论该元君该统治者，皆当以国名为标题。

（3）大事与国名。凡论一国历史中有特别名称之大事或时代之书，则以大事或时代之特别名称为标题（如鸦片战争，以鸦片战争、奉直战争为标题是），但须作引照卡，由国名引至此大事或时代之名称上；若夫为各国所同有之事实，则以国名为标题（如革命、光复、内讧诸事是），以事为细题。（如中国—史—革命）。

（4）主题名（或体裁）与国名。关于此条，其最满人意之法，即制二标题卡，一以主题名为标题，一以国名为标题。例如讨论大冶地质、植物、动物、自然历史等书，若各制两标题，则读大冶地理之学生，可直由“大冶”名下查得大冶关系地理之地质学，植物学，动物学自然历史等一切，而地质学家亦可于地质学之细题“大冶”名下查得大冶之地质，不必先查“大冶”地名。但若是编目，甚不经济，普通恒仅择用一名，方法于下：

凡论某普通主题，而特别论及某一地名，以地名为主，惟须由该主题名作一引照卡引照之，如 *Birds and Seasons of New England* 一书，以英国为主；于“鸟雀”标题下，“参见英国—鸟雀”等字样。

(5) 选择包含相同材料之各主题为标题法。凡包含同材料之各主题，视各主题所特重者为何？该书特重点为何？择定应用之主题，再由其不用者，作引照卡引照之。

例如论“家畜”书中，自有一部分系论兽医药物者。然不得便将所有论家畜之书，尽行编置“兽医药物”名下，不可不查。“天文与地质学”，及“地质与地文学”二者所包含之材料，虽甚相似，但前者系关于地球原始，后者系关于地球上现况者。其他一书之须类分此名下或他名下者，可以此例推之。

二、选择各不同之名号为标题法。

(1) 实同名异之名号。凡两极端实同名异之名号，择其中一名为标题，再由他一名号作引照卡引照之。如“玩偶”与“傀儡”是。

凡实同名异之标题择其：

①为来馆查阅书籍人等所最熟谙者（如自然历史学会图书馆，其至馆阅书人，必系该会会员，或某专考史学者，故标题须选用科学名号。若城市公共图书馆，除科学上之名号，遂与原义背谬，或双关不明者仍用科学名号外，余须一律用普通名号）。

②为其他目录上常用者。

③除所用一义外，不含其他意义者。

④能使此主题与他有关系之各主题，紧邻一处者。

若非两极端实同名异之名称（如教化与文化，教化与教育），若可视作两不同之物，须分别编目，不然，则仍依上法。

两极端相反之主题，任择一名为标题，他一名用引照法表之（如节制与放纵是）。是选择之根据同“实同名异”之标题之选择法。

(2) 书名字与主题。无论系见于书名上或否者，总择其最能标明书之主题之名号为标题。

西国依前述标准与方法编制之标题总录有四：

① Seare　List of Subject headings for small Libraries.

② Mann　List of Subject headings for Juvenile books. 1916.

③ L. C.　List of Subject headings.　1928.

④ A. L. A List of Subject headings　1911.

此四书皆图书馆学专家，殚精竭思所得结果。可供我参镜，作我标准。前二书，一系为小图书馆用者，一系为少年图书馆用者。我国图书馆将来发展方面着想，为全国图书馆公用计，勿宁择后二书中之一书为根据。

美国国会（L. C.）与美国图书馆协会（A. L. A.）标题总录之此较

《美国图书馆协会标题总录》，是书集美国各图书馆标题之大成，系积数十年之经验，耗无数人之心力，通力合作，所编成者，实为一有系统之著作。书中所立各标题程式，颇含归纳演绎之作用。如“图书馆”名下，有“参见书史；读书会；……”与“又一切以图书馆圈三字冠首之各标题，各图书馆名，各城市名之细题——图书馆”字样。右侧又有“由书史，书籍；……文学引照”诸诸字，以此反复指导阅者，举一得三，殊为便利。《美国国会图书馆标题总录》则少此种功用。惟国会图书馆围总录，搜罗新名词甚多，所定标题，尤均合理。图书馆协会者，则出版十八年前，于近代发生诸新名词皆未补入，惟于书左留有空白页，备人添载而已，不若国会编制者之完善。我国现尚无标题专书，急应从事编纂，顾兹事体大，非短时所能办，故余主张暂时可用美国会编制者为根据，以协会编制者作参考，稍加增改，以资应用。此书虽标题繁赜，然以图书馆改编目录与一切卡片，殊非易事，持远大之目光，就将来图书馆事业扩大计，诚不可用其他之单简标题总录。

采用西国标题总录应增改之事项：

（1）凡西国节令与我无关者，易以我国节令，如上元灯节、寒食、清明、端午竞渡、七夕、中秋。本此推而广之。

（2）凡纪念西国伟人及其诞辰，亦与我国无关，无记载之必要，即以我国贤俊伟人之纪念或诞辰增入。

（3）佛教由东汉输入我国其经典流传，多至不可纪极，嗣是南北分宗，源远流长；招提方丈，遍于禹域，不啻为我国惟一国教，标题选录，自应特别注重。东京帝国大学图书馆及南开大学图书馆两种目录，对于佛典，收藏甚富，标题详备，尽可借鉴。

（4）各省风俗、名胜、古迹、药物、碑帖等，于人群文化美术，所关重要。例如冠婚丧祭，洗儿晬盘，馈岁乞巧，不失为优良之国性。及五岳四渎、阙里、隆中、严濑、白帝、西湖、大明、骊山、龙虎，与夫灵芝灵耳，中外之同珍。秦相之刻石；周宣之石鼓；唐蜀赵来之石经；六朝之摩崖造像；阳冰不如之篆隶之绝技；均足以雄视百代。其间学士文人之收藏，更仆难数。自应尽量采录。

（5）历代文学如骈文，散文，诗词，歌曲；其沿革及种类，均应分别记载。

（6）关于历史，可区别洪荒、上古、中古、近古、近世各时期。其间如佛教景致之流传，西汉之通使大秦，成吉思汗之征服欧亚，均应详细记载。而近世甲申、甲午、庚子、甲辰诸战争；南京、天津、马关、五九之媚外条约；洪杨之失败；辛亥之逊国；洪宪复辟之事变；直皖直奉之内争；执政元帅之创局；国民革命之进展，尤宜精意求详。

（7）关于非重要人种之语言，及其文化、历史、政治、兵刑、生活等事项，为我国人少所考究者；撰述既少，收藏又属绝无。故此等标题无须致力，但取其人种之名可也。

（8）除英美少数与世界大势有重大关系国家外，其余国之细目，概可从略。

（9）西书目录所标标题，依字句之形式可概分为五类（外尚有二类）：

a. 单独名词（如图书馆）。

b. 复合名词。前一名词用如形容词（如图书馆学；图书馆行政）。

c. 单名词后标短横再加细题者（如图书馆——儿童）。

d. 复名词中连有连续词者（如图书馆与学校）。

e. 名词后殿有形容词者（如图书馆，农业）。

a 至 b 四类，仍从西书例，以前一名词为主。惟彼于 e 类，或以名词为主，或以形容词为主，颇不一致。揆之我国习惯，此项标题之形式，又甚不适宜。今为整齐划一，适合我国习惯，以便阅者，与免该名词下聚书太多故，规定凡此类标题，俱以形容词为主。作一普通引照卡，上书：

图书馆

凡通论图书馆，及图书馆后附有细题（如图书馆—分类），与关系图书馆一切事项（如图书馆委员；图书馆协会及图书馆与学校等书），见以图书馆三字冠首之各标题。

若论某特别图书馆者，见图书馆前之形容。如

图书馆，农业　　见　农业图书馆。

以指导阅者。

(10) 加入大部类书已用之标题。凡大部类书，如《九通》《图书集成》《渊鉴类函》等书，所用之标题，择其重要而为西书目录上所无者加入之（关于此点敝图书馆科学生徐家璧君，略有意见，在年会陈述）。

引照法

前于标题选择法中，曾言用引照法，此引照法为编制标题中一最重要事项，兹略论述之。

引照法有两种：(1)“见”引照法（See reference）；(2)“参见”引照法（See also reference）。

(1)“见”引照法“见”引照法系将一实同名异之主题联系之，以便阅者之考查（参看标题选择法6）。如“玩偶”与“傀儡”，编目者既取“玩偶”作标题，必有阅者以为“傀儡”系标题，以之翻检目录探求论傀儡之书，不将一无所得乎？“见”引照法即所以防免此弊也。格式如下：

a. 玩偶　傀儡　见

b. 玩偶　傀儡　在本目录中下名下可以查得

(2)“参见”引照法“参见”引照法者，所以标示与某一标题有关系之各标题，以便阅者之博引旁征也。如稗史参见神话、神仙故事、寓言、民族故事，格式如下：

a. 神话　稗史　参见　神仙故事　寓言　民族故事

书本目录则用下式：

b. 神话　稗史　参见　神仙故事；寓言；民族故事。　稗史　关于此题之材料又可于下题下查得　神话　神仙故事　寓言　民族故事

上述引照法，为特别引照法，系由一标题，引至一或数确定之标题。但若引照至之标题甚多，则将有书不胜书之困难，于是有普通引照法，以济其穷。

普通引照法系由一普通名称，引至某一类之标题。如：

历史

某国史或某地史，见该国名或地名下细题——史，如：

中国——史

如欲查某主题之历史，见该主题下细题——史，如：

教育——史；哲学——史。

普通引照卡，俱当仿此格式，造句务能使意义完全表出；文法清晰，将各题包括无遗。

兹举所拟数普通引照法应用格式词句如下：

（1）书目

欲查某个人或某主题之书目，见该著者名或主题名下细题——书目。如：

梁启超——书目；历史——书目。

（2）传记

此标题仅指普通著作而言，即论如何作传记法，或传记之汇集，不限于何类人何国人者。若欲查某特一类人之传记，见该诸类名称。如

美术家；科学。

若欲查某地人之传记，见该地名下，所附细题——传记。如：

武昌——传记；上海——传记。

若欲查某个人传记，见该个人名。如：

朱熹；文天祥。

（3）教学法

欲查某科之教学方法，见该科下所附之细题研究及教学。如：

数学——研究及教学。

（4）语言

欲查何种语言见该语言前之地名形容词。如法国——语言。

（5）字典辞典

欲查某语言或某特别科目之字典辞血，见该国文或该科目名称下所附之细题——字典辞典。如：

英文——字典；化学——辞典。

（6）文学（参见后文标题排列法）

欲查某国文学见该国名称下所附之细题——文学。如：

法国——文学。

某个人文学，见该文学家姓名。如：

韩愈；袁枚。

（7）诗词

欲查某国某地诗词，见该国该地名称下所附细题——诗词。如：

日本——诗词。

某个人诗词，见该诗词家姓名。如：

杜甫；秦观。

上例特举示一斑耳，此外尚多，不一一备载。

标题之排列法

标题制定，必须有标准一致；而其排列，尤其有精密方法，固定位置。顾此亦一最烦难之事，今试就现在各馆通用方法并举例述之。

排列方法，就形式与内容两方面定之。

一、形式方面，就标题用字或短语定之。顺序如下：

（1）单独名词。

（2）单名词后附有细题者。因此仍属单词，惟本身上分数细题耳。

（3）单名词后标逗号加形容词。（如图书馆，农业。此须作引照卡，引至农业图书馆，前已言之。他如此类者皆然。但为经济故，只须作一普通引照卡指道阅者即足。）

（4）复合名词。

（5）复名词中连有连续词“及”与“与”等字者。

二、内容方面：

（1）人名用作标目 Heading 者，置于标题之前。

（2）同姓者则依名字少之第一字定之。（如何定之，则视所用何种检字法为准。）

（3）复姓者置于单姓之后。

（4）人名之冠衔及学位，排列时，皆不注意。

（5）标题后附之历史细题，若系代表年代者，即依年代排列，不依检字之次序。

（6）“见”及“再见”卡，均排于同样之标题后。

排列举例：

市政参考图书馆

商务

高等教育

商业图书馆

文学

文学：编置此标题下之书籍系普通论述文学之书，非专论艺术、哲理，或某普通某一方面与有系统之研究，如文学史类者。参见“选读”“图书与读物”，“儿童文学”“经学”“评论”，“戏剧”，“散文”“小说”“诗词”，等等。

又“圣经在文学中之地位”“儿童在文学与艺术中之地位”“妇女在文学与艺术中之地位”与其他此类标题及其他各某某文学。

文学——哲学　凡讨论文学哲理、文学目的、思想、意义及与哲学之关系等之书籍，皆编置此标题下。各种杂录之文学、讲演、讲义及论文则编置于文学后附有各细题者。如

文学——讲演；论文；讲义。

音乐图书馆

新闻学图书馆

工程学图书馆

工人图书馆

特殊图书馆

保障图书馆

家庭教育

宗教教育

凡论宗教之历史、哲理及学校或私人对于宗教教育应受之训练，与修养之书籍，均编置此标题下。

参见“圣经——研究”，“圣经在学校中之地位”，“教会与大学”，“教会与教育”，“教会学校”，“德育”“主日学”，“神学——研究及教学”。

巡回图书馆

参见　图书馆，乡村图书馆；邮政；图书馆，战时。

法律图书馆

神学图书馆

初等教育

军事教育

大学图书馆

教育——课程

教育——宗教（见　宗教教育）

教育——军事（见　军事教育）

教育——妇女

教育行政

教育心理

教育法规

教育图书馆

教育与信仰

教员

——训练

——资格

——薪俸

教学法

教会法

教会学校

教会与国家

教会与教育

凡论教会与教育之关系，与其他教育中教会所提倡之一部分教育之历史，皆编置此标准题下。

若特限于某教派之教育，则编置该教派后附加教育者。如：

“天主堂——教育”“圣公会——教育”。

论宗教教育之历史与哲理之书籍，则编置宗教教育下。

参见“圣经在学校中之位置”“教会与大学”“教会学校”“教学——课程自由”“神学——研究与教学”

中等教育

专门图书馆

成人教育

农业保险

——收成

——冰雹，见　保险，冰雹

——雷电，见　保险，雷电

——牲畜

——风暴，见保险，风暴

农业图书馆

捐资图书馆

国立图书馆　见　图书馆，国立

图书馆　凡通论图书馆，及图书馆后附有细题如图书馆——分类；与关系图书馆一切事项，如图书馆委员、图书馆协会及图书馆与学校等书，俱见以图书馆三字冠首之各标准题。

若论某特别图书馆者，见图书馆前之形容词。如图书馆，农业见　农业图书馆。

图书馆——登记股

图书馆——统计　见　图书馆统计

图书馆——行政　见　图书馆行政，图书馆学

图书馆——出纳股　见　出纳法（图书馆）

图书馆——簿计学　见　簿记学——图书馆

图书馆——参考股

图书馆——组织　见　园圆行政图书馆学

图书馆——定购股　参见　图书馆——价值

图书馆——史

图书馆——书目

图书馆——用具　见　图书馆设备与用具

图书馆——儿童部　见　图书馆，儿童

图书馆，市政　见　市政参考图书馆

图书馆，商业　见　商业图书馆

图书馆，工程学　见　工程学图书馆

图书馆，工人　见　工人图书馆

图书馆，巡回　见　巡回图书馆

图书馆，法律　见　法律图书馆

图书馆，神学　见　神学图书馆

图书馆，大学　见　大学图书馆

图书馆，植物　见　植物图书馆

图书馆，教育　见　教育图书馆

图书馆，专门　见　专门图书馆

图书馆，农业　见　农业图书馆

图书馆，捐资　见　捐资图书馆

图书馆，国立

图书馆，战时　见　战时图书馆

图书馆，随营　见　随营图书馆

图书馆庋藏股

图书馆广告　见　广告术——图书馆

图书馆统计　参见　书籍——统计

图书馆委员

图书馆登记股　见　图书馆——登记股

图书馆经营法　见　图书馆学

图书馆建筑

图书馆支馆

图书馆协会

图书馆董事　见　图书馆——董事

图书馆募捐日

图书馆指导员

图书馆，书法

图书馆，规则　参见　图书馆与阅者

图书馆，图章

图书馆财政

图书馆展览会

图书馆学　参见　书目；编目法；分类法；书架目录编制法

图书馆分类法　见　分类法——图书馆

图书馆教育与训练

图书馆用品与用具　参见　书籍排列法

图书馆与国家参见图书馆法令

图书馆与图画　参见　编目法——图画

图书馆与学校

注：（1）凡普通统论各国及我国“图书馆与学校”之书籍，均编置此标题。

注：（2）若论他国“图书馆与学校”之书，则编置此标题后加有国名细题者之下。如：

图书馆与学校——法国。

注：（3）参见“儿童文学”；“图书馆，儿童”；“图书馆募捐日”；“图书馆学校”。

图书馆与阅者　参见　图书馆规则

图书馆会议

战时图书馆

历史图书馆

随营图书馆

学校图书馆

医院图书馆

医学图书馆

上例系依前排列方法，与王云五四角检字法排列。余此例中发现下数困难点：

（1）标题采取无一定之标准，虽依前述选择法为准则，然尚有不妥定者。

（2）译名难。

a. 以《汉英双解综合辞典》为准。

b. 科学名词以中国科学社审定各专门名词为准；然亦无一定之标准，其不常用与不经规定者，且须附以英文原字，以互照之，以稍说明。

c. 余得在今日我国诸检字法中。以四角号码法，易学用；乃用作索引法，则常有将同类标题分散，中间间以其他标题之弊。本例中此种错谬，诸君谅可共见。今更举王先生《中外图书统一分类法》39 面 4060“古”字论之。

2142 古生脊椎动物，2269 古生哺乳类，中间 127 号，隔有“古代及东方建筑”与“古代及东方哲学家，传记”；此两不同标题，又系同号。是固可以分类法别聚之，然同类号有关系之标题，为他不同之标题间离，如上举图书馆之例者必不鲜也，深望王先生及诸公有以改善之。

指导卡

标题卡排列橱中，须用指导卡以指导便利阅者。有书标题等者，有害号码者。

标题之使用

各馆自制标题，凡第一次采用之标题，应一一记录作“备查总录 Authority List”以备参考。每编目前须翻查总录，如是则所用标题，自能一致。

若用L. C. 或A. L. A. 标题总录作标题，则于已采用之标题作V号志之。

A. L. A. 所编总录，印字有浓淡二色，浓色系可用作标题者；淡色则不用，须作“见”引照卡者。

标题下各参见题名，若馆中无该种材料者，则缓制。

新添标题，则加于书左空白页上。

结　　论

暂用美国国会图书馆与美国图书馆协会标题总录，此为救济目前，不得不已之办法。如前所述，实多违离我国习惯之处，故余仍主张急速从事自行编纂。编纂方法，或如美国图书馆协会编制标题目录法，取我国现日各图书馆所用标题，择各书中最善之点集成之。或由本协会聘请专家，从新编纂。选择标题之标准方法，余前述现日各图书馆通用标准与方法，可以撷用。至根据之书如下：

（1）普通名词，可以《汉英双解综合辞典》作根据，因此书最近出版，采引博洽。

（2）科学名词，取曾经中国科学社审定诸名词。

（3）医学名词，用医学会所定者。

（4）关于新学术、新思潮诸名词，取新文化辞书中所用者。

（5）此外各专门辞书，如《教育辞书》《法律经济辞典》《动物辞典》《植物辞典》等，皆可作参镜。

附带之重要问题，则为检字问题，亦深望中华馆协会，有以规定之。

今日中国图书馆急应解决之问题恐多，若分类法，若索引法，……经纬万端。余觉于编目方面一至大困难，则为标题，故采辑西书及国内现行各法，参以己见，作成此文，介绍诸公讨论。不是之处，尚希郢正。

（见1929年《图书馆学季刊》第三卷第一、二期合刊）

国际图书馆大会述略——在汉口圣保罗大教堂讲演

《文华图书科季刊》编者注：此文中有特别提到宗教的地方，那是因为讲演的地点使然；而其间论到西方图书馆及此次罗马图书馆国际大会情形之处，颇足参考。所以仍请沈先生将此稿抡本刊登载，以便欲知此次大会情形者，有先睹之快。

在上礼拜，有本堂的黄会长通知我，要我今天在诸位面前，报告我这一次“参加国际图书馆第一次大会”的情形。当时，我很犹豫，觉得这次大会，是经过很长的时间，曾为调查欧洲图书馆，走过十余国，这样复杂的事情，以几刻钟的工夫，实难讲得出什么。但是黄会长的盛意难却，更想到我国图书馆协会举我的盛意，教育部委我的厚望，所以不计较报告的好不好，总尽我的力量，说给今天在座的朋友们听听。

（一）开会的原因

为什么要开这个国际图书馆大会呢？我们要想明白这个会的必要，先要问世界为什么要有图书馆？图书馆的功用，各位都晓得，就是搜集古今中外各种图书，把它们编制起来，供给各等的人阅览和研究，所以，图书馆以宣传文化和培养文化为本位。但是世界的文化不一致，各国有各国的文化，各民族有各民族的文化，因这缘故，所以有关心世界文化，和研究世界文化的人，想把各国各民族的文化，打成一片。这必须要从一个文化的团体着手，得有一个彼此交换和互助的方法，所以才集中于图书馆。这一次大会，就是把世界的图书，联合起来，以为沟通文化的一个关键。

（二）开会的地点

开会的地点是在罗马。在前筹备的委员，为什么要择定罗马呢？因为罗马是欧洲文化的中心，由好多方面，可以考出来，看出来的。就历史方面说，罗马统一欧洲，有很长的时期，它所吸收的文化，有好几个民族，像西伯来、埃及、希腊。所以欧洲的人，都承认欧洲的文化，由罗马和希腊产出，不独在历史方面可以考查；在现今也可看得出来，罗马的博物院、美术院，还保存着历代所传的古迹，和美术的杰作。而最能显出罗马文明的，就是图书馆，其中保存的古卷，有前两千多年的。这一种文明的精粹，贡献于人类，则由今及古，可以推想世界文化的进程，各位当中有到过罗马的，或后来有机会可以到罗马的，可以证明我今日所说的非虚！

（三）会中的概况

这个会的组织，是酝酿了多年，经历了几次的讨论，所以各国图书馆协会，都慎重行事，按筹备会的通告，选出代表，到了六月十五日开会。此次赴会的代表，论国有三十二；正式出席的代表，有一百五十余人；非正式代表，约九百人。分为十六组，讨论进行方法，并宣读大会所选读的论文，有一百五十多篇，我国协会所选送的有五篇。由此可以证明各国对于大会的努力。而当中有讨论的问题，在两礼拜间，自然是很多的，不过其要点有二：（一）各国图书馆，应当彼此交换，协作，实行互助的精神；（二）图书馆的工作，应当输入任何团体，使他们都有机会，得着世界文化的利益，使与图书馆发生美感。而图书馆应须与社会的潮流，同时演进，更要利用各种的新方法，以供普通人方便的应用。再要紧的，就是把东西文化，调和起来，成为一个整个的，一致前进。

我们也参观过教皇图书馆，里面完富无比，考察书籍有三百余万，原本拉丁文有三万七千多册，希腊文有四千二百多册。还有中古世的抄本，及稿本，为别处所不常见的，有七千多册。并且有在二千多年前的古卷，就是写羊皮上的，流传至今。教皇自受职以来，对于图书，非常振刷革新：（一）请美国六位专家，将目录编制出来，以供研究应用；（二）将内部书库、木架、木柜，一律改换，在美国特别订购钢铁书架，有七英里多长。并在库内，安设了新发明的机器，如天气干燥，由电机运用，使内面润泽；如天气潮湿，又用电收干。我们看到他们对于图书，不仅专注重搜罗，也是用顶新的方法去保存，可见西人对于图书，认为与自己的生命，有同在的价值。

在大会期间，特备有一个展览会。这展览会的用意，是什么呢？因为代表虽有这样多，专靠代表的言辞，怎能把各国图书馆的精华和成绩，完全表现出来呢？所以筹备会委员们，预先通知各国图书馆协会，在大会之前，把各国图书馆有价值的品类，寄至罗马陈列。在开会后的第四天，於罗马新建筑的近代美术第一层楼，开展览会。意国教育总长举礼，在陈列的时候，各国的展览品，都排设起来。所陈列的展览品，除了图书之外，有的陈列器具，有的陈列方法，有的陈列影片，有的陈列成绩统计表。总而言之，凡是关于图书馆所适用出才得贡献出来。我国陈列的有两大箱，论这远的路程，携带实在不便，不过在陈列上，据由各国代表参观的评论，以为我国图书馆，历史虽然不久，然而成绩很有可观，这是可告慰于诸君的。陈列的国家，共有十国，就是奥、法、德、英、挪威、荷兰、意、美和芬兰、坎那大这些国；在东亚方面却只有中国。

大会由六月十五日起，至三十日止。在两礼拜中所讨论的事，和分组会议事，是很难于细述的。而且意国各大城市，都备有展览参观的事。不过我只提在闭会的地点，和大会告结束的事。大会闭会，是在威尼斯（Venice）。各位要晓得意国人，为什么要筹备这地方为闭会的地点呢？因为大会开幕，是在罗马，罗马为欧洲的中心。这威尼斯，为欧洲天付的美形，与罗马遥遥相映，好像西湖的景象，水天一色一般。各位知道，在欧洲任何城市，都是满了的汽车、马车和脚踏车的。但是在威尼斯却全然绝迹，因为那个地方，四面带水，城市房屋，都是建造在水面上，因此街心，都是很狭的桥梁，在上面的行人，只能步行。若是往来在桥下行船也很方便。这天在威尼斯的会议，就是凡会中所未了的事，和代表在前有何意见未发表完的事，此时可一一提出报告。末则通过以前的各项议案，共有十五条。这十五条议案，所包括的，大概是图书馆以后进行的方法。务使图书馆对于世界的文化，不但是振刷，也要像一个大锤炉，将它陶熔，锻炼，成一个结晶体。各位当中，恐怕有人想到这是一个空谈，和迂阔的论调，究竟与世界的实际上，不能有所解决。那么，我还要进一言给各位，古今的圣贤哲人和各伟人的思想，岂不是都流露在书籍上么？这不是文化的命脉么？所以要研究世界的文化，必须从书籍着手。同时文化也能支配人的思想，足见要调和世界的思想，必是要调和文化。但为什么要调和文化呢？比如西方人的思想，在征服自然；东方人的思想，在顺服自然。在这一进一退的当中，各有流弊，西方的人，偏于激进，东方的人，过于持守。若是将两方调和起来。岂不甚好？不仅如此，人类的思想，果在一条文化上共同生活，彼此互相探讨，同时进取，到了这个地步，那么，世界的一切问题都容易解决了。这就是基督徒教的天国，这就是佛教的乐土，这就是儒家的大同。可是这种黄金时代，用什么方法去造就呢？所以这一次国际图书馆第一次大会，实为世界文化统一的工程上开了一个新纪元。

（四）参观的事

大会既告结束之后，就是个人参观的事。我这次参观，是负有本国图书馆协会的重托的。因为我国图书馆，与美国常有接洽，而于欧洲各国，少有联络。所以本国协会，再三致意，要我到各国图书馆去走一趟。并且趁这个机会，游历一番，于我个人学识上，亦不无帮助。所以大会过后，我在欧洲参观了十多国的图书馆，有专门的，有通俗的，各有各的专长，不能一一细述。但是我要指出两个图书馆，不是局部的，乃是为世界各国谋友谊的联络，和使世界和平实现的——一个是海牙图书馆，根据和平会议，由康内基所捐的一笔大款建筑，名为平安皇宫。内面陈列的器具，概为各国所捐赠。据由参观人的评论，说内面所有的器具，只怕要算中国和日本所捐赠的为最好。我国所赠的，是康熙时的四个瓷瓶。日本所赠的，是壁上的樱桃画。开会的会场，是一长方形。会场的椅子，各国捐献一把。椅子上标有各国国旗，所以各国的代表到会场来出席，各寻故物，不待指示。每次关于世界和平会议的事，就在这个地方举行。世界既有这个和平会，然须有一种国际材料，以为讨论的根据，所以在皇宫内建设了一个国际图书馆，也是康内基所捐的款。该馆所收的书籍，纯是关于国际和平性质之书，即国际公法、国际联盟这些材料。馆长特木伦，先引我看国际和平会场之后，又引我参观这个国际和平图书馆，馆内的组织，分有各部，我都参观过，有各国人关于国际和平的问题，和各政府的出版物，或外交档案。由特木伦引我参观至东亚部，看到日本所捐送的书很多，而中国所捐送的寥寥无几。于是馆长当面对我说，中国向为和平民族，但是和平的著作是很少，盼望中国多有人，为世界谋和平的事，多作些书，捐赠本馆。第二个是国际联盟图书馆，这座图书馆，建在日内瓦，由国际联盟会所产生。国际联盟会，是在欧战后所出现的。世界因欧战激烈，人死过多，破坏甚巨，所以人多担心于炮舰政策，即组织国际联盟会，以为弥战之源。国际联盟既已成立，便要搜集国际的材料，所以接着又产生一座国际联盟图书馆。馆长使范司马，与我讲到国际联盟的组织，和国际联盟图书馆的组织很详，馆内的书籍，纯是国际条约、公法、关税、政治、经济、拒毒这一类材料，所以有讨论国际的事，必须来参考这类的材料。最有趣味的，就是那些馆员，欧美各国的人都有，也似乎每人都含有国际的色彩。只把上述的这两座图书馆一看，我个人实在觉着图书馆的事业是无限量的，是包括万有的，他的目的，在局部中，是调和局部的；在世界中，是调和世界的。

自然他们的图书馆，是宏富的，不过在各国图书馆内，仍可以看出他们的国民性，像意国注重保存古卷，德国提倡科学，俄国酷好社会问题，奥国倾向音乐，荷兰雅尚艺术，英法则讲究宏富和美丽。这由文化可以代表他们的国民性，再扩大一点看，像欧洲趋向文艺，而美洲趋向方法，我们把这笼统一想，分拆一想，这各类的文化，都是国民性的表现。

在西方各国，都有因文化，可以变改国民性。所以在他们各大图书馆内，设有东方文化部。那管理东方图书馆的主任，必是富有东方文化的研究。我曾与几个图书馆的东方文化主任接洽，谈话，他们深能明了中国图书馆的文化。他们是特别专门搜罗中国的书籍，如在英国博物院图书馆内，那个东方文库的主任，他父子翻有中国的书籍，和中国的著作；他们在中国甘肃省内掩出一个古庙，内面藏着好多的古卷，都是前几百年的和尚们所写的，有模糊不清的，有可以考察的。所写的事，有《论语》、《千字文》和佛经等类，他们已用了一年多的工夫，要把这些手卷编出目录来，现在还是继续的做。又那主任在前不久，接着一封信，什么信呢？就是太平天国时，李忠王秀成亲笔写给他儿子一封信，并盖有忠王的印信。由这两件事情看来，他对于东方的文化，是尽量搜罗，并且真正有吸收东方文化的远计。

除了参观图书馆外，还有一个很有价值的报告，也是我个人在这次所产生的顶大的感触，就是得见西方宗教的生活。在罗马城内，有一百余座礼拜堂。各礼拜堂内，都是满有精神的表现，尤其是圣彼得礼拜堂，在历史上所站着很高的地位，到现今令人看看，还是尊荣的，由建筑方面和内面的油画看来，都是显出宗教的生活，富于情感。不但是罗马如此，我也曾到巴黎、伦敦、柏林各大礼拜堂去做过个礼拜，内面的教友，多得连座位也没有，都是诚恳的祷告、忏悔，真正是与上帝彼此相接。同时在礼拜堂内也可显出他们的文化来，因为他们礼拜堂的工程和美术，令人目击神往；觉得他们的文艺，是充满了宗教生活。每逢到一处，他们总是问我：你曾到过某某礼拜堂没有？由此可见他们建设礼拜堂，不是一个若无若有。好像是中国古庙一样，他们把礼拜堂放在各人心里，当作自己的家。所以他们用伟大的建筑来表现，用绝妙的油画来表现；总而言之，就是用活泼的精灵来表现。

最末的感想

西方进取的精神，是由两方面协作的：一方面由科学增进文化，一方面因宗教培植群众的灵性，两下是彼此贯注的。譬如在礼拜堂内，我们可以看出文化；在图书馆内，我们可以看出宗教。欧洲所有著名的图书馆，都是由寺院中所保存的古籍以为基本，可见礼拜堂与图书馆有很密切的关系。再回想到中国，实在觉得可怜。再提到文化方面也是很可叹的。不仅不能建设新的，而且将遗传下来的一点产业，都越搬越少了。图书馆事业在中国，真是太幼稚了。就只谈汉口，这不是华洋杂集的一个大商埠吗？在汉口要想研究点什么，也找不着地方，因为是没有完善的图书馆。请各位想想，我们的思想，我们的学识，由何处增加？那么，由此以推，我们谈建设，用什么材料？我们的社会，本诸什么去改造，还谈什么心灵？讲什么道德？以合群协作等问题，不过是些口头禅罢了！所以要发扬我国文化，救济我国民族，当由文化着手。这是我今天在报告当中，所奉献于各位的。

（见 1929 年《文华图书科季刊》第一卷第四期）

参加国际图书馆第一次大会及欧洲图书馆概况调查报告

［原编者按］沈君报告，原稿甚详。只以会报篇幅有限，不揣简陋，中有数处，妄为删节，无任惶悚。尚请沈君及会员诸公，俯予鉴谅是幸！又沈君上教部呈文，亦殊可供参考，惟已载于《武昌文华图书科季刊》第一卷第三期中，不复赘录。

一、致中华图书馆协会函

敬启者：荣以铨材，谬承推为国际图书馆第一次大会代表，并交下教育部委任令一纸。俯自思维，惭惧交集。窃以此次开会，关系世界文化，至为重要，非学识渊博，经验宏富者，不能胜此重任。荣薄植浅学，遽尔代表协会前往，恐难有所贡献。暨思诸公厚意所在，岂敢过事藏拙之谋。遂于五月二十三日，专赴北平，趋谒执行委员长袁守和先生。蒙其历历指示西方图书馆之情形，并予以介绍给各专家之信件，以便参观考察时不致有茫无问津之叹。荣于是勉为其难，按期赴会。六月十日，即安抵罗马。六月十四日大会开幕。计历时两周之久，于六月三十日闭会，会后即往欧洲各国调查群其图书馆之状况，历德、意、法、英、荷兰、瑞士、俄、奥等国，费时两月，至九月一日归国。归国之际，适逢图书科正届开学，加以馆务多端，急于待理，以致紧切之报告，迟延至今，乃能具达。尚祈协会诸公及各地图书馆同志加以原宥为祷！兹将所有会议及所调查之各项情形，分条详具报告，敬希鉴察是荷。此致

中华图书馆协会执行委员会

参加国际图书馆第一次大会代表　沈祖荣

二、大会缘起

此次大会，曾经酝酿数年。先是民国十五年六月，由捷克（Czechoslovakia）所召集之世界图书馆在薄腊科（Prague）举行大会，法代表 Henriot 提议有此团体之必要。辞意激烈，远近响应，但无具体之决议。嗣于本年十月间，美国图书馆协会开五十周年纪念大会时，亦有联合国际图书馆之提议。讨论数次，唯德代表声明此种组织应决定于爱丁堡（Edinburgh）大会。民国十六年，英国图书馆协会在爱丁堡，开五十周年大会，并特设一委员会讨论联合问题，而国际图书馆大会之成立即胚胎于此。当时我国赴会代表为韦棣华（M. E. Wood）女士。至民国十七年春，各国图书馆协会相继正式承认，遂定罗马为国际图书馆第一次大会之开会地点。

三、赴会时沿途情形

荣于武昌动身时，适值平汉路不通，遂由海道至北平。抵平后，所有旅行俄国之护照、车票及旅行支票等，已由协会办妥矣。遂于五月二十三日，由北平启程，经西北利亚前赴罗马。随身携带中国展览品两巨箱。因量过重，征费极高。数经交涉，得以稍减。至二十四日早十时，安抵沈阳，得晤李小缘先生。久别欣逢，十分欣慰。因得悉其东北大学图书馆之新计划，预备建议宏大之新馆。当将图样示荣，周密详审，他日定能合用也。其时，即请先生调换日币若干，以供应用，因从此至哈尔滨一带路线，为日本人之势力也。沿途南满中东各线，秩序甚好，亦颇洁净。抵哈尔滨住二日，乃行。自此以往，烦难至矣。所带展览品，须重行过磅。荣虽与之交涉，而车站员役，尽属俄人。言语不通，概不置答。车站中，偶有少数华人，略知俄语者，请其将荣之意说明翻译，亦属无效。而此展览品，又为我协会必须在罗马大会陈列者，故万不能因循致误。不得已，惟有另换哈大洋按价交纳。而译者索费，杂役索费，苦力亦索费，且故高其价，不可理喻。在此言语不通，冷酷无情之下，焦灼达于极点。二十六日，离哈尔滨前进。二十七日，至满洲里。尚未停车，即有军装检查员多人，上车盘询。于是荣所携之展览品二大箱，不得不搬至关上按规查验。而此站为中国至西北利亚之交点，只停数小时。展览品又须急搬上车，以便随身前进。不料关上，节节留难，最末并索去绳费一元。苦力以物品过重，相率观望，不肯上前代运。而其索费之高，出人意表。与之驳诘，则言语不通，相顾莫解。结果惟有需索，自呼负负而已。盖顷刻车开，其贻误将更有甚于此者，幸由此纷扰烦难之中，尚及登车。车临行时，将旅客所有护照车票等，一概查收。所携钱钞，概须换成卢布，以备沿途之用。俟出俄境时，所余剩之卢布，亦可兑换美金，或波兰国币，略须贴水。在途间盘查之严，逾于往昔。中俄纠纷，适发生于此时也。车上座位，分一二三等。一二与三等之别，在座之硬软。三等无卧车，饭车。而卧车另索毯费三卢布，饭车按时开饭，过则不候。荣曾至饭车四次。每餐一汤一菜，桌或五六人，或三四人。所具汤菜，按人之多寡，共盛一器，听客自行酌用。所余之菜，车上侍者，即行留食，亦可见其人民此时生活之低微也。每餐需费约一卢布，余如黄油面包等，尚须另行纳费。正餐之外，概不出售他物。沿途车站，间或有之，然因灰尘过重，到处飞扬，所以食物至不洁净。逢至车站，即有妇女抹洗车辆。工人等就地购粗软面包而食，情甚窘迫。大站食物，较为完备，价目亦较车上为廉。行客多有因语言不通，在购物时，任其自取。所以客人在车上之生活，多属面面相视之状。与荣为寂寞中之伴侣者，有英国人二，比国人三，德国人四，日本人六，诺威人二，希腊人一。先均隔阂不通，后乃渐熟。彼希腊人，能操数国语言，居然为吾等临时小团体中之国际翻译代表。彼曾在日经商有年，对于此路甚为熟习，亦通俄语。由是各伴侣之闷气，多有赖其倾吐者。沿途皆有森林，颇饶佳趣。铁路枕木，所选之木材，均为最好。居民房屋形甚矮小，建筑多用木料，因其树木充裕之故。时当盛夏，天气尚冷，故车上尚须租毯过夜。至六月十四日，将临俄京之际，前所查收之护照车票等，一一发还，而同伴则各计划其事。日本人原为东京帝国饭店派去法国学习管理旅馆及烹饪之事者，至此告荣，将有本国公使馆派人来接，邀荣于下车后，可于彼等同去参观。荣以宗旨不同，未便同去，遂婉辞拒绝。及抵站，忽来一引导者，能操英语，日本人即请其引导，余乘间请其用俄文录下中国驻俄公使馆之地址，暂将物件寄存行李处。遂不问东西，向前直撞。至一僻静处，雇一车，示以本国公使馆地址，因得达馆。使馆员属，见荣大惊，谓中俄发生交涉，非常紧急，何为至此。荣备述一切，意欲在俄京稍住一二日，以便参观其地图书馆之状况。使馆人云，现俄已取消中国在俄公使之地位，而公使已返国，君宜速去为得。荣云，现赴奥之护照未办，是否可为代办。幸承允诺，另派一人引荣至奥公使馆，将护照领讫。荣以俄京赴奥开车之钟点尚须迟数小时，即与从者至列宁图书馆参观毕，复至行李处。六日本人亦至，据云，此去数小时，花费九十余元美金，因其引导者，每小时索费美金五元，小费在外，颇有可惜之态。荣当即雇人运送展览品两大箱，至车站。未几，乘车离境，一座愁城，顿然冰释。每回念及此，犹有余悸焉。总计与荣以最大之困难者，厥惟二巨箱展览品。与荣以最深之印象者，厥惟西北利亚道上之俄人。故不避繁冗，重复记之。过此，皆康庄大道，无甚可记者矣。

四、开会之经过

此次赴会代表，计三十二国，东亚居其三。正式代表，计一百五十人。非正式代表，约九百人。而此非正式代表，则以意国居多。该国对于各国代表，待遇甚优，又欲自炫其文物，故会议经历二周之久，以参观时间过多，且同时举行分组会议之事，以致时间与地点多相抵牾。分组会议计有十六，荣则在第九组之列。兹将本组与所参观数组事项，择要报告。

图书馆事业总计组　此组所规定之工作，乃在宣读论文。然论文有一百五十余篇。在此组宣读者，乃其中所选出，必有关于图书馆事业之进行，或方法与统计者。我国有五篇论文，选入此组。在宣读时，有完全宣读者，有宣示其题意者，此因迫于时间之故也。下列九篇为曾经宣读者：

1. 美国国会图书馆供给学者研究之关系。卜特喃（Putnam, Dr. Herbert）

2．美国公共图书馆。鲍士伟

3．雅里大学之石特林纪念图书馆。科安得列（Koegh，Dr. Andrew）

4．图书馆现在之问题。榜罗撒

5．现代图书馆之发展。戴志骞

6．中国之图书馆馆员教育。胡庆生

7．中国图书制度之变迁。顾子刚

8．中国文字索引法。沈祖荣

9．中国图书馆今昔观。

书业组 此组讨论，较他组甚为详细。自印刷发明以来，书籍之出版，丛集浩瀚。但书籍之纸料，竟未受过研究，故纸之功用，不能耐久。以此影响于书籍之保存，受损不小。故从现今始，应须补救其方法，以考究纸之质料如下：

1．用科学方法，研究有何原料，制造印刷之纸，可持永久；且在制造时，宜按此研究中所得之结果。

2．凡从前印刷之书籍，为不好之纸所印出者。而此书有存在之价值，恐其纸不能持久保存，今宜急图补救。

3．凡欲取得版权者，所寄存书籍，必须用此新法之纸印出，以保久远。

4．政府之出版品，如其价值与历史之重要之关系，即按所规定之若干份，用此新法之纸料印出。

5．可保存之著作。既已用此研究之纸料印出，则出版界尤宜用图书馆之装订法，坚固装订，以利于保存。

图书馆教育组 据席间之讨论，与论文发挥之意见，其趋向均以为图书馆应有一种专门教育。近来各国甚注意此事，亦有在大学内提倡其进行者。所编制之课程，除方法外，尤重于学术。如著述史，印刷史等之并行发展。甚至研究图书馆学者，能习三四国语言，得有及格之考试，可给博士之学位。更有不仅受国内图书馆之训练，并且有欲得国外图书馆之经验，双方练习以为图书馆之完全教育者。

国际图书馆协作组 关于欲实行图书馆之协作，必须从交换着手，即交换馆员，交换出版物。此二项若能统一，则协作始能实现。近今有数国在交换中，获得成效者：如馆员之交换，则有德国与奥美丹麦荷兰等；出版物之交换，则有美国与德俄日本等。所以希望世界各国之图书馆，均注意于交换工作，一致前进。更期有一完备之组织，订定具体之办法，收其成效。交换出版物，输送虽为较多，若非有何损失；且正可资此机会，以为宣传本国文化之利器。

上列四组，一为荣之本组，而二、三、四，则为荣所参观者。其余因限于同时，不及备往，故不赘述。在会议中，有个人之提议，亦有宽大之眼界，关系图书馆之前进，并可补益社会者，略指出之。

1. 巴黎图书馆监督瑟尔（Prof. Gsell）提议。为市立图书馆选择书籍时，凡能贡献国际友善，或世界和平之书籍，应广采多收，以供众览。

2. 德国图书馆长邬兰德（Uhlendahl）提议。凡各国之新出刊物，应编辑合宜之书目。对于杂志，须编制索引。若杂志难于实行，至少重要之论文，必按索引编制。更须由出版人，或售书人，将翻译书籍之书名，与著者名注明。

3. 罗马瑟柯林法库克柔司呵啤千提等提议。国际图书馆第一次大会会员，于散会先，应有一慎重之宣告，即图书馆在高尚教育，与通俗教育界上，宜占一重要位置。图书馆一面为要供给已受教育之研究者，扩充其学识；一面使普通人民，得有自修之处。故须请各政府当局，设法培植图书馆服务人员，不仅赞助其津贴，更承认其专门学识，并在社会上之地位，为文化高尚之目的。

至于大会所通过最紧要之议案，则如下所录：

1. 世界图书目录须重振刷。（Bibliotheca Bibliographize Internationalism）

2. 各国政府于一九二六国际同盟之建议，即保存图书版本等条，望其切实进行。

3. 国际智育协作委员会，对于各国图书馆所有之柯罗照相机（Photostat）应即查出，并注明其馆址。

4. 国际图书馆联合会（International Federation of Library Asso-

ciation）对于馆员与图书馆学校之教授学生，如有令其交换与自愿求学等事，须先研究其办法，以便有一完全之组织。但其开办之基金，可与国际智育协作委员会商筹，或请政府拨给之。

5. 凡属应有图书馆学校之处而未及设备者，急须设法辅助进行。关于服务馆员，凡受此可之训练而有凭证者，不分国界，一律承认。美国在巴黎所开之国际图书馆学校，已有二十五国学员入校之成绩。除请其继续办理外，尤须设法辅助，使其能努力扩充。

6. 国际图书馆，常有互相交换之处。原所以辅助文化之发展，决不能使之拘拘如狭义之交易行为。但其交换之章程，必须使之一致，并及早刊发。

7. 此后各大学毕业论文之交换，须规定为与本科之研究相结合者。

8. 凡图书馆入藏书籍，无论购入或受赠，须求一律免除关税。

9. 国际图书馆联合会，对于各国图书馆协会之名称，职员之姓名住址等，均应编出，以便通讯。并宜将各国协会所出版刊物，编一目录，以便检查。

10. 各国图书馆协会，编制图书应有统一之规则。此条责成本协会委员办理之。

11. 各国对于交换出版品事宜，应设一专门机关以负其责。

12. 各国至少须有一图书馆，能将本国之图书作完备之搜罗。其搜罗细则，各国自定之。

13. 国际图书馆联合会，对于世界书目中有关系之各机关各团体，应逐一将其名称与住址编出。

14. 国际图书馆联合会，对于编制国际书目之缩字规则，应从速送交国际智育协作委员会审查，以便采用。

15. 国际智育协作委员会，与巴黎图书馆专家会议（Committee of Librarians at Paries）提议之目录学训练所办法，应从速制定，以便遵行。

此外尚有交换意见之机会。荣曾于正式开会时演讲一次，宴会时演讲二次。各国代表对于我国派遣代表，深致谢意。佥以为我国图书馆事业虽尚在幼稚时期，而对于提倡世界文化，不落人后，足证我国图书馆界同人有发扬东方文化之热忱，与吸收西方文化之远计也。

其他开会情形，甚为复杂，兹按日分述之。

六月十四日　礼拜五

是日各国代表齐集招待处（设在意国教育部门），举行报到、注册、换证书、领领章，以及一切其他手续。是晚为筹备大会，主席斯皮口（Cippico）请正式代表赴宴，并请一般重要人物如该国司法总长、众议院副院长、各国公使以及其他该国长官等，同来欢迎。

六月十五日　礼拜六

是日早九时，大会正式开幕。地点在国会上下院内。筹备大会主席致开会词，大意谓：

1. 所以选择罗马为开会地点者，是其为世界文化之渊薮。

2. 此会较其他会之不同之点，在其不计已往，而惟注重将来。

3. 意国各大城市，现今均已组织有图书馆展览会，以便各代表参观。

末为大会主席柯林（Lsak Collijn）致答词。十一点半开正式会议，讨论各种问题。午后四时半，在柯斯美尼美术院（Palazzo Corsini）开分组会议。同时意王接见正式代表。

六月十六日　礼拜日

是日，意国代表自开团体会议，他国代表亦可加入。如有愿意参观该地名胜者听便。

六月十七日　礼拜一

是日上午参观圣安基炮台（Castle St Angelo）之博物馆展览会。馆内陈有古腊丁文书籍及古今各种装潢之书，并有其他科学上之仪器。四时半又在柯斯理美术院开分组会议。五时半教皇接见各代表，其仪式极为隆重。各代表同入礼堂，教皇登宝座，代表侍立两旁，聆其演说。大意谓彼未任教皇时，曾任发提堪皇宫图书馆（Vatican Library）馆长及米南图书馆馆长，故对于图书馆事业极为重视，且信其为沟通世界文化之关键云。

六月十八日　礼拜二

是日上午参观意国所展览之近代出版品与各种精致之装订法。下午开分组会议。教育总长开欢迎代表会。八时半意国出版界同人又开一次欢迎会，欢迎各代表焉。

六月十九日　礼拜三

是日上午意国国会主席欢迎各国正式代表，并参观国会图书馆。下午开分组会议，各代表宣读论文。荣亦宣读我国协会所选五篇论文。晚宴会。

六月二十日　礼拜四

是日举行各国图书馆展览会正式开幕典礼，意国教育总长举礼。斯时各国图书馆丰富之成绩，一一呈现于目前，中心为之一快。我协会搜罗物品甚多，奈道路辽远，携运维艰，最后仅就所装两大箱赴运陈列。是晚罗马之工作告竣，即赴拿波力（Napoli，Naples）。

六月二十一日至二十二日　礼拜五至六

在拿波力（Napoli）开展览会并参观该处图书馆中之各种抄本稿本等书籍。后至西西利参观一切。

六月二十三日　礼拜日

是日在马提克省开展览会，并参观图书馆及名胜多处。

六月二十四日至二十五日　礼拜一至二

是日佛罗稜斯（Florence）之图书馆协会欢迎各代表，并展览最古之版本抄本稿本等。下午参观科学方面发明之机器。八时请各代表赴宴，宾主互有演说。

六月二十六日　礼拜三

是日上午九时，在该地举行但丁纪念图书馆落成典礼。午后四时，参观美术院与博物院。五时半，开音乐会欢迎各代表。

六月二十七日　礼拜四

是日齐赴波罗拿（Bologna）与马典拿（Medena）参观二处图书馆，并有展览会。

六月二十八日　礼拜五

是日齐赴威尼斯（Venice）参观。

六月二十九日　礼拜六

是日在威尼斯开讨论会。此会甚为重要。凡前会中未了之案与各代表之意见，均可在此提出讨论。结果通过以上所述之各议案。

六月三十日　礼拜日

是日大会闭幕。大会之工作，于以完备。

大会既告结束，则继续执行大会之事功极关重要。筹备诸公，以为在大会中代表过众，恐意见不一，于职员之推选及下次开会之地点与时期，皆在会毕后仍由筹备诸公赴日内瓦讨论。一则因其有第一次筹备之经验，二则范围缩小易得结论。至于国际图书馆委员会规章稍有更改，国际图书馆协会名称改为国际图书馆联合会（International Federation of Library Associations），其意义乃在谋求国际图书馆协作之精神。而凡各国图书馆协会愿意加入为会员者均得为会员。所有进行事项，由国际图书馆委员会（International Library Committee）办理。国际委员乃由各国协会所推举之代表充任，任期五年。国际图书馆委员会应行职务如下：

1. 择定开会之地点与时期，并预备秩序表。

2. 各国图书馆如有交换互助之事，即由国际委员会筹划办理，以谋协作之友感。

3. 大会至少五年举行一次。

4. 各国图书馆协会，凡愿意加入国际联合会会员者，须纳会费。会费之多少，按各国图书馆协会会员加入之多少为比例。大约照各协会会费收入每年按百分之五至百分之十抽取，但缴纳会费不超过二千五百瑞士法郎。

五、展览会之概况

各国图书馆之状况，仅由参观及各代表所述，颇难得其真谛。故大会中有各国图书馆展览会之组织，以期能将各国图书馆之真精神，和盘托出，借资鼓励观摩。举行展览会典礼之期，原定于六月十九日，既因筹备未周，改于二十日。展览地点在罗马之近代美术院第一层楼上。计陈列展览品者，有英、法、德、美、丹麦、荷兰、芬兰、挪威、捷克、加拿大等国，东方则中国一国而已。各国陈列之品甚多，惜房屋过小，不能一一陈列为憾耳。我国与德国同一房间，所有展览品概由各地代表自行陈列。我国展览品陈列之际，多赖驻意公使馆朱秘书张参赞，协力助理，故荣尚不致茫然无措也。各国陈列之品，约有以下诸端：

1. 馆舍之图样。馆舍多系国立图书馆，省市立图书馆及学校图书馆等。有用照片者，有用图样者，其精神各有不同。惟普鲁士邦立图书馆，将其全馆之外景及内部用影片制成，以电光放射，观之不啻亲历其境焉。

2. 新发明之影印机。凡馆内最贵重之图书，不便借出馆外，而又需在馆外参考者，可用玻璃照相机（Photostat）印出，以备借出。此种新发明陈列者有三架，德、意、英各具其一，并各有专人莅会演示一切。据云其机具有三长：敏捷、真确、价廉是也。德国代表并将机器优美适用之处恺切说明，当请荣照印一份以作纪念。适持王云五四角号码检字法，将其表付之，不数分钟印出，与原文无异。闻其全机之价为四千马克云。

3. 各图书馆之目录与索引。

4. 装订。如皮、布、纸、颜色、胶布、线、面糊等，以及装成书籍之各种式样。

5. 书籍保存法。对于火险，虫蛀，潮湿等问题，经各国图书馆之考究，将其预防之法，拟表陈列，加以相当说明，以增加书籍保存之效果。

6. 统计图表。各国图书馆，为欲使逐年进行之状况，一览而明，皆有统计表之制定。如在最近五年或十年内，办事人增至若干，书籍增至若干，经费增至若干，阅者增加若干，借书之数若干，支馆若干等，皆详为图解，一望可知数目状况云。

7. 馆员之训练。各国图书馆设有图书馆学校者，皆将其设立学校之名称、课程、班次、年限、教职员学生之数目、毕业生之总数、服务于何地等事，一一制表陈列。

以上所述，系由各国运至罗马陈列者。意大利本国各处，尚有多数之展览会。兹述拿波力（Naples）国立图书馆之展览会一处，以概其余。此展览会之范围甚广，凡意国南方及西西利一带之展览品，皆集中于此。此地在文化上，极为重要。中古时期曾为文学、艺术、哲学之中心。此次展览各物，不啻将其二千年之文化，备举于吾人之眼前也。自里克兰尼（Herculaneum）时代直至十八世纪，其间书籍所用之材料，如蜡版，羊皮以及其他种种稿本，皆一一陈列，以明其进化之过程。其中希奇贵重之品不少，如蜡版内记当时银行家基阿康（Giocondo）借款账目。路康之稿本，皆可以考见当时社会状况。他如一四二二年所写之福音，除精丽之装潢外，且印有宣传福音之肖像，须眉毕现，宛若生人，其福音书之装潢有非想象所能及者，写时不用墨汁，系以金汁银汁写之，外以纯金为面，并于各处遍嵌宝石，灿烂夺目。此外，欧洲印刷术发明后，所印之第一本书，亦在于此，故后来此地竟为印刷业之中心焉。展览时，该馆馆长伯华达详为说明。并谓此地因经数次战争，文物颇有残毁，否则当更为丰富云。

回观我国展览品虽只两箱，然以路程计之，亦尽足以自豪矣。所展览者有图书馆照片，图书馆统计图表，图书馆著作，美术影印片，古籍善本等项。各代表观览后皆赞许中国文化之悠久进步。此皆须归功于我协会执事诸公及各地同志之努力也。荣离罗马时，展览期限，尚未完结，故不克将原物携回。然已与意国中国公使馆接洽妥当，一俟展览终结后，即可代为寄回协会也。

六、欧洲图书馆界概况

（一）德国图书馆之概况

1. 德国图书馆（Deutsche Bucherei）

馆址在来必锡（Leipzig，今译为莱比锡）。馆长邬兰德（Uhlendahl）由买兰（Milam）介绍与余认识者。彼虽与荣同旅社，然因代表过多，无从交接，至荣向买兰征求参观欧洲图书馆之情形时，渠乃曰，此非请教于邬博士不可，遂承介绍。而邬博士始知东亚代表为荣也。当时因迫于时间，未便多谈。至晚来帖邀翌晨早餐。餐后，荣即表示欲参观欧洲各国图书馆概况之意义。邬博士即为介绍多数之代表。荣又示以协会所给之调查欧洲图书馆状况名单，与之参合。邬博士面告荣某馆应去参观，某可不必。于是一一笔识之。会后，至来必锡参观时，邬博士兴高采烈，特派一职员柔定柏克（Roden-berg）先生（亦赴会代表之一）引导，且约在馆中午餐。据邬博士云，因馆员工资不厚，回家用餐，于经济上，时间上，两皆不便，故馆中特备餐室。其所取之费，且较市上为廉。至用餐时，系次第轮流，阅书人亦可购食。餐时谈及中国将来派人来欧洲研究图书馆之事，请其协助。邬博士竭诚接受，并谓凡由华赴该馆研究之人，在服务时，非特照拂其衣食住，尤愿酌给津贴与凭证。餐后，继续与柔定柏克先生参观该馆。次日，则赴该地其他重要之图书馆参观。而附近之大书局，亦得乘便观览。遇有疑问，博士无不尽情相告。该馆馆址系在一个宽大幽静之处，一面有花园、礼拜堂与科学研究院；一面有一石建伟大之纪念塔。其历史已经有十七年，落成于欧战时期，建筑费二百五十万马克，措置适宜，为德国四百五十座图书馆之冠。其中办事人员为一百七十二人（男女各半，研究科学者二十八人，余则为普通职员）。每年开支经费计六十万马克，书籍费计二十三万马克。其经费之来源有三：

（1）德国国会（Reich）任五分之二；

（2）萨克森省（Saxony）政府任五分之二；

（3）来必锡市（Leipzig）任五分之一。

馆内组织分为十部，兹就其特点举之：

（1）搜集书籍。自一九一三年起，凡属德文之出版书籍，搜罗无遗。其搜罗方法之完善，远非他处图书馆所可企及。如德国人在国内所出版之书籍，与德国人在国外出版之书籍，均必寄存一份给该馆。每年受赠之书籍，约五万五千余册。现共有七十五万余册。

（2）目录事业：

①每日将德国人新出版之书籍编成书目，另片印出，并剪裁粘贴在目录卡片上，以作书目之用。凡考察出版书籍者，观此书目即知在本日内已有某人所著之书出版。每星期又将每日所出书目集合依次编印一次。每月又将四星期所出版书目统合依次编印一次。半年又将每月所出版书目聚合依次编印一次。至五年又将每半年者编印一次。

②为便于考查中央政府与省县市政府各种之出版品起见，每月将政府所有之出版品聚合依次编印书目一次。

③编制提要。凡属于出版精华之专著文集等，将其主题编成书目，以便搜寻材料者之用。从事于此之职员，共四十五名，并有科学专家及来必锡教授数人。

（3）参考事业：

①答复馆内参考人询问事宜。每年至馆内参考各科之人，发疑问受指导者，计十四万一千余人。

②答复函询及电询事宜。如有研究某种科学发生困难情形，须待参考而来函问或电询者，则馆内为之选择材料及解决之方法，以函复之，或电话答之。每年统计不下五千余人。

③流通互借。该馆因搜罗德文书籍最富，凡他处所无之书籍，可向该馆借取。计曾供给二十二处图书馆借用。每月借出之书，约一千一百余册。

由以上种种情况看，可知该馆事业异常发达。若按此类工作与该馆服务职员两相比例，不无事多人少之叹。故借书时间有限制，每日只限四次（十一时、一时、三时、五时），尚不及美国图书馆借书之方便迅速也。此外，对于私人出版物，欲自一九二一年起编一书目，正在积极进行之中。

④该馆之创设。观该馆工作之繁，与建设之大、组织之细密、成绩之优良，为各处图书馆所钦佩。皆以为发起此馆者，必由政府与重要团体所创办，岂知乃由来必锡之出版界与书店所发起而成立者也。因来必锡为德国出版界之中心，而其中提倡建此馆者，则以尔勒曼（Ehlermann）为健将。赞助此馆成功者，则以思吉使门（Siegiesmund）为元勋。在该馆内设有一学校，专门训练馆员，以备需用。欧洲各国图书馆均有来校受授者，时间以二年为限。此其大概情形也。

2. 普鲁士省立图书馆（Preussische Staatsbibliothek）

馆长克柔司（Krüss）亦为赴会代表之一。荣至该馆，首先谒赫勒（Hülle）先生。因邬博士与袁委员长之介绍信件，均以赫勒为主体。赫勒系该馆东方文库部主任，对于中国文字语言，颇为擅长。初晤时，赫主任即谈及会议情形，微有美中不足之意，并躬亲引导参观一切。该馆有二十五年历史，新馆舍系前十五年告成，现已不甚敷用。宽敞之公共阅览室，在馆之中间，光线适宜。周围陈列普通参考书与常用杂志数百种，以便读者就近取阅。其中职员有三百二十人（重要职员八十人，助理百余人，余则普通职员）。所藏之书籍，约二百万册（杂志二万余册，古本六千余册，音乐三万余册，抄本五万余册，地图三十万余张，余则为各科之书籍）。每年添加新书约六万余册，搜罗丰富，组织宏大，当为全国图书馆之冠。每年经费二百万马克，由普鲁士（Prussia）一省承担。馆内分为五部：

（1）搜罗部。该馆搜罗书籍，不偏注重一部。凡关于世界文化之资料，不限文字，尽量搜罗。

（2）图书版权部。依普鲁士法律，图书版权极严，任何人不得侵犯。凡该省有新出版品，必赠送二册到馆。一册存留馆内，余则转送柏林大学或其他图书馆。

（3）编目部。编制四种目录：

a. 分类目录，即系统式目录；

b. 字典式目录；

c. 主体目录。其 a、b 两种目录，按书本式编印；c 为卡片式目录，专供该馆服务职员之用。

d. 联合目录（Union Catalog）。凡德国各图书馆所藏书籍，均有目录藏在馆内，以便查考。

（4）出纳部。每日阅览时间，由早九句钟至晚九句钟止，在阅览室分左右二部。用二十六字母分配。如由 A 至 L 为左，由 M 至 Z 为右。凡来借书之人，亦按其名字分为左右二部，以其冠首之字分配之。凡需用某书研究，经过多日，不必归还书库，只存放两边出纳处，则下次来时，只按名称或左或右直接对取。此为读者减省时间计也。至于该馆之特点，即对于世界文化，有专门研究之人才。

①东方文化之研究。赫主任引荣至东方文化书库参观时，凡属东亚各国书籍无不充分购置。所藏我国旧有图书不少，日本尤多。日本

大正一切经，则有二部。其余如帝国大学所赠之书，与日所交换之书颇多。对于中国交换之书，较日本为少。赫主任现欲积极进行搜罗中国省志，及丛书等类。荣由谈话时，深知赫主任为专科老手，于便中谈及两国互购书籍之事，意甚款洽。其余如印度、波斯（India, Persia），及其他东亚诸国文字之书籍，尚所在多有。赫主任既负东方文化之责任，所以不仅擅长东方语言，对于研究东方文化本质，亦深有研究。此与德国他处图书馆研究东方文化之不同者也。

②专门研究之指导。该馆既具有专门之特性，故有专家以负其责。如读者欲研究某种学术，则该科专家可以为之解决一切之疑问，并告以研究方法，俨如大学之教授然。并首先审查研究者研究此科之程度而指导之。是以该馆馆员每星期均须取各科材料分类聚集一处，以备应用。

③馆员资格之规定。该馆因责任颇重，故资格限定颇严。

a. 对于馆员资格之限度。必须有图书馆学校毕业证书，经政府考试合格，且曾习一年以上者。

b. 馆长与主任，除上述之资格外，而且须有博士学位，或曾任大学之教授者。

c. 对于薪俸划一不二。凡服务馆员不得随意撤换，此盖已成国家定律。

④考试之法。系由普鲁士图书馆馆长与柏林大学图书馆馆长，或其著名大学之教授组织考试会。已考取者，则请政府加委任用。此可见注意专门人才，务使文化灌输于国内人民而后已之决心也。

⑤读者借书之便利。该馆便有各馆藏书联合目录。如借书人欲借某书，则馆员检编号目录，便知此书藏于何馆，就近借出，或代为函讯，以便转寄。或由该馆直接寄取，或书限纳邮费一角，其便如此。

以上情形，皆赫主任引导参观时所谈者也。参观毕，始谒馆长克柔司。于会议时，荣曾与之接谈。此次所谈之事甚多，其最重要之问题，即中国将来派人至此馆研究图书馆事业，或该馆专家游历东亚，一切引导协助事宜。而该馆长对此极愿赞助，与邬博士相同。荣于报告教育部呈文中，对于该二馆长特申述之，望我政府与协会遇有此项人才，即行派遣予以深造之机也。末则馆长云，愿赠该馆影片一套而别。

3. 柏林大学图书馆（University of Berlin Library）

赴该馆参观时，首先谒西门（Simon，Dr. Walter）先生，因袁委员长介绍之信即与渠也。先生乃该馆采访主任，年富力强，学识渊博，谙习各国语言，对于中国语言，尤为特长。曾肄业于德国大学之中国语言学系，以浪漫文学得博士学位。该馆专为大学教授与学员等研究之用，每年购书费约十万马克（普鲁士省任三分之二），阅览室可容三百余人，参考书有三万五千余册，杂志八千余种，而其服务人员，限有一定之资格。主任须有博士学位，馆员必须在该国图书馆学校受有特别训练，及实习二年后，经政府考试合格，然后任用。馆内工作概分五部：

（1）著者目录。凡著作家之姓名，按字典顺序编制，印为目录。

（2）毕业论文目录。凡该大学毕业生之论文，一一编制，印为目录，以资采择。并细分主题目录，与作者目录二种。

（3）系统目录。即按分类之编制法，印为目录。

（4）善本抄本目录等目录。此类目录，系将著作家按其时代之远近，顺序编成，印为目录。

（5）学员借书目录。在该大学肄业之学员，自行研究而无钱买书者，则来该馆借阅。如馆内无书时，则为之向他处代借。校内学生借书，一季须纳十马克，并须凭借书券及贴本人相片焉。

是日为馆长休息日，不克晤面，甚以为憾！

4. 通俗图书馆

馆长贺福门（Hoffmann，Dr. G）经邬博士之介绍，及柔敦伯（Rodenberg）之引导，得往晤之。该馆有三十余年之成绩。在三十六年前有人游历英美，见有此类图书馆甚适普通民众之用，故仿效之，历来德国所办之图书馆，无非为学界之用，故其办理与训练，颇缺通俗之性质，惟该馆于民众方面，较有贡献。

（1）精选书籍。普通人之知识，大概简单，若给专门书籍，格格难入。必须选择普通浅显且较为新式之出版品，方可引起其兴趣，徐加陶熔，自能改变其气质。

（2）审慎职员。盖职员若无特长，则不能选采通俗材料，以供普通读者之需要。此实较专科职员之任务为难，故不可不加以审慎以称其才。

（3）编制目录。将所有普通书籍，编印目录，以便读者快览。

（4）训练馆员。该馆内设一通俗图书馆学校，训练通俗图书馆专门人才，时期二年。他处未受训练之图书馆员，对于办理方法，遇有不良之处，可至此处受特别训练，或由此馆直接派员前往指导。是该馆实负有他处图书馆顾问之任务。

此外，该馆对于装订，尤有特别之研究。如在他馆之书籍，因为使用过久，次数甚多，以致受损或污毁等事无法办理时，则可送至该馆重新整理焉。

5. 科学改进社图书馆（Notcgevneinschotr der Doutscher Wissens）

馆长亚耿司（Jürgons，赴会代表之一），性尚温和，交接以礼。荣因邬博士之介绍晤面，故谈吐尽兴。而亚馆长对于中国图书馆事业，有欲其迅速发展之希望。至提及交换书籍一事，似含有中国不甚畅行之意。荣云，中国政局时常变更，至今革命方期统一，而国内现已在国立中央研究院内设有出版品国际交换处，负有交换之任务。中国对于友邦交换书籍之处除中央研究院外，则有国立北平图书馆、广东中山大学图书馆、南京国立中央大学图书馆、燕京大学图书馆、南开大学图书馆、南京科学社图书馆等，皆可与友邦交换书籍者也。亚馆长慨然俱录。至于该馆性质，实为对外交换书籍之枢纽。

（1）凡国外所交换之书籍，均经此馆审查，按国内图书馆研究之性质（或长于东方文化，或讲通俗教育，或注重专门科学教育等类），而分转之。

（2）对于国内所有之出版书籍，须赠与国外之机关或团体者，亦须该馆审查全部分或一部分，按各国情形以输送之。（荣参观时，适逢该馆寄送苏俄政府书籍，装成五大箱，其富于交换可知。亚馆长并云，亦愿与中国如此交换，甚可感激）。

其他关于辅助国内研究科学之进行者有：

（1）对于学校科学，如有提倡或扩充，因经费支绌碍难进行者，或因缺乏经济而设备不周者，亦可向该馆请款补助。

（2）对于大学毕业学员犹欲深造研究某种专门科学者，可向该馆陈述意见，一俟审查合格后，即拨款相助以竟其志。

（3）对于科学家与教授，大器已成。犹欲精益求精，研究某科，或有所发明，或著作出版而限于经济者，亦可向该馆陈述意见，则该馆可拨款相助以副其成也。

6. 柏林市立图书馆（Stadtbliothek）

馆长弗锐思（Fritz）。该馆全系柏林市所组织。八年前，柏林市仅八区域，居民约二百万，现在人口倍增，各方面之发展力迅速澎湃，而区域亦开拓至二十区之多。所以目前计划至少一区须有一座图书馆。尤期于最近的将来在大柏林市（Greater Berlin）达到建立一百座之目的。该馆办事人共四十五名，每年支出约七十万马克，书籍共二十五万余册。馆址在一旧王宫中，不甚适用。惟现已预备用一百五十万马克，建一新馆于新式之大公园之中。此款由大柏林市政府所拨给，馆址亦由政府所指定。该馆长与荣接见时，历论东西文化可以交换之旨趣，并以其预建新馆之图样相示。

7. 孟立克高等工业学校图书馆（Bibliothek der Technischen Hochschul）

馆长锐丁那（Ridner）富有管理上之经验，对于欧美图书馆之情形，非常熟悉。书籍有九万余册，完全为学校课程之材料。前十四年所建。每日阅览时间，夏季为早八句钟至晚六句钟，冬季则为早八句钟至晚九句钟。常年经费计十万马克。校内学生有四千人。每日来馆阅览者，有二千人。该馆因工科书籍价具甚高，学生力难购置，故近由图书馆买最近之工程书籍四百余册。学生每季如阅一本，则付一马克，余可类推。此办法已试验半年，甚有效力。并为预防火险而保存书籍计，书库楼板用洋灰建筑，绝无引火原料，此可见其精细也。

附：德国出版界与书店之状况

荣于调查图书馆状况之外，并及于出版界与书店之状况者，盖承袁委员长之意也。袁委员长所以汲汲于此者，亦以我国图书馆与英美出版界时相来往，互有联络，而于欧洲各国及其售书事业，亦应明了，故协会乘荣赴会之便，特致意焉。荣至来必锡参观图书馆时，即与邬兰德馆长面询此项工作。知来必锡乃德国出版界与书店之中心，并有代表全欧出版界与书店之权力。其组织严密，规模远大，莫可言状。故来比锡之出版界协会，实具有优美之成绩。邬博士用电话通知四处：

（1）海惹斯所非司（Otto Harrasowitz）

（2）海也司满（Jacob Hiermann）

（3）格司他夫法格（Gustav Foch）

（4）德国出版界协会（Börsenverein der Deutschen Buchhändler）

荣至各该处时，先会店主及经理人，然后参观接谈。荣于未至该处之先，已准备有几种问题。

（1）如中国购德国书，欲得廉价用何方法?

（2）如中国人不欲经理人代购，直接汇款运寄，须何法可得其最低之折扣?

（3）如书籍购有重复时，可否退还?

（4）贵店近来所出之出版物，系何种类?

各店范围不同，所答亦不尽同。其所同者如下：

（1）各店有自行出版之书籍。

（2）各店除新书外，对于旧书亦搜寻整理出售。

（3）各店均可为他处经理代购。

其所异者如下：

（1）海惹斯所非司店主称：该店除上述三端外，注重图书馆学书籍，并印有图书馆之年鉴。而于搜罗中国书籍，多取用西国文字论及中国人物文字语言者（如论及满洲、西藏、蒙古及中国等书）。极端征采，并印有此项专门目录，以供参考。至于为书籍畅销之法，则对内对外皆可代为采办。

（2）海也司满店，其对于装订极为考究，而对于古本亦多收集出售。参观该店内部有一房间专门陈列中西古物。该店主并谓曾来中国游历一次，所收关于中国书籍，亦极力搜罗云。

（3）格司他夫法格店主称：该店除上述三端外，对于各种文字书籍于科学等类，无不尽量收购。凡属杂志，无论新旧，均为搜购，以备图书馆参配全套之用。

若我国欲买何书，可向此三店分别通函购买。至对荣所发之问题，答复如下：按德国书店之规例，买书原无折扣，现为待中国好意起见，破例暂定一个折扣方法，惟视所买之书，可分几等。

（1）分新书旧书；

（2）分现款与记账；

（3）按所买书籍之数目。

若系现金买书，可折百分之十二；若收到书后一二月方付款者，可折百分之十；如系旧书，则现款者照目录所定价格折扣百分之五至百分之十；迟一二月付款者，则由百分之三至百分之五。至于运费，若超过一千马克以上者免交。惟复本书籍不便退还。以上所述系该店向荣私人谈话，所以该店主请荣勿漏于他人，免致破坏协会售书之规例云云。至于出版界之协会，其范围更大。原德国人组织此种书业机关之宗旨，在维护书业团体之利益，并保障会员个人之权利，故其规例严厉，俾他人不能侵犯；而内部份子，尤不能紊乱之。且收售一律为公法所定，如有私自高抬售价或减价出售捣乱商情等事，概行禁止。（前项所述店主请荣务漏于他人，正谓此耳。）常年会费，每人纳四十马克。至于入会规例，凡属德国售书者、出版者、出版经理人、推销人，均有入会之资格。他国人经营此种事业者，亦可加入。现已有会员五千余人（经理约三千人，出版界约二千人，音乐界约二千人）。其间有五十二人系英美所加入之会员。职员每年选举一次。会内应办事务：

（1）严禁私自增减价格。

（2）编辑各种书目：

a. 每月应出月刊一次，专为售书人之用；

b. 编辑德国售书人一览表，外国售书人一览表等；

c. 凡德国人所出版之杂志与外国人出版之杂志，均各将其要目

标出汇集编印。关于德国人出版书之总目，亦编辑印出。（凡新书出版分三时，每半年、一年、五年）

（3）外国售书部。为欲知各店售出国外之书之数目起见，特设此部。

荣于参观之后，默思该协会所负售书店与出版界之责任，诚重且大。至其精神，又与图书馆事业相贯注，故不可概视之为纯粹营业团体也。

（二）意国（Italy）图书馆之状况

1. 教皇图书馆（Vatican Library）

该馆萌芽在五世纪之前，逐渐发展，始得成立。考罗马历来对于文艺搜罗保存，无美不臻。间有政教分离，军事行动，破坏颇为不少。嗣于一七一四年，教皇马丁第五（Martin Ⅴ）被逼迁都，于有津第四（Eugene Ⅳ）时，复回罗马。而所保存之书籍，只四百册仅赖保存，遂成教皇宫内图书馆之种子。继其后者，则有尼古拉第五（Nicholas Ⅴ）甚爱书籍，亦爱搜求。特遣人至欧西拿、西拿收书，达一千余册。然尼古拉不仅注意书籍之搜求，且创设一所图书馆，亲自督率办事人员，加以整顿。于是有馆长一，馆员三，并抄写数人。薪资甚微。馆长每月仅十元，馆员二元，抄写人员按期工作为衡。抄至一刀纸者，给洋三角；楷字佳者三角五分。所有之书均用铁链紧锁，以防盗失。迨至教皇斯司特（Sistus Ⅳ）晚年，书籍之数，增至三千余册。馆长布斯西（Bussi）始将所藏编制目录。自此以往，书籍逐渐增加，而收藏之地，自不敷用。于是一七三二年，按原有建筑又加造五十大厅以备之。一厅装潢杰出油画，游人入此，皆流连不遽忍去。此先为教皇所私用者，今则开放为普通人之一研究试验室矣。该厅系八丈见方，高三丈，周为窗户，阳光透射，天花板上画有教皇遗像，四方墙脚及大柱上，亦皆有画。两廊集书甚多，沿墙有大木柜，亦为藏书之用。其中最有价值之书，即古本、稿本等。抄本书籍亦不少。此外，另辟一间宏大之房，为参考研究之用。排亚斯（Pius Ⅵ）教皇所创议者，对于学者来此参考，一律欢迎。关于历史书籍，约六万余册，腊丁文三万七千余册，希腊文有四千二百余册。他如善本，罕本等类书籍，为别处所不常见者，有七千余册。其重要书籍，系古人写在羊皮之上，故能耐久，流传至今。考其来源，大抵由于贵族贡献给王宫，而王宫又转贡给教皇者。现该馆因书籍贵重，特定购买美国之钢铁书架，计长约有七英里，以预防罗马气候不调之伤损。盖罗马冬则天气潮湿，夏则枯热焦燥，所以书多受损。唯有钢铁书库，设以新发明之电机，湿则使干，燥则使润，以调剂之，则书自可保全也。由此可见教皇对于图书馆改革之热忱矣。现在该馆从迦尼基基金中请一巨款将所有藏寄之书籍完全编一适用之目录（该馆原有目录，不堪合用），现已请美人四人协助。其第一批目录，刻已出版。专门学者，论及该馆书籍之宝贵，谓之为旷世无匹，同时亦为罗马十四座图书馆之巨擘焉。

2. 费尔特以满鲁图书馆（Victor Emmanuel National Library）

罗马为文化之渊薮，博物院、美术院富甲全欧，而图书馆尤为蔚集，难于一一枚举。除教皇图书馆外，仅述此馆以见一斑。该馆既为多数图书馆与多数通俗图书馆所组成，其性质不仅以保藏与搜罗为任务多数图书馆与通俗图书馆所组成，其性质不仅以保存和收藏为任务，且以供人适用为目标。内藏书籍有十五万余册，小册子三十五万余册，中国式罕本一千余卷，抄本一千六百余卷。此其大概。至于在罗马为该馆之后盾者，则有中央图书馆，有书籍八万余册，小册子万余册；音乐图书馆，有书籍十二万五千册，抄本四千册；国际大学图书馆，有书籍八万余册。内部组织，大同小异，然无有出德国图书馆之右者。至其性质，各有专长，尤以费尔特以满鲁图书馆为表率也。

3. 马提迦西诺图书馆（Monte Cassino）

此馆系一寺院图书馆也。寺院耸立山岭，仰望其形，仿佛一大炮台，及入其境，沉静幽闲，而修道大众，非仅诵祷虚文而已，对于文化方面，亦极注意讲求，历代相传，其制不废。间有作毕世研究者。墨迹存于馆内者，颇为不少。惟 St. Benedict 派于学术方面更为殷勤。该派认为懒惰乃灵魂之敌，故以勤学为主。例如在大斋节内，每人至少看一二本书。其努力求学如此。其保存图书之力亦强，虽前后被毁七次，卒能恢复原状。此其百折不回之志可见也。此次于罗马会议毕后，参观此地，特开一展览大会，陈列宗教类最古之书籍，有稿本、印本及精致装本，并存有 Papol Bull 教皇之谕旨。

4. 佛罗伦斯（Florence）各图书馆

意国人特组织一展览会于此地者，无非借各国代表咸集之机，以夸一时之盛耳。此地就形势论，据意之中心；按文艺言，为名人之产生地。英才硕彦，荟萃于斯。若但丁（Dante）、倍加亚勒理（Boccaccio）、安达地分司（Leondavis），骚坛之神品也；米加勒安基鲁（Michelangelo）、丹勒克鲁（Donatello）、司林勒（Sllinlley），美术之宗匠也；基柏提基阿提（Ghiberti Giotti）、理皮布（Li Pi，即司勒西 Brunciari），雕刻之名师也；迈克阿乏勒（Michiavelli），政治家之巨擘也；迦力流（Gaclileo），哲学家与科学家之泰斗也；而撒尔汎亚若鲁（Jalvanoa）则为研究神学之名家也；罗永所墨的七（Laurence drMedicz）则系提倡文学与美术之明星也。诸哲虽往，遗型宛在。礼拜堂之铜门，基阿提（Giotti's Boll）之钟塔，罗永所墨的七（Laurence drMedicz）坟上铜铸之遗像，（米迦勒安基鲁所刻）其余精巧之雕刻，保存于大古礼拜堂。无价之油画，陈列于皮提及幼腓希二博物院（二处原为旧皇宫所改）。精华灿烂在在入目。然西人既不忍磨灭其遗迹，且为封墓表现之事，圣十架礼拜堂内面安有迦力流、迈克亚分理及米迦勒、安基论鲁之墓，而但丁之空墓亦虚设其间。凡此种种，目击神往，实为人杰地灵，物华天宝之乐土也。至于在该地所参观之图书馆有六处。其经营方法，相为伯仲无有美于前者。兹略举三馆，以概其余。

（1）锐迦丁安图书馆（Ricardian Library）。其所藏书籍：

a. 凡意大利出版书籍，从最古之罕本起，以至现在为止，皆收藏之。

b. 音乐图书部，搜集全国之音乐，及著名之音乐书类以供众览。

（2）中央图书馆（Biblioteca Nazionale Cemtrale）。馆内所藏书籍六十万余册，罕本类有四千余册。馆舍是重新建筑的，此次各代表来参观时，始行落成典礼。馆内另一室为纪念但丁之用（储藏关于但丁之书籍）。

（3）科学哲学图书馆。馆内书籍有四万余册，完全为研究科学与哲学参考之用。

5. 威尼斯马可图书馆（Venice St. Mark's Library）

意国人选此地为举行毕会式之心理，盖欲表显罗马之雅趣也。其地四面带水，城市房屋，俱建于水面之上，其交通状况，宛如中国之一老城市。举凡电车、汽车、人力车、马车以及脚踏车等，全然绝迹，然其往来，亦称方便。桥下行船，四通八达，游人顾盼，宛如泛溪之翁，寻桃源之乐。以欧洲物质文明之盛，竟出现一自然文明之美景，“别有天地非人间”之语，可为此颂之。且此地寒暑适宜，人文并美。如英国之二大诗家布朗宁（Browning）、拜伦（Byrong），皆在此地终其天年也。至该馆历史，从十四世纪具取阿克所捐赠书籍起，继续收藏甚多，如罕本等，至印刷发明始为告竣。十五世纪，红衣主教之希腊腊丁稿本，亦捐赠此馆。十七世纪，圣马可目录初次发现。现在共有稿本一万三千册，书籍五十万余册。

（三）荷兰（Holland）图书馆之状况

1. 京城阿姆斯特丹图书馆（Koninlijke Bibliotheek Amsterdam）

荷兰虽属小国，然其历史在欧洲颇为重要。自十八世纪以来，励精图治，迄今政治教育颇臻完备，又因地势与水相邻，故于工程学亦极有研究。欧洲各国来训练者，颇不乏人。至于京城，四面水漩，其上尤觉别有风味。虽潮水有时澎高，然防护堤，极为坚固，可资保障。城内有运粮河，分地为九十余岛，而皆首尾相应，有如常山之蛇。岛上铁桥三百余座，诚有长桥卧波，复道行空之趣。荣原以参观荷京图书馆为主体，不意有此风光以助游兴也。至阿姆斯特丹参观时，系一大学图书馆，已有三百余年之历史。大学系荷兰最高学府，图书馆有相同之价值。该馆搜罗书籍甚为竭力。现共有图书八十万余册，抄本六万余册，古本二百余册。馆员多系女子充任，经济主任乃一女博士。内部管理极好，惟馆舍似非为图书馆建设之用。馆长（A46）谷发提（Grundtvig, Dr. K）在大会时，荣已识之。年近古稀，沉静寡语。先前司范使马（Sevensma, Dr. T. G.）（现在日内瓦国际联盟图书馆）任该馆馆长时，兼任公共图书馆馆长。至谷发提继任时，因工作繁冗，故将二馆分任，免碍进行。该馆长云，本大学图书馆之办法，无非与欧洲各国之图书馆相侔。如欲知荷兰图书馆之真面目，必须参观公共图书馆。余于未离该地之先，亦曾赴一公共图书馆参观。馆长系一女士，名慕利生（Molhysen, Dr. P. C.），性情活泼，英语流利，曾肄业来必锡图书馆学校，并曾至英国图书馆协会赴会数次，故经验甚富。分类法采杜威十进法与克特著者号码法。馆内特设瞽目部，为瞽者所用之书籍，有一千余册。该馆有七支馆，馆长每礼拜中视查各支馆一次，各支馆长则每月来总馆聚会一次，讨论所办一切进行事宜。但各支馆均为新建筑。仿美国图书馆式，光线设备，考究甚当。其经费完全为市政府所担任。

2. 海牙（Hague）图书馆

此地内部有运粮河，有铁路，地临海口，直达欧洲各处，故交通极为便利。皇宫内有一图书馆为迦尼基所捐建，费一百五十万美金。其中书籍纯系关于国际和平性质类之书，如国际公法、国际联盟等等。馆长特木伦引荣至各部参观后，即到东亚部。时荣见日本所捐之书甚多，而我国者绝少，意甚快快。馆长云，中国向称和平之民族，盼望有人为世界和平之事多多著作，捐赠本馆，借作讨论之资，语毕，复引荣至皇室图书馆参观。该馆历史甚久，系一七九八年所创，原为皇室所设，现则公诸人民之用，书籍有六十万余册。

3. 若特丹（今译鹿特丹）图书馆

此地为荷兰紧要之港口，因赴英路经此境，而海船开驶之钟点尚早，故往该馆参观。馆长的弗锐司，颇具热忱。参观时，阅览室济济一堂，但甚雅静。而馆员多属女子，其出纳分为二部：（1）小说部；（2）非小说部。有二出纳处者，因防读者扰乱之思想也。其馆舍建于市街烦杂之区，闻亦系市政府所创设。荷兰在欧洲确具有存在之价值云。

（四）英国图书馆之状况（Great Britain）

1. 大英博物院图书馆（British Museum）

欧洲强大之国，对于图书馆事业，皆坚朴雄骘，可以传之久远者。然自欧战之后，破坏甚巨，图书馆多有停滞而无生气者。惟英未受挫折，故其图书馆事业之发展，几为欧洲之冠。荣由荷兰经伦敦，意在直达苏格兰参观米氏图书馆。亦因前会议时买兰与邬兰德所介绍者，以米氏图书馆为重心。不过伦敦亦有大图书馆四十七处之多，于是首赴英国图书馆协会，与其干事主任克林（Keeling）相晤。克氏述及英国图书馆协会虽有五十年之历史，尚有几种困难。

（1）常乏经费阻碍进行。

（2）会员常呈冷淡态度。其原因乃在于无专人联络。近数年来已聘有专人为干事，以负其责，故较往日为较有生气。现本会拟定于九月内开全体会议讨论各种问题：a. 谋就专门图书馆协会与本会联合之方法。因克林前为专门图书馆协会之干事；b. 纸张问题，如何方能耐久。此项事业，已聘请化学家试验多次，纸之质料甚好，价虽较贵，然于出版之功用甚大；c. 英国购买书籍，全无折扣，故各图书馆意欲向出版界得有优良之办法以便扩充；d. 本会主题目录，原为最良之编制，但各处订购者太少，以致亏本，须讨论以求行销发展之办法。

准此推论，英国图书馆协会，尚有如许之难处，则我中华图书馆协会应树立最高之目标，不可以目前之困难，却步不前也。克氏又引荣参观英国国会与内阁大臣办公地，继引荣参观博物院图书馆与特许局（此局为新发明家之立案注册特许处）附设图书馆。参观博物院图书馆须凭阅券（分长期阅券与暂时阅券二种），荣所持者，即该主任所与暂时之阅券。一入此馆，如登迷楼。由克林主任之介绍，得晤该馆阅览室主任与储藏股主任。伊等皆偕荣参观该馆数部，讲解一切。虽书库为历来不许外人入步者，此次亦特别开禁。藏书之富，自不待言。据二主任云，近来最大之问题，即以后收采之书籍，书库无容置之地。公共阅览室，每年阅览人数二十余万，参观者七十余万，可见其工作之盛。书籍任何人不能借出馆外，只供来馆内参考之用。所藏图书，概分六部：

（1）藏书部。

（2）写本部。按写本部较他部为有兴趣。所陈列之书如下：a. 圣书写本，即最古原文抄写圣经；b. 经学抄本；c. 装饰稿本；d. 最古书籍；e. 精装稿本；f. 皇室历代以来亲笔所书信札；g. 历代以来档案文件。

（3）地图部。

（4）美术部。

（5）采购部。

（6）东方文库部。

每部主任对于本部事业，皆极有研究，认为毕生之事业者。各部作工时间不一，荣参观时，适逢东方文库部休息。由苏格兰转英伦敦时，再来参观，始与东方文库部主任相见。主任名贾尔斯（Giles），贾氏父子，皆精通中国文字，其父曾译中文《聊斋志异》、《历代名臣言行录》，著有《贾氏大辞典》、《中国文学史》等书。贾主任亦著有《中国图书集成索引》与《中国文化史》等书。贾氏（L. Giles）将斯坦因（Sir Auestin Stin）在敦煌石窟所掘得之手卷数千余卷见示（有《论语》、《千家诗》、佛教经书等类）。贾氏方欲将二百余箱之手卷，逐一编一目录，现已开始年余矣。又示以最近由人所赠给图书馆之一信。此信即太平天国之忠王李秀成亲笔写给其子者。内容系诫其用兵宜严纪律之事，并盖有忠王印云。

2. 米氏图书馆（Michell Library）

馆长皮堤(Pitt, Dr. S. A.)。该馆历史系五十年前，有一烟叶制造家斯提米求捐款计六六九九八金镑，书籍有一万四千余册，房屋一所，米氏图书馆遂由此产生。以后继续捐赠颇不乏人。嗣一八九一年，藏书增加至八万九千册。继而磨尔捐一万一千五百金镑，以购书籍，故内有磨尔藏书库。迦弗锐捐书四千余部，另有二万金镑，故内有迦弗锐藏书库。该馆以捐赠者多，书籍增加，馆舍遂不敷用；乃于十年前，另图巨址重行建造新馆舍。新馆五层楼，其建筑费一部分由市政府担负，一部分由迦尼基所乐捐。而原旧馆舍改为第一商业图书馆，新馆为总馆，其所直辖之支馆有二十余处。总馆书籍，现约有三十一万余册，杂志七百五十余种，若合支馆计之，书籍六十三万余册。每年借出书籍之数目，计三百六十三万余册次。总馆与支馆之精神，颇能联络。兹举其三点如下：

（1）互换借书方面。由总馆与支馆，共同组织一机关，设于中区。另备汽车一乘，按一定之钟点，每日轮行各馆二次。如有在第二支馆欲借某书而为其所无者，则第二支馆可电告总馆，总馆如查得此书在第一支馆，即通知第一支馆。候汽车来时，即可带至第二支馆。借书人按时到第二支馆来取可也。余类推。

（2）各支馆之建设。各支馆之馆舍，皆系新式建筑，光线合宜。内中设备亦极有条理。

（3）阅览室杂志之陈设。该馆阅览室未用一人，而秩序不乱。其法系将杂志分为普通与专门两种。专门杂志分挂左右。普通杂志排设桌上，用坚固书壳将各杂志置于其内。各书壳上标出名目。阅览室之正面悬一指南。按书壳之标记写于其上。其指南之标记法，系以杂志名目之第一字为主，依次排列。第一字相同者，分 a_1、a_2 或 p_1、p_2 等以别之。阅者可先查指南，按号寻览可也。其桌上之书壳，与书壳内之杂志，皆订系甚固，无抽出脱失之虞。待杂志新号出版，按号掉换即是。其手续较派人在阅览室专行应付，省事多矣。此其总馆独特之研究，他处未曾先见者也。

至于各支馆之馆员均受有图书馆学之训练。荣曾与皮堤馆长参观支馆数处。其一为公园图书馆（Park Library）。内藏书籍一万六千一百六十余册。借书券有一万四千二百四十七份。一年内所借之书约三十五万八千六百三十余册。报纸有二十七种，杂志一百零二种。每年参观人数计六万五千，每日平均约三百五十人。举一支馆如此，其余可以概见矣。

3. 中央大学图书馆

馆长考勒在大会上为英国代表团团长。其精神豪爽，有作有为。馆中书籍计一百二十五万余册。闻大学所出版之书籍，均须寄存一份于此云。

4. 伦敦大学图书馆学校（University of London School of Librarianship）

由苏格兰（Scotland）返伦敦（London）转赴该图书馆学校参观，校长贝克（Baker）。晤时，荣以袁同礼先生之介绍之信相示，贝校长高兴异常，荣因便自述文华图书馆学校之浅近历史与办理，希望将来本校如有学生至伦敦大学图书馆学校深造者，望其辅助一切。校长谓在能力以内，当尽量帮助。可惜该校正当暑假时期，学校工作停止，不能见到学生受课之情形。荣又请贝克校长将该校讲义演稿各送一份，以便携带回国，参考一切。贝校长谓各教授所编讲义概未付印，故难如命。于是将该学校之章程赠送一本。其课程与美国图书馆学校有所不同。美国多注意管理之办法，此校则多注重学术之本身；故于英国著作史与目录学，皆深加研究焉。

（五）法国图书馆之状况

1. 巴黎国立图书馆（Bibliotheque Nationale）

巴黎之图书馆，不下三十余处。其国立图书馆，则为世界上最大之图书馆也。馆长罗兰马色（Roland-Marcel）曾为此次图书馆大会之副会长，荣至该馆参观时，相见如故。馆内书籍，有四百余万册，杂志五万余种，法国报纸二万余种，中国书籍两万余册，抄本十二万余册，所印图画有三百万张。其宏富实足夸耀于天下。然其成绩非一朝一夕之故，其来有渐。该馆原在二皇宫中，一五三六年政府明令，凡法国出版之书，必寄存一份于该馆。嗣于一六一七年，凡出版品须寄两份，然尚未十分实行。至路易十四时，遂严令实行。由是继续搜罗，日富一日。迄卡尔发第五，将二皇宫并而为一。不仅注意搜罗，且请专门学者将馆内之希腊、腊丁与他国之文字书籍，均用法文译出，并请专人管理。迨一六二二年，将六千册抄本书，编出一目录。一六八四年，经克乃门提馆长大加改革，始用分类方法，将所藏书书籍分为二十三类。依其顺序编制目录，并附索引，至今该馆仍沿用之。经四年后，又增新编目录共八册（延传至今有九十四册）。拿破仑时，对于搜集书籍，愈加提倡，寄存一份之令更严。此后，于中国书籍，由一般传教士携带回法，贡献于该国者，亦日加多。该馆历史已达六百余年，而法人以活泼之头脑，加以美丽之点缀，故其精彩诚非笔墨所能形容者也。

2. 巴黎美国图书馆（American Library in Paris）

该馆为美国人在巴黎所组织。其成绩不过十年，然其进步颇有可观者。其开创历史，甚有趣味：

（1）欧战前，在欧洲住居之美国人，为欲研究其本国文化，已发生在欧洲应有美国图书馆之动机。

（2）欧战后，美国向外国订购书籍，极感困难。由是愈觉应在欧洲有一美国图书馆之必要。

（3）巴黎美国大学同学会及巴黎大学，关于美国之出版物欲设一机关以供研究。

于是由美国协会，向法政府拨得一房，以作根基，同时请罗氏基金捐助筹备一切。法政府亦应允将前皇旧邸为其馆舍。开办费则由罗斯皮门女士，每年捐四十万法郎。三年截止后，该女士又承认愿按其在外捐得款项之比例，每年捐助二分之一云。其工作可述者：

（1）将法国各大学所藏美国杂志残缺者，编成目录，一一送给，以便采购。（如自欧战起，各校在外国所定购之杂志书籍，全皆停顿。今则逐一配全，供其所缺。）

（2）按近代新出版之杂志，设法购买，分给各大学。

（3）凡论列美国人之书籍，尽量购送各大学。盖欲使法国人深切明了美国人之思想文化及一切概况故也。

（4）在法国各大学所需要之某种美国书籍，即可代购。

（5）法国各大学各图书馆，其需用美国某种书籍，而未购备者，可向该馆借阅。

（6）如法国人对于美国书籍中，有不明了或不能自购等情，可代为解决与答复。

综此以观，可知此图书馆在欧洲实有其必要存在之价值。至于其募捐之方法：

（1）赞成会员，须捐款至五千法郎以上。

（2）永久会员，必须捐款至二千法郎以上。

（3）普通会员。须按会例每年捐款一百法郎。入会时，另捐一百法郎。

该馆内部之组织，有流通部、参考部、编目部、幼童部等。充其任者，类皆专门人才。各部工作各有专责，而参考部范围尤大。该部出版有一种半月刊，名为《欧洲政治经济之调查》。全馆现有书籍三万五千余册，每月借出书数有一万二千余册。凡属巴黎图书馆所有美国之书与杂志，均编一书目，以备参考。

3. 美国巴黎图书馆学校（Ecole de Bibliothecaire）

最初开办经费，系美国煤油大王之长公子捐出三万七千五百美金，担任三年为限。又由纽约迦尼基基金捐出一万五千元，专为购买书籍及开办各费之用。现有学生三十人；法国十二人；诺威七人；美国、德国及俄国各二人；比丹、捷克各一人。另外已经有经验之图书馆馆员来此研究者，有十二人，可与美国国内图书馆学校相颉颃。毕业年限，为八十六星期。荣至该学校参观时，适逢校长回国募捐，未曾晤见之也。

（六）瑞士图书馆之状况（Switzerland）

1. 国际联盟图书馆（League of Nations Library）

馆址在日内瓦（Geneva）。环山带水，风景宜人。（1）其目的，在搜罗各国与国际有关系之材料，以便国际间发生问题时，能根据事实，为公平之决断；（2）将世界各国文化之精神，表而出之，使各国互相了解，永得和平。荣至国际图书馆参观时，持袁同礼先生之信，见馆长使范司马（Sevemsma）。在大会时，已曾相晤。据云，该馆已有九年之历史，有书籍十万余册，杂志一千余种。受赠收集的各国政府之出版物亦不少，大抵皆与国际有关之书。故馆员往往有以专门研究国际联盟之书籍为其工作责任者。馆址为瑞士政府所指定，馆员二十人，馆长为荷兰人，其余馆员，奥、波、德、法、诺威（Norway，今译挪威）、英、美、比等国，不一。遇有问题，答复迅速。缺何书籍，即便照办。其分类法，系布鲁士（Bruxelles）与杜威（Dewey）两种，有时亦斟酌改编。其最善者，为其字典式卡片目录。而其国际书类之分析目录，为欧洲之冠，然在欧洲尚未盛行。每月新添之书，及政府之出版品等与国际联盟之各问题，亦一一编为目录。编目员多曾在英美之图书馆学校受过训练者。内分各国法律室、公共阅览室、政府出版物室、新闻报纸阅览室、收发室等。据云，馆舍已不敷用，现正请美国煤油大王之公子捐款，为扩充建筑之用云。

2. 国际劳工局图书馆（International Labor Office Library）

馆址亦在日内瓦。其历史与国际联盟图书馆同。馆内所有物件，均为各国所赠送。公共阅览室周围用樱桃板所雕刻，书库之架均用钢铁制成，华丽绝伦。书籍有四万余册，系由巴勒之国际劳工局所购。每年收到之出版物，约三万余册，现已共有三十余万册。所藏之书籍为国际劳动界之用。其文字有三十余种之多。其搜罗之法：

（1）各国政府对于劳动界之出版品寄存一份。

（2）凡雇主所组织之协会与工人所组织之协会出版品，均寄存一份。

（3）如有著作者或出版界关于劳工状况与工资问题等类之出版物，而欲得国际劳工界之杂志之书评者，概行寄送一份至此，请其评判。

（4）亦有向各国直接订购之书籍（对于苏俄政府所搜罗者最多）。其他，馆中设有档案股，为研究各国政府情况之用。其订购与交换之出版品，有二千三百余种，年终装订。所有书籍不借出。各国来此专门研究者，每年近三万人。其中有住数月之久者，亦有学生为毕业论文来此研究者。馆内职员八人。常年订购书报费，计四万五千弗兰。分类法用杜威十进法。惟关于工人书籍，采用布鲁士分类法。

（七）俄国（Soviet Russia）图书馆之状况

1. 列宁图书馆（All Union Lenin Memorial Library）

该馆原设于皇室博物院。俄国文化集中于旧都，故该馆在莫斯科（Moscow）不甚重要。革命后该馆改为纪念列宁之用，办事人亦努力为平民工作。馆内范围极力扩张。致为俄国各大图书馆之冠。有三支馆为其后盾，协作甚力。总馆书籍现已达三百万余册。前馆长韩柏克（Humburg）女士，曾在美国图书馆学校受有训练。她于德、法、俄、意、瑞典等国之语言，无不通晓。欧洲各国图书馆之情形，极为明了。此次亦为赴会代表之一。对于办理列宁图书馆之成绩甚著。不但努力图书馆内部工作，于人才方面，亦竭力提倡。可惜者，该女士现已辞职，继任者为德尔满（Dermann）女士。馆中搜罗之书，以社会问题为重要。凡列宁所有之著作，以及各种反对列宁之著作，尽量搜罗。现俄政府特设一委员会于该馆内，其职责为：

（1）凡国外关于社会问题之书籍，欲送与俄国者，必先寄至此会，然后由此会发交列宁图书馆，以便输送俄国其他图书馆。

（2）凡国内各图书馆，关于社会问题之书籍，欲送给国外者，亦由此会审查，然后分送国外各图书馆。可知该馆为重要之宣传机关，故其发展之势极为迅速。现在馆舍已不敷用，预备建一新馆，并借以表彰列宁。图样业已制就，建筑费预算四百五十万卢布，闻不日将开工云。馆中所用编目规则，大抵依据美国图书馆协会所编制之编目法。

2. 莫斯科图书馆学校（Moscow Library School）

该校已有十五年之历史。先附设于 Shianvaviky 之内。一九二〇年，因政局改变，乃迁至莫斯科。为造就实用人才起见，分专科与速成科二门。专科系大学性质，以造就大学及专门图书馆之人才，二年卒业。速成科为造就普通图书馆人才，一年卒业。现专科有一百余人，普通科约二百余人。该校已将美国图书馆书籍及工具书多种，翻成俄文，如美国国会之标题总目（L. C. List of Subject Headings）等。其他搜罗关于图书馆学之参考书，亦颇为不少也。

（八）奥国（Austria）图书馆之状况

维也纳（Vienna）图书馆　奥京所设图书馆，约有十六七处。荣所参观者，乃公立图书馆，即前奥皇室图书馆。故其历史已有三百余年之久矣。现藏书十二万余册。西欧写本三万五千册。阿拉伯（Arabia）波斯（Persia）罕本亦有数千册。稿本九千余册。音乐抄本一万余册。音乐印本一万八千余册。该馆在欧洲颇著声誉。京城内有一图书大学，有书籍十五万余册，写本千余册，珍本六千七百余册。惟欧战后经济颇受挫折，以致紧切工作皆不能进行。然其人民固有之精神不减于往昔，到处整饬清洁。伦敦、巴黎虽极宏富壮观，其实远不及维也纳之清幽雅静也。

七、结论

以上报告，自不免挂一漏万，然其梗概，当略具于此矣。总计此次会议，虽有表示不甚满意者，然代表如此之多，语言如此之异，美中不足，其势然也。荣总观全局，对于各国图书馆事业，有不能已于言者。

1. 国家必人民之赞助也

欧洲各地，其设图书馆也，必于其地有实际之功用；其倡某科学也，必于某科有充分之培植。视其范围之大小，以为贡献之比例。故其政府与人民，皆乐而赞助之。试一考其成立创办之经过，有由政府提倡保护奖励拨款津贴者；有由国民协作，乐于输将，以成大业者；更有由服务馆员，抱不折不挠之精神，作毕世不移之事业，以维持光大者。由此可知其国家与人民赞助图书馆之情况也已。

2. 努力于文化建设与保存也

欧美各地政府与人民，其所以上下一心，汲汲于是者，何也？曰，苟不欲立国于世界则已，如欲立国于世界，则图书事业，实为立国之先导也。夫国家之命脉，悬于文化，文化之来源，根于图书。不然欧美各国对于图书馆事业之讲求，日新月异，孜孜不息者何为也哉？且图书馆之功用，不仅当保存其固有，且须注重于将来。按科分类，各随所在，于是有专门图书馆焉，则其所搜罗者，为古往今来各大名人之发明伟著，以供专科学者之深造探求；有通俗图书馆焉，则其所采取者由浅入深，由粗及精，以引导普通民众阅览之兴趣。而图书馆得以担负保存文化建设文化之重任。

3. 注重不同也

各国各地之图书馆，往往因其人民之嗜好之不同，而注重亦异。如意大利则极端讲求古卷之保存；德国则注重科学；荷兰雅尚艺术；奥国性喜音乐；俄国酷好社会问题；英法多尚宏富与美丽。此皆深合其国情民情，亦惟有于此乃能得特殊之贡献。不然，所用非储，储非所用，亦何益哉。

4. 重视东方文化也

欧美各国图书馆，除尽力搜罗本地本国本洲之文化资料外，颇致力于他洲文化，尤以东亚为甚。查欧美各国图书馆内，大都设东亚图书部，主持该部之主任，类皆于东方文化，有深切之研究者也。于此可见其精神文明，物质文明，皆欲驰乎宇宙之内，不限于其本地本国已也。抑有进者，欧美外人于东方文化且若此。我国为东方文化之代表，独不思所以振兴之乎？是所望于国内各贤豪也。

5．人才之培植

各国政府或各大图书馆，大都设有图书馆专门学校，以培植人才。故其图书馆事业之发展也，管理也，往往举重若轻，由难变易，皆因其有相当之人才，以对付之也。我国图书馆事业，才属萌芽，百端待理。若无专门人才以扶持整顿于其中，发挥光大，难可与期也。深望我国政府及协会注意及此，或创办新校或补助旧有者，皆刻不容缓之事也。

6．图籍之收藏也

图籍收藏，古今叹其不易。然欧美各国，国家往往专具法令，严令国内出版机关，将其所出图籍，捐存一份或二份于指定之图书馆。如此行之久远，则国家图书馆收藏自富，可有取之无穷，用之不竭之快。于出版者无多大之损失，于国家文化之前途，得益匪浅鲜矣。

7．我国图书馆今后应取之方针也

查欧美两洲之图书馆，其注重有所不同者。欧洲之各大图书馆，大抵于图书多重在保存，于应用则多顾及专门之学者。美国图书馆，大抵于图书多重在普及，于应用则多顾及一般公民。盖欧洲有较长之历史与文献，美洲开国不远，因之所从之道有异。我国图书馆今后究当以何为归耶？荣以为，我国历史悠长，同时民智未开，于国立图书馆当以欧洲为法，重专门与保存；对公共图书馆当以美国为法，注应用与普及。如斯则文献可以不坠，民智可以增进矣。

八、附录

欧洲出版界发行图书馆学及目录学书目

List of Books and Periodicals on Library Science and Bibliography Issued by European Publishers

France

Anbrey:

Mourabit, Gustav. Le Livre et la Petite Bibliotheque d'Amateur

Otlet, P. & Wouters, L. Mauel de la Bibliotheque Publique. 2nd. 1923

Bibliotheque nationale:

Catalogue des dissertation et ecrtits academiques provenant des echanges avec les universities estranges et recus par la Bibliotheque nationale

Champion:

Delisle, L. Instructions Elementaires et Techaniques pour la Mise et le Maitien en Ordre des Livres d'une Bibliotheque, 4th ed.

Argues des revues, indicateru univerdel, contient des articles provenant de pres de 1,000 ravues francaises et etrangers.

Repertoire bibliographique des principales recues francaises

Dupont:

Richou, G abriel, Traite del'Adminitstration de Bibliotheque Publiques

Flammarion:

Cim, Albert Libre: historique, fabrication, achat, classement usage et entretien. 5v.

Constantin, L. A. Bibliotherconomie 2nd ed.

Marie, AManuel Pratique du Bibliothecaire. Annuire de la presse francaise et du monde politique v. 1. -46 per vil 16fr

Picard:

Maire, A. repertoire alphabetique des these de doctorate s letters des unice sites francaises

Rouveyre:

Rouvcyre, Edouard. Connaissances Necessaires a un Bibliophile 5th ed. 10v. 80fr

Soudier:

Annuaire des journau?, revues et publications perodiques parues a

Paris. V. 1-43 per vol. 3fr

Periodicals:

1. Association des Bibliothecaires Francais Bulletin
2. Bibliographie modern
3. Bulletin du bibliophile et du bibliothecarie
4. Polybiblion
5. Revien des bibliotheques

Germany

Borsenblatt fur den Deutschen Buchhandel (a daily paper) for booksellers only.

Adressbuch des Doutschen Buchhandels (A german booksellers' directory)

Sperlings Zeittschriften und Zeitung-Adressbuch (Press fuide and catalogues of German books)

Adressbuch der auslandischen Zeitschriften und Zeitungen. (Directory of foreign periodicals)

Deutsche Bucherverzeichnisse (German catalogues of books) three editions, weekly, half-yearly, and five year accumulations.

Das Deutsche Buch (The German Book) 3marks

Zeitschrift fur Bucherkunde (Quarterly)

Lists compiled by the Deutsche Bucherel:

1. Erschienene Neuigkeiten des Deutschen Buchhandels. (Daily list)
2. Wochenntliches Verzeichnis der erschienenen und vorbereiteten Neuigkeiten des Deutschen Buchhandles.
3. Monatliches Verzeichnis der reichsdeutschen amtlichen Druckchriften
4. Zentralkatalog der deutschen Privatdrucke.
5. Literarisches Zentralblatt fur Deutschland
6. Jahresberichte des Literarischen Zentralblatt uber die wichtigsten Neuerscheinungen.
7. The German language titles for the Jahresberichte fur deutsche

Geschichts.

8. The German and Austrian titles for the International Bibliographie der Geschichtes senchaften.

Graesel, Aruim:

Handbuch de Bibliotekslehre.

Archiv fur Bibliographie, Buchundi Bbliotekswesen.

Bibliographie der fremdsprachigen zeitschrifterliteratur

Schulze, Leipzig:

Deutscher zeitschriftern-katalog. V. 1-65 per vol. 10M

Fock, Gustay, Leipzig

Bibbliographischer monatsbe richt uber neuerschienene schul und universitatsschriftern. V. 1-39

Harassrowitz, Otto, Leipzig:

Jahrbuch der Deutschen Bibliotheken

Zentralblatt fur Bibliothekswesen

Great Britain

1. Grafton & Co.

Brown, J. D. Guide to librarianchip, 1909

Brown, J. D. Subject claasification . 6 th ed. 1914

Brown, J. D. Library classification and cataloguing.

Brown, J. D. & others. Open access libraries.

Peacock, B. M. A school and club librarian' hand- book.

Stewart, J. D. The sheaf catalogue, 1900.

Sayers, W. C. Canons of classification.

Sayers, W. C. Introduction to classification

Sayers, W. C. Grammar of classification. 3rd. ed.

Sayers, W. C. Manual of classification. 1926.

Copinger. H. B. The Elzevier Press 1927

Gardner, F. L. Bibliotheca Rosicrucian on occult sciences. 1923

Hulme, E. W. Statistical bibliography in relation to the growth of modern civilization 1923

Peddie, R. A. Conspectus Incunabulorum. Parts Ⅰ & Ⅱ

Peddie, R. A. National bibliography 1912

Lyyell, J. P. R. Early book illustration in Spain 1926

Peddie, R. A. Printing: a short history of the art.

Plomer, H. R. English printers' ornaments. 1924

Plomer, H. R. Wynkyn de Worde and his contemporaties.

2. Stanley Russell & Co.

Cannons, H. G. T. Bibliography of library economy. (The same work but of new rev. ed pub. By A. L. A. in U. S. A.)

3. Pitman.

Kaiser, J. Systematic indexing , 2v. 1911

Cope, E. AFilling systems. 1913.

4. Trenbner

Edweards, Edward Memoirs of libraries 2vols. (out of print)

5. H. M. Stationary Office

Board of Education. Scheme of classification adopted for the arrangement of the books on the shelves for the Board of Education Library. 1909

6. Clarendon Press, Oxford.

Jenkinson, Hilary, Manual of archive administration.

7. Williams & Wilins.

Bishop, W. W. Practical handbook of modern cataloguing

8. Routledge.

Brown, J. D. The small library

Savage, E. A. History of libraries

9. British Museum.

Catalogue of printed books.

Giles, Lionel. Index to Tu Shu Ki Tsen.

10. Royal society of London.
    Catalogue. Oxford Uni. Press
11. Mitchell.
    Newspaper press directory.
    Sell's world press v. 1-44. Per vol .

Libraries

Banker, E. A. The Public Library, 1923

Brown. J D. Manual of Library economy. 3rd Memorial ed. 1920

Cannons. H. G. T. Classified guide to 1700 annuals, 1923

McColvin. L. R. Music in public libraries, 1924

McColvin. L. RTheory of book selection. 1925

Williams, R. G. Manual of books selection, 1925

Brown. , J. D. Subject classification . 1914

Quinn, J H. Libraries cataloguing. 1913

Brown, G. E. Indexing. 1921

Clarke, A. LManual of practical indexing. 1905

Fovargue, H. W. Summary of the law relating to libraries. 1922

Library Economies 1909

Gray, D. County library systems. 1922

Rees, G. Libraries for children 1924

Roebuck, G. E. Primer of library practice 1914

Briscoe, W. A. Library planning. 1927

Baiscoe, W. A. Library advertising. 1921

Macleod, R. D. County rural libraries.

Library Periodicals:

1. Library (Transactions of the Bibliographical Society)
2. Librarian and book world (monthly)
3. Library assistant
4. Library Association Record (quarterly)
5. Library world (Grafton)

6. Library review (quarterly)

Holland

The Netherlandsche Bibliotheekgids (Dutch Library guide)

Bibliotheekleven (Library life) a monthly periodical.

Niederlandsche Bib'iothekswessen (in German)

Catalogue von Academische Geschriften (Catalog of Academical publication) (annually)

Het Book (concerning old books)

Amsterdam:

Openbare Lessmusea en Volksbibliotheken.

Hague:

Koninklijke bibliotheek Repertorinm op de nederlandsche tijdschriften

Italy

Rome:

Bolletino delle opera modern straniere acquistate dale Bibliotche publiche governative del Regno d'Italia

Filorence

Bolletino delle publicazioni Italia erecevute per dritto di stampa.

Bibliofilia

Milan

Elenco delle Bibliotche d' Italia.

Eivista di Lettrua (one of the best Italian bibliographical publications)

(见 1929 年《中华图书馆协会会报》第五卷第三期)

西欧图书馆之沿革

图书馆之有沿革，不独我国为然。即考之西欧图书馆之历史，其发源已较中国略早，欧洲古时，僧侣最占优势。凡读书识字以及教授编辑并记录皇室之事故与君主之语言，除僧侣外，无有任是职者。当兹僧侣盛行时代，一切书籍不外宗教大旨。故图书馆所藏，亦多在于寺院。古之埃及暨巴比伦，咸如是也。又如西藏之重要图书馆，实皆附属于神庙之中，亦其证也。近来考据家在立立维城，掘出最古之泥砖二万五千枚。此非普通之泥砖，乃即古时所用之书砖也（犹中国古之竹简）。图书馆之书册，咸制造于砖上。除此砖以外，别无所谓书籍也。砖上所记载，或为天文，或为诸神衹名，或为国王之谕诏及战事记录等类。以此观之，诚世界最古之图书馆也。考希腊时代，亦有图书馆。因希腊王宫之内，掘出一座古屋，中藏文史极多，有一文件上，记载埃及国之公使来朝，希腊国王拒而不纳，谓照旧例，应携带礼物。埃及之公使不服，乃翻阅前时朝贡记录，果有携带礼物之证据。由此一端观之，可见纪元前一千零八十年即有图书馆之设立。尝又考欧洲历史，波斯与希腊开战时，波斯将军沙克士克复雅典，见希腊图书馆非常羡慕。及战事终局，乃将图书馆之书籍器具全部搬至波斯。经二百年后，方才发还。由此观之，亦图书馆之甚早者。至于私家之藏书，如柏拉图、亚里士多德，搜罗书籍，颇称宏富。听学者浏览流观，毫不视为私物，甚可慕也。西欧图书馆最著名者，莫过于亚历山大图书馆。该馆为希腊前后两王妥落迷第一第二所建筑，规模宏伟，书籍甚多。其形式之壮丽，除罗马京都外，无有与之比伦者。内储之书册，有二十万至七十万之谱。为之馆长者，系著名之大学问家。有此图书馆，故一切文人学士，皆荟萃此间，以求学识。稽诸历史，足证一时之盛。其中书卷可以借出，不过须纳保证金。不幸于纪元前四十七年，凯撒焚毁海军兵工厂时，延烧及于图书馆，因之大受损失，实可惜也。

罗马强盛时代，其国内无所谓图书馆。后因战胜希腊，将希腊人士，掳掠归国，令之教其子弟读书，及写书之苦役。在当时视希腊人为奴隶，恐其无所事事，以此写书之劳动而已。迨至后世之文化渐启，始知书册之宝贵，乃将书籍置之公所，令人阅览。又恐书籍遗失，尽用铁链锁住，其意以为可看而不可携出也。欧洲中世纪，叠经兵战。故其时人民，或从事兵戎，或逃避兵灾，干戈扰乱之际，何暇读书。是以上下废学，民智不开，是为欧洲极黑暗时代，安有所谓图书馆者。然幸当时教皇势力极盛之教会中人，著书立说，藉延学脉，古籍赖以存留。是以教会之寺院，尚多藏书，专供修道僧侣阅览；而普通人民无从诵读。至一千九百六十九年，英伦教会之传教士，有勃内者，赴美传道，以美洲为新辟之国，书册当然不多，于是携带许多书籍，随处存储，至有三十余所，藏书至二五四五册，专供给教会中宣教士之用。现时美洲文明，未必非导源于此。至于欧洲之文化，时盛时衰，旋仆旋起，亦有可言者。因欧洲中古时代，日寻干戈，古籍荡然无存。自土耳其人攻取康士坦丁堡，希腊人逃回欧境，搜罗书籍，从事修纂；复得亚欧谕人之印刷物，争相仿效，著述日多。故书籍亦日富焉，而图书馆之萌芽又从兹而起矣。试就英德法美等国图书馆顺序言之如下：

英国国立图书馆，亦名博物院图书馆，即世界第一之图书馆。然当此图书馆未成立以前，其历代帝王，雅好文学，搜集图书，以备参政。复将加藤氏、哈列氏、石鲁云氏三家之书，合并王室中，渐多。然此时尚未公诸民间。至一六二四年，有管理人杜威者，决意以为管理者，不但为保存分派书籍之人，应受教育如传道之人；以所有书籍编辑适用目录，以供众览，为社会应尽之义务。此说一倡，人皆附和。直至一七六七年，始将王室书籍，悉纳诸博物院中，为国立图书馆成立之始。然此时之图书馆，犹未完全发达。至一七九七年，有意人潘内植者，为世界最崇拜之图书馆馆长。潘氏本意国政治家，其政见与本国人不合，乃游英国，充意文教习，得与英国政治家相结纳，政见亦颇合，被选为图书馆副理，遂益研究图书馆之办法，陈说图书馆利弊，为英人所崇拜。次年升管理，专任印刷图书事，开始编辑目录，呈请英政府每年加经费十万元，定实行版权法，并定凡领取版权者，须尽赠新书二部之义务，以供同好。更游历各省，运动捐赠书。有古然非者，捐最精美之书二万册，皆潘氏劝导之效果也。潘氏至一八五六年卒，英人思其功德，封爵以酬之。然则英国图书馆，潘氏以前，图书馆事业未尽发达；潘氏以后，苦心经营，力图进步。馆中图书增至三百余万本，至今称为世界第一图书馆，则谓英国图书馆发展史，即为潘氏一人之历史可也。虽然吾不但钦佩潘氏之热心，吾更当钦佩英政府之宏度。以外国之人，初至英伦，始任之为副理，继任之为馆长，增巨款购书籍，听其所为，不掣其肘，俾得大展其志。其内部之组织及发展之计划，倘使当日者英政府稍存国界意见，不用外国之人，则英国图书馆万不至有今日之盛。所以学者为国家办事，无论何国之人，但能于我国有益，皆当信任，不可稍有歧视之心。楚材晋用，我国诚有先例，不可不知也。其他编辑目录规则，亦皆潘民一人之力。故英国图书馆中，不但书册宏富，雄超天下，而内部布置之细密，亦非其他图书馆所能及也。

德国柏林国立图书馆，即皇室图书馆。其始以寺院所藏书籍，略加扩充。厥后战胜各国，尽力搜罗，图籍益渐增多。一六五〇年，国立图书馆始告成。惜当威廉第一时代，专尚武备，不事诗书，将图书馆购书经绝，移置他用（从前中国教育经费，亦颇充足，后因军事屡兴，至移教育经费作为兵饷，此中外所同慨也）。馆长薪金，遽令停止。延至一七四〇年，馆内空存图书七万余卷，渐就荒废，可谓图书馆极堕落时代矣。至佛悦底克崛兴，性嗜读书，改定方针，力矫前人之失，经五年之久，锐意振兴，苦心缔造，德国图书馆遂有名于天下。盖佛悦底克，本好学之士，兼嗜图书馆事业。不时以所有同类之书卷，均分五处陈列，俾每日所到之处，皆有书供其浏览。晚年精力就衰，以笨重书本，改为数本，俾之轻便，其取携不致费力，是其好学之心，至老弥笃。法皇拿破仑，慕其风范，聘其所信用之馆长，仿效其规模。至一九〇〇年，柏林皇族图书馆搜罗之书籍，共计一百五十万本。抄录之书，多至四十万本。关于亚东之书，亦四千余部。盖德国国力宏富，故图书之馆之多，得与各国抗衡也。

美国建国最晚。当一千八百零三年，堪奈地克省城内，始设乡村第一图书馆。各学区学校内，亦附设图书馆，专供成年学生之参考。纽约立法机关，始认定学区内应设图书馆。佛阑克林始倡办募捐图书馆准人民公共阅览。于是纽约，波斯敦圣路伊之热心技师，纷纷募集捐款，设立图书馆。以备工厂技士专门研究。普通人亦许入览。自是图书馆由闭塞渐近开明矣。然此不得谓为公共图书馆也。至一千八百七十六年，美国图书馆协会成立，始知图书馆为公共人民谋利益，持开放主义，使人人感受阅书之益，知用书之法。特提议如下：

（1）由地方拨给公款，建筑公共图书馆，使人民自由取书阅览，不加限制，以期教育普及。

（2）专设幼童图书馆，供一切幼童入室阅览，养成自少乐于读书之习惯，为成年学问深造之基础。

（3）设学校图书馆及支馆游行馆，广搜学校应用之书籍图画，使在校者增长其学，即退校者亦可补助其学业。

以上提议，原持开放主义，以期普及利益，然当此时，风气未开，而反对者实占多数。议论纷纭：谓人民自由取书阅看，书册终归散佚，图书馆势难久存；谓幼童无看书的能力，徒在馆内嬉戏玩弄，扰乱他人心志；又谓学校图书馆侵越教育权限，教员讥其引诱学生外出，不得专心学业。此种论调，一倡百和，颇为进行之障碍。然反对愈多，而当事者实行愈力，不因外界抵制，自隳心志。率至一千八百九十五年，费省开办公共图书馆，纵人阅览，人民全体赞成，毫无异议。先是一千八百八十五年，幼童图书馆请纽约提倡实行，当时倡办董事一部，人反对极力。至于一千八百九十五年，仅于普通图书馆内附设幼童阅览室。至一千九百一十年开始建设图书馆，专供幼童阅览之书册多至十五万卷，每年借出之书多至一十万卷次。不但幼童得阅书之益，且与幼童之家人以阅书之机会。至学校图书馆搜集学校应用之书，供师生参考，实能补助教育所不及。至一千九百零六年，学校与图书馆遂成交通机关，有密切之关系矣。

（见1930年《文华图书科季刊》第二卷第二期）

西文编目参考书

一、序言

在这一次的季刊上，我所登载的《西文编目参考书》，我要先向阅者申述和道歉的，就是我事先没有预备要做此篇，也可以说原来不愿意做此篇；但又终究不能不做此一篇。可见我是被动。其中疏漏之处，想是很多的。这勉为其难的问题在哪里呢？

第一，毛坤君在一卷四期载有《中文编目参考书》一文，并允续作西文编目一篇。但他一面因事务纷纭，另一面因我任本校编目课程一科，他就触景生情，要我代拟此稿。我处此义不容辞之间，只好准其所嘱，亦了毛君之悬案了！

第二，临编时我就想到图书馆的进步，真有一日千里之势，而编目实为图书馆重要的工作。中学及大学图书馆，因其需要，不但应备中文书籍，而西文书籍尤应广备，以便参考。既有这样的需要，则西文书籍，势必有整理之必要。所以很愿意做这一篇以供阅者之参考。但是工欲善其事，必先利其器，我本着什么适当的材料来叙说呢？这个困难的问题，我想研究编目法的，都不免有这几件：

（1）编目规则，美国约有十余种。

（2）标题总录约有四种。

（3）分类约有七八种

似此分门别类，各执一法，究竟何书应备，何书从略？如此只好按着个人编目的经验，觉得有几部不可少的编目参考书，将其用法简单叙述如下：所举者皆兴以 123 等号码，于文后按照号码，注释原文名称、著者、出版格等。

二、查字义所用之书

查字义所用之书就是字典。编目时何以需用字典呢？需用字典之理由有三：

（1）在编目。时常遇有生字，若无字典以为根据，则不知其所言为何义。由是对于该书分类，与选择标题均无所凭藉。故字典实为编目时，可资助用之一大工具。

（2）有时因某字过长，而卡片之位置有限，若因一格不能容，势必省写或分段，省写及分段的法子，只有字典才能告诉我们。

（3）如遇有标题不甚醒豁之时，尤必查考字典，以确悉其意义。

适用的字典有哪些呢？字典之种类甚多，在英文字典中寻常适用者要推：

1.《韦氏大辞典》

2.《标准英文辞典》

这二部字典的功用：《韦氏大辞典》字义准确，界说明显，并附有人名与地名，标准的读法，及写字印字的符号。《标准字典》最注重现世与普通字义，惟求改良及拼音之各种新方法，及反义字与同义字，并附有改良拼音规则、户口统计与外国成语之意义。此二种字典价目较为公道，亦甚适用。还有最近出版的《英汉字典》亦须备置一部。商务印书馆所出之《综合大字典》二册可用，因其出版最新又有综合各家字类最准确之意义。其功用实比中文《韦氏大字典》为适用。此外，如《法华字典》《德英英德字典》《法英英法字典》，尤须略备一二，以为参考。

三、查人名所用之书

在编目时，第一部工作，就是查考人名。为什么对查考人名视为重要呢？因为著者款目，实为目录中之重要款目，名为正卡，其他副卡，都由此卡抄录而来。然在著者中，有用伪名的，有缩写的，或仅用字母，这是西人多有的惯例。若查考疏忽，关于某著者之著作，四散分置，不能聚集一处，则必失却目录之功用。故未编前，先查其常用姓名，以为定准。再者查考著者号码时，亦须视查著者姓名，是否完全。因为著者号码表上，所有号码大小，皆与著者姓名有关系而编制的。寻出其姓名，方可确定其号码。但是这些困难已得了相当的解决。因为他们已著有专门人名辞书、伪名考等书。而且对于著者姓别，以及音乐家、科学家等，在普通人名辞典找不出来的，亦有专门字典以资查考。希望我们中国图书馆界亦有这种字典出现才好。但是应用的时候，须要了解其内容及方法，方不至白费时间。兹将查考是事所用之书，略举其重要者数种如下：

3.《英国人名大辞典》

此书集英国各种传记参考书之大成，不但记载英国之显耀贵族，凡是在英国的事业上有贡献的，均皆详细记载。论其功用：

（1）要查英国著者名，在别国传记参考书上，当难查出，势必在英国之传记书内寻查。

（2）英国有好多著作家受了爵位，他就放弃其为平民之姓氏。当编目时若不查考，势必别为二人。他的著作，亦必分散各处。英国著作家，因封爵而舍弃其姓名，著者名常有因爵位而更换者，在此书内亦可查出。

4.《英国谁是谁》

此书与美国谁是谁，有相同的性质。然其范围较广，消息更近。即以此书一年出版一次，不但记载英国著名人，并且在美国的，或欧洲其他的国家，也有略录的。

5.《美国谁是谁》

此书的长处：

（1）搜罗广博，每二年出一次，陆续不断，现已出至十八期。凡在美国之各界中，有一艺之长者，即行录入。

（2）关于美国最近之出版人，他种传记尚未收入者，此书既行录备。

（3）在近来某著作人之已死，此书亦即录记。

不过此书因范围过广，故其叙述甚略。当在编目近代所出之书籍，他书无从查考者，往往能在此书中查着。欲查最近人物之消息，此书诚为不可少者。

6．亚皮顿《美国人名大辞典》

这部书的功用：

（1）包括美国自成立以来，所有建立共和元勋，以及做各种事业的男女们，无一不据情录载。所以在编目时，常有备为参考者。

（2）有时关于某著者或有伪名，亦可查出。

（3）对于作者生与死，可以查考。

此书之用途甚广，一则可以作为美国传记参考书；一则可以用为编目查考美国著作之工具。所以此书在多数图书馆参考室内设备者多。编目室，如无美国目录，或他国之目录，可以备用此书，作为参考。

四、查出版人所用之书

查出版人的用意，就是要知道此书为何人出版，即可知其代价。这是编目时所应注意的。故必将出版人写于出版格上。然出版人的名字，有相同的字，可以省去而无损的，如书店，书局、印书馆等。须知出版格的范围有限，而工作的时间，尤应爱惜。当然对于共用而不关紧要的字，可以简去。西书更是如此。出版人名多应简的，且有简的标准。编目的书往往附有省略的名称，以免分歧。如以下三书中，皆有此项规则。

7．《美国图书馆协会所编之编目规则》

8．《腓脑氏所编之编目规则》

9．《美国国会图书馆所编之编目规则》

五、查出版地名所用之书

查地名，在中国可不必要。因为中国地名，无一字可省。在外国则不然，有许多地名字母很长。为编目时间经济，与地位经济之故，遂有将出版地汇集，定一个省写的标准。使各图书馆一致适从。所以在几本编目参考书或目录内，有固定省简的写法，俾期划一。此项书，不单举，见后所举编目规则及目录中。

六、查无名伪名氏之书

中外出版的书籍，常有匿名，或寄托伪用者。此在编目上，极感困难。势必立一标准，以为执中之见。其标准为何？乃在编目时，将无名或伪名查考精确，用时划一。以下参考书，可为之助。

10. 顾兴氏所著《无名氏考》

此书系将英美无名氏著作家之姓名，一一考出，后附以书名索引。只要知道书名。就可得着著者姓名。

11. 顾兴氏所著《首字母与伪名考》

此书最为重要，因其将许多著者，仅用首字母或仅书伪名的，一一考出成为此书。此书以英美伪名为主，其他各国伪名，亦间有之。本书分为上下两篇：上篇首字母附真姓名。下篇系于真名之后，附以伪名或首字母，并有简短之传记。

12. 哈喀特氏所著之伪名辞书

此书名为《大英国无名与伪名辞典》。别附外国人的著者，或用英文写的，或用英文译成的。在爱丁堡出版，共有四册。价系十七元。此书全依字母姓氏排列。著者名以小楷字写印成，来源及考据则用斜体字印成。此外附有著者名伪名索引，又有著者索引。其考证甚为详备，故图书馆能备一部，其补益必匪浅鲜。

七、查书名所用之书

编目时，书名似乎可不必查，因为任何书籍，必有书名，照书抄录好了。但是我们知道，一书之中，记载书名有三四处。如书签，如表题，如封面，如每书正文起头的地方，如近日出版书籍之版权页，究以何者为准？于是不得不查考书名，以求一是。足供查考正确书名之书甚多，如：

13.《布鲁列氏普通目录》

此书解释甚精，而搜罗亦早。至其特点：

（1）关于罕本，古本等类之书，充分收容。

（2）对于各书内之特点，讨论最详。

（3）论拍卖贵价之书甚详。

14.《古拉塞氏普通书目》

此书之性质与布鲁列氏所著，大致相同。其异点为：此书收罗德国之书最多，正如布鲁列氏收罗法国之书最多一样。以上二书为普通目录，不限于时间、国别及题目者也。

15.《美国图书馆协会图书馆目录》

此书在一九〇四年出版，由杜威主编一手计划，内面所选的书，约八千册。选择书籍的人，协会委员会担任。委员长乃一学者拿恩。除由委员负责外，另有许多专家，介绍评论。编目与整理的工作，即由纽约省馆员们担任。各种费用，一半由协会，一多半由美国国会图书馆，并由他们付印与分发。此书分为上下两篇：上篇为分类目录，下篇为字典式目录。如要得着某类之书，则查考上篇。如寻某某著者所著之书，则查考下篇。至其功用：

（1）为购置书籍的指南。

（2）为引导读者，选择读书的门径。

（3）指示人对于（研究）某种问题最好的书。

（4）可视为小图书馆印刷成册的目录。

（5）亦可作私人藏书家目录。

（6）能为个人已阅某种之备忘录。

然其编目之用更广：

（1）凡在此目录中已有之书，皆已分类。其分类方法，一用杜威十进分类法，一用克特氏展开分类法。所以任何图书馆在编目时，可以采用。

（2）不但有分类号码，并有适当的标题。此为编目时选标题之一助。并载有美国国会所印之目录卡登记号码。

（3）关于书之性质，有何等功用，并附有几种符号，以资评判。举类分科，意义简明，使读者不难了然于心。

（4）对于著书人、出版地以及丛书等多用缩写方法。因此，编目的馆员们，多视为参考书中之一宝筏也。

一九〇四年至一九一一年，这七年之间，增订三千余册。选择者，除馆员七十余人外，还有其他专家百余人襄助其成。此版与上所述相同者外，并有著者索引与标题索引。若欲某著者所著何书，由著者索引一寻即得。若想关于某标题有何，可由标题索引一查便知。

自一九一二年至一九二一年之间，又有二次增刊，约增四千余册。凡标题分类，及美国国会图书馆所印目录卡登记号码，皆一一备载，至其异点，如某书面数在五十面以内，或过五百面以外，则载以面数。

至一九二六年，则载以面数。

至一九二六年，遂将自一九〇四年所著录者，与以后其办法与前无甚差别，不过业已绝版之书，不再著录而已。凡图书馆都应当将此书目购备。其书后面，并附有出版界一览，以备购备书籍时查阅之便。

16.《美国图书目录》

此书凡美国国会图书馆所藏之书，即一一录入。其余如坎拿大由欧洲所舶来书籍，以及美国各大学各学会，及政府出版物，皆搜罗著录。初版在一九一二年为 H. W. Wilson 公司所出，以后陆续出版，至一九二八年则重行汇集。虽齐价值金洋陆拾元，然其用途最广，故有多数图书馆，不购他种目录，而只备此目录者。后附有英美出版处，二千余所。但须注意者，此书并非为选择书籍而编制，如《美国图书馆协会目录》，故无提要。其所用编目方法，则采用《国会图书馆编目法》。

17.《英国图书馆目录》

此图书馆目录，系以英国出版书目为本，他国亦间有之。排列法完全以著者书名为次序，附有各种学会出版物、印刷工人协会及其他协会、藏书家与出版人、丛书，及图书馆一览，共印七大册，自一八八七年起至一九〇五年止。以后每年一册。欲寻某年英国出版之书，可在某年内清查。若不能全行购备，则可购最近出版者，以观其概要。

18.《英国博物院图书馆目录》

世界伟大的图书馆，其目录可为鼎峙者，即《法国巴黎国立图书馆》《美国国会图书馆目录》及《英国博物院图书馆目录》。《英国博物院图书馆目录》编制的方法：

（1）乃一著者目录，而非标题目录与书名目录。

（2）对于译者，在其编译之下，没有法则的记载，只有“见”原著者参照法。

（3）关于经典之书，及圣教、可兰经等，则附圣书之下。

（4）对于校对书名有一种分析法，极便查考。此外则另有一册标题索引，其用处甚大。

19.《法国巴黎国立图书馆目录》

世界著名之图书馆，而号为巨擘的，即法国巴黎国立图书馆。故其目录，当亦称浩大。陆续出版已近有百余册，但尚未及一半。至何时告竣，尚不可知。此目录之功用甚广：

（1）记载特详。

（2）关于某著者所著的各书，依字母次序一一写于该著者名下，以便寻查。

（3）附有书名索引，不但载有某书，而且将某书在某全集上第几册，尤有书名或更换或替名的，亦由索引内载出。此目录有益于编目员，及其参考工作，不可限量。

20.《布朗目录》

21.《司徒得目录》

22.《塞叶氏目录》

以上三种目录为活页式目录。这种目录的组织，一方面为卡片式，一方面为书本式目录。因书目都编制在卡上，成为卡片。但是每卡上不仅载一种记载，乃是收某著者所有著作，或在某标题下所有关于该标题的书籍，都载在卡上，颇为便利。然后将这些卡依次排列，以硬壳用螺丝钉夹好成为一书，若要查书，就在此书上去寻。

八、分类所用之书

编目必须分类，然而功用各有不同。何谓分类？就是把同类的书归于一类，且予以一定的号码。何谓编目？就是把一本书的构造完全介绍出来。可见这两桩，是有区别的，而又有不能分离的关系。论到分类法，有自行创立的，有采取别人的，各有意见，姑且不论。其要点在：

（1）适用

（2）明晰

（3）要因各馆性质，将来的发展，不被束缚。要附有索引。

兹为编目参考起见，特为介绍几本西文分类的书如下：

23.《布鲁塞分类法》

24.《卡特展开分类法》

25.《杜威十进分类法》

26.《瑞嘉森分类法》

27.《比利时分类法》

28.《美国国会图书馆分类法》

九、查标题所用之书

在编目时，另有一重要问题，就是标题。为什么呢？如一本书的书名或著者名有时忘记，但对于主题，则决不会忘记的。不过编目最感困难的亦是标题。固编制著者及书名目录，可有一定规则规定之。标题的意义，即包括一部分书全部的精华，用最简单而明显的字句标出。使人一见标题，则知此书的内容是什么。标题既与书的关系如此密切，故采取适当的标题的工具，以资利用。这类的工具，只有美国独有的。如：

29.《美国图书馆协会标题总录》

此书为美国出版的最早标题总录。在未出之先，美国各图书馆所用的标题，各有不同，用法不一。于是协会为谋统一起见，特组一编辑标题委员会，担任此项工作。由此征求意见并发出多数问题，希望各图书馆将历来所常用适当方法，编成一部标题总录。至其所编的标准：

（1）所编的标准必须适合公共图书馆之用，所以注意普通，而不注重专门名词。

（2）所选的标题，可供二十万册之图书馆使用。如为较大图书馆或专门图书馆，则可不必采用。

（3）必须附“见”及“再见”参照法。

（4）此书因篇幅的缘故，未能将世界各国尽行录入，只载美国一国以为模范。在美国之下，附有最详细最完备之应用细目。如欲查其他国家，则在美国标题之下细查，可得一助。但其用法须要明白：

a. 此标题，因为标题指南，决非一成不变的，例如在某标题之下而有“再见”参照同类标题等，或其他标题。若图书馆尚无此类材料，不得引用。

b. 关于名词，其间记载虽多，但有旧名词不适用而新名词未及录入者，则可随时加入改变应用。

c. 在此书内，有未载的如人名、地名、算术方法、动物名词及战事等。

d. 在此总录中，标题仅印一面，留一空白一面，以便随时加添他处参考而得来之标题。曾经采用之标题，可作记号，以为统一之准则。

30.《美国国会标题总录》

在供给国会图书馆之用，而非为公共图书馆之用。故聘有各科专家，制定各项专门名词。而且在标题下之细目，极其详备。其篇幅数倍于美国图书馆协会所编辑者。每标题之下，附有国会图书馆分类的号码。然人名地名等，亦未收入也。

其余尚有以下二书，亦所必知：

31. 满氏所著之《儿童书籍标题法》

32. 西尔氏所著之《小图书馆标题法》

十、制片所用之书

制片有几桩事情要注意的：

（1）记载事项要规定一定方法。

（2）用何方法记载。

（3）对于著者目录、书名目录、标题目录、分析目录，各种目录所记载者要有区别。

（4）对于采取目录的格式，要事规定，方能一定。

足供参考者有以下各书。

33. 英美图书馆协会合编之编目规则

是书为供英美两国各图书馆编目之用，由两国图书馆协会合议编成。其中大部分均系采纳美国国会图书馆实验编目之法。故其书非尚空谈，最资实用。近日本及我国图书馆编目之法，亦多有采取之者。

34.《美国国会图书馆编目规则》

此目录编制规则，录载极其完备。一面采集各家的方法。大致根据美国图书馆协会所编《英美两国公认之编目法》。对于出版格、书体格、丛书注等，有未足的则补充另印成册。

35.《克特氏字典式编目规则》

此书一八八七年出版，只有八十余面。二版出版于一八八九年，有一百三十余面。三版一八九一年出版，有一百四十余面。三版颇多增改，并附索引。四版一九〇四年出版，有一百七十余面。四版都在美国教育部代印，自此书出版后，影响美国各图书馆之编目方法甚大。良由其用科学方法解决编目之事，而成为一有系统的组织。对于各种书籍编目，均有一定之规条，绝不含混。

（1）凡机关与团体方面为著者，有一定之方法。

（2）选择标题，如何重要，宜用何法，或字不同而意同，如何应付。举一概百，条例极详。

（3）稿本、音乐、地图及排列卡片等等，都有规条，以期划一，而无疑问。

36.《腓脑氏编目规则》

此种编目法，因其时机适宜，在各大图书馆编目法使用之后，故能采其精，以集大成。此编目法的功用，关于“底本”之研究，“见”及“再见”参照法格式之规例，皆有详细的理论。并对于出版格、书体格各事项，讲解细致。近来好多图书馆学专科学校，采为教材。惜其书中无有问题，以帮助其解决。

37.《赫其勒小图书馆编目法》

此书出版于一九二六年。其编目事项，颇为简略。如出版格及书体格，几没有提到。但其长处：

（1）关于编制分析目录，讨论甚详。其意及小图书馆各种书籍不能完全购备，势须将馆所有的尽量分析出来，以便人用。

（2）标题卡宜选用何种名词，举例亦多，可以帮助人如何编制标题卡。

（3）关于著者伪名与真名，附有一个一览表，便人检查。

（4）有选定的一百五十册书的标题，以作参考。

（5）对于编辑和合订之书，举例亦甚完备。

据著者自述，谓其书完全由历年编目之经验，汇集而成。所以除多数公共图书馆与小图书馆外，亦有图书馆专校选为教本的。

38.《杜威氏著者目录与分类规则》

此书为美国哥伦比亚大学图书馆所报的规则。不但对于编目方法有所贡献，而：

（1）对于图书馆总登记方法与编制书架目录，亦为详备。

（2）对于所附印之卡片目录图样，皆有说明。

（3）关于省字与缩写方法，如出版地、出版人、人的名号及所常用字，都有一种方法，教人如何省略。

（4）用许多颜色的卡片，以代表几个国家。

（5）并照编目所试用各种符号，以代某字当省，某辞当略，以及应编制何种副卡，均用符号记于书题页上，以示取舍。

39.《纽约省立图书馆专科编目规则》

此种编目规则，系为编目中一种教材式的规则。故多以教员之眼光来做编目事业，以便学生们将来如何编目。所以对于编目规则，极其精详。

40.《凯撒德文编目法》

此书系一德国最早编目书籍法。除了编目之外，尚有指导方法：

（1）如何整理书架上书籍。

（2）如何写书码。

（3）如何编目，尤其对于无著者名的书籍，讨论甚详。

（4）书若有双名的，应如何编目，则附图表以指导之。

41.《得乃耳编目法》

此书系法国一种编目书。非只可为编制普通书籍之用而已，凡古本、抄本等编目亦用之。附有各种图解。已由法国教育部长，令知全国，以存古本等编目的采用。美国亦在一八八八年，已登于《图书馆学杂志》上。

42.《昆伦图书编目法》

此书为英国书重要的最有系统的目法。第二版在一九二三年出版。

（1）对于贵族人，与已封爵位的人如君王等，所有著作如何编目。

（2）对于无著者名之书籍，应如何编目。

（3）对于编目史讲解甚详。

（4）最后关于印刷及校对方法，及印刷各种符号如何改正与缩写等等，多有贡献。

43.《宁得飞氏编目法》

十一、规定写法之书

写法有几个问题为编目所规定的：

（1）写法要整齐雅观，不得潦草。

（2）字体有分有合有连缀。分体连缀字各有不同，未编目前，必须采一种。采定后，始终一致。

（3）若用打字机，制关于著者、书名、标题、出版书体格、目次及附注等位置如何。

（4）须要印刷的，印刷目录时，亦应特别注意。凡关于字之体裁、字之大小、轻重、纸张、留边、各种目录之样式及方法，皆有规定。

关于此项规则可参考：

44.《美国图书馆协会编目规则》

45.《杜威图书馆学校卡片目录编制法》

十二、排卡片所用之书

卡片排列，自表面上看，似乎无关紧要。卡之编制，如何精确，如何完善，并合乎编目的规则，若是没有一定排列方法，终是为山九仞，功亏一篑。因为寻找不易，必费时间。卡制之后，最要解决的，就是推列顺序。或用笔画，或用四角号码，或用其他方法，都是要决定的。不然目录的功用，就不发生效力。至于西国文字，都有字母，这个问题，已得解决的十之八九。但是排列卡片时，仍有困难。例如：

（1）著者名前有 m，mc，mac，或 st，ste 等，以及著者、标题、书名及其他副卡之名相同者，如何排列？

（2）“再见”参照法，排在标题前或是排在后？

（3）书名有形容词，排列时应顾及否？

（4）著者所著各种书籍，如何保存他们的次序，方能便利寻找？

（5）如著者人，既有著述，又有译著，及注释，亦应如何排列呢？

总之，这一些的工作，都是编目中应注意。如卡之排列的次序不得其法，即与编目上即发生莫大的障碍。然则排列法如何？势必须依排列书所指导方法，以为进行标准。兹列举排列书如下：

46.《卡特字典式目录编目法》

47.《赫其勒小图书馆编目法》

48.《威尔生学校图书馆管理法》

十三、定购印成目录所用之书

世界上最著名印成卡片目录有二处：

（1）瑞士楚里启图书馆（Zurich）。专门科学，如动物、生理、剖解、古生物学、生物学、显微学、各类图书及杂志印有详细目录卡。

（2）美国国会图书馆。范围更广。惟每卡只印一张著者卡，若用为书名及标题卡时，可自行加上书名及标题，印成各种目录卡。如要购置，可抄国会图书馆目录卡号数，并书明购买一定之公式。其公式即代表每卡需要之数目。这种公式可写在纸卡上，然后再把纸片都按其数先后排列。这种号数可在以下之各种得之。

49. 哈士丁，《美国国会图书馆卡片购订应用法》。

50. 美国国会图书馆卡片分配法。

附录：西文编目参考书

1. Webster, M. International dictionary of the English language. Merriam, $15.00.
2. New Standard dictionary of the English language. N. Y. Funk, $18.00.
3. Dictionary of national biography. 1-63v. Dictionary Contemporary.
4. Who's who 1930-1, an annual biographical dictionary, with which is incorporated "Men and women of the time." 45s.
5. Who's who in America, a biographical dictionary of notable living men and women of the U. S. .
6. Appleton's Cyclopedia of American biography; ed. By J. A. wilson and John Fiske. Appleton, 1888-190. 7v. illus.

7. A. L. A. Catalog rules：Auther and title entries. Chic. A. L. A. , 1908. $0.60

8. Fellows, D. Cataloguing rules. 3rd. ed. N. Y. Wilson, 1926. $4.00

9. Library of Congress. Special rules on cataloging . To supplement A. L. A. Rules. Library to supplement（also cards.）

10. Cushing, W. Anonyms. 2vols N. Y. Low, 1890. &10.00

11. Cushing, W. Initials and Pseudonyms. N. Y. Low 1885. $8.00

12. Halkett, S. and Laiing, J Dictionary of the Anonymous and Pseudonymous Literature of Great Britain. 4vols. Edin. Patetson.

13. Brunet, J. C. Manual du Libraries with supplement 8v. Paries, Didot, 1860-80.

14. *

15. A. L. A. Catalog, 1904.
…,1911.
…,1921.
…,1926.

16. U. s. Catalog. Books in print. 1928. $60.00

17. English Catalogue of Books.

18. British Museum. Catalogue of printed books. Lond. Printed by Clowes, 1881-1900. 393 Pts. In 95 v. 35cm. £ 84. O.P.

19. Paries. Bibliotheque Nationale.

20. Brown, J. D. Library Classification and Cataloguing. Lond. Grafton, 1916. 8s

21. Stewart, J. D. The Sheaf Catalogue：thecompilation of manuscript catalogues for public and private libraries. Lond. Grafton. 1909

22. Sayers, W. C. and Stewart. J. D. The Card Catalogue. Lond. Grafton, 1913 7s.

23. Brussels, Institute International be Bibliographie. Classification Bibliographique par matieres（classification decimale）1905.

---

* 原文中此项空缺,尚待考证。

24. Cutter, C. A. Expansive Classifiation. Bost. Library Bureau, 1906
25. Dewey, MelvilDecimal Classification and Relative Index for Libraries and Persnal use. 12 to ed. N. Y. Lake Plasid club, 1922. $12.66
26. Richardson, E. C. Classifacation: theoretical and practical. N. Y. Scribners, 1912 $3.00
27. Belgium. Institute International de Bibliographie. Classification Bibliographique Decimale.
28. Library of Congress Classification.
29. A. L. A. List of Subject Headings for use in dictionary catalogues; ed. By M. G. Brigges 3rd. ed Chic. A. L. A., 1911. $2.50
30. L. C. Subject Heading sused in the Dictionary catalogues of the Library of the Congress led. By M. W. Macianr. 3rd. ed. wash. Gov't ptg. off. 1928
31. Mann, M. Subject Headings for juvenile books. 1923. 112p.
32. Sears, M. E. Subject Headings for small libraries. 1923. 183p.
Sears, M. E. Subject Headings for small libraries. 1923. 2nd. ed. 1936. 415p.
33. Catalog rules: author and titles; Comp. by Committes of the American Library Association and (British) library association 1908. 88p. A. L. A. $1.00
34. Library of Congress Special rules on cataloguing. To supplement A. L. A. Rules. "Library to supplement" (also cards)
35. Cutter, A. A. Rules for a printed dictionary catalogue. 89p 2nd ed. 133p. wash 1889.
3rd ed. with corrections and additions & index. 146p. wash 1891.
4th ed. 173p. wash 1904.
36. Fellows, J. D. Cataloging rules. Prepared for the course in elementary cataloguing N. Y. S. L. S. 181p. 1914.
Fellows, J. D. In elementary cataloguing N. Y. S. L. S. 2nd. rev. ed. 303. 1922
37. Hitchlor, T. Cataloguing for small libraries. 1915. 316p.

Hitchlor, T. Cataloguing for small libraries. 3rd. ed. 316p. 1926

38. Dewey, M. Rules for auther & classed cataloges as used in Col. University Library with 52 fascimiles of sample cards; with bibliography of catalog rules. 72p. 1892

Dewey, M. Simplified Library School rules. 1898. 96p.

39. N. Y. (State) Library School Cataloguing rules. 1902. (Bulletin)

40. Kayser, A. C. Uber die manipulation der einrichtung einir bibliothek & der verfertigung der bucherverzeichnisse.

41. Delisle, Leopold. Instructions pour la redaction d'um inventarie des incunables conserves dans les bibliotheques publiques de France.

42. Quinn'J H. Manual of Library cataloguing. 1899,

... Library cataloging, 25p. 1913

43. Linderfelt' K. A. Eclectric card- catalog rules. 1890.

44. A. L. A. Catalog rules; Author and title entries, Chic. L. A., 1908. $0.60

45. Dewey, M. Library School Card Catalog rules , Boct. Library Buresu, 1894. $1.00

Dewey, M. Simplified Library School Rules , Boct. Library Buresu, 1904. $1.25

46. Cutter, C. A. Rules for a Dictionary catalog. 4th ed. Wash. Gov't, ptg. off., 1904. $0.40

47. Hitchler, T. Cataloguing for small libraries. 2nd Rev. ed. Chic. A. L. A. 1926. $2.50

48. Wilson, M. School Library Management. 4th ed. N. Y. Wilson, 1929. $1.75

49. Hasting, C. H. Library of Congress Printed cards; How to order and use them free

50. Library of Congress, Card Division. Handbook of card distribution. Free.

（见 1930 年《文华图书馆科季刊》第二卷第三、四期合刊）

调查江西省立图书馆报告书

敬启者：前奉　大札，派荣往南昌调查江西省立图书馆。闻命之下，惭惧交并。已于十七日呈上一函，谅邀洞鉴。于十八日启程，二十日抵南昌，亦经电告。二十二日动身回鄂，二十三号抵汉。计在南昌有一日半之勾留。除与馆长欧阳祖经及办事人员共十余人询问外，并经详细调查。兹将该馆情形报告如下：

1. 馆址。馆址在百花洲（乃南昌一名胜之地）湖滨，为省政府教育厅所拨给。地点适中，风景优美；诚灌输文化，研究学术，涵养品性之绝好地方。

2. 房屋。房屋系新建新式之三层楼房。宽敞宏大，光线亦好。由省政府拨款五万元为建筑费，现已落成，尚在油漆中。预计月余后，即可举行开门典礼。内部有阅览室三间，会议厅及办公室等，亦甚为完备。后面有五层楼书库一座。两旁又各有二层楼房屋一座，一为办事人员住所及食堂，一为儿童阅览室。

3. 基金。该馆已有基金库券十一万元。每年息金，如作六厘计算，有六七千元，拟作购备书籍之款。现有积年息金共一万八千元。教育厅已批准一万元作为购备书籍之用，余八千元即为新馆现时之设备费。又南昌卫戍司令部张辉赞司令指拨刘焕衢捐款一万元，以四千元购置西文书籍，六千购置中文书籍。现已陆续到馆，一二月后约可到齐。

4. 职员。馆长欧阳祖经曾在北平南昌教育界服务多年，素致力于图书馆事业，急谋发展。办事认真，有伟大之效力，坚忍不拔之精神（从该馆报告书中亦可见该馆奋斗精神之一斑）。对于该馆将来之发展，亦有具体计划。该馆长私人藏书颇富。对于该馆所需而一时购求不易之书，多割爱捐赠在千册以上。馆员有留美伊利诺大学图书馆专科毕业者二人。余均系各专门学校毕业，颇有办理图书馆之志趣与经验。故其服务上下一心，十分努力。该馆事业之关于登记、编目、制卡一切均用最新科学方法处理。

5. 经费。查该馆常年经费，去年已增加至二万元。职员报告新馆舍址落成，房屋扩大，书籍加增，因此工作较繁，职员势必加多，而经费亦需加增。业已制定十九年度草案，请求教育厅增至六万二千余元。

6. 八千元设备费。该馆已由教育厅领得基金一万八千元。以一万元添购中外自然科学社会科学两项书籍，以八千元补充新落成之馆宇设备费，经常购书费。既有增加之望，而基金亦有随扩充，此乃该馆之好现象也。

7. 工程计划。该馆建筑费全部计划八万余元。建筑及设备费一万余元。建筑及设备费共需洋拾万元。已由教育厅准拨洋五万元。故将全部工程分为两期，第一期正馆工程虽已完成，第二期工程甫着手进行。内有一部工程，由该馆自行担负建筑费用。而其主要部分，则为建筑一宏大坚实之书库。此次请求拨五万元之款，即为建筑该书库之用。为该馆发展前途需要计，必须建筑书库，以便储藏新置书籍。为该馆形势计，必须建筑书库于北面，方能避免风雨之侵害。此乃调查实在之情形也。

以该省政府、市政府、警备司令部及各上级机关之如此热烈赞助，该职员如此努力进行实为他省所不及。亦应特别援助，以资鼓励。为全国倡且该馆建筑全部计划，大部分现已告成。惟请求补助建筑书库及其设备又似与会中分配款项补充原则第四项："对于某机关加以补助时，须有（一）过去成绩，（二）维持现状能力，（三）能自求款项一部分，为重要条件"一条之各条件相合。甚望董事会对于该馆请求予以通过！惟其工程进行程序，必须有详细图样及说明书，而合乎新式图书库建筑之原则方可。鄙见如是。敬请

鉴核施行为盼！此致

中华教育文化基金委员会　公鉴

沈祖荣　谨启　民国十九年五月二十五日

（见1930年《文华图书科季刊》第二卷第三、四期）

MISS MARY ELIZABETH WOOD: The Queen of the Modern Library Movement in China

General Li Yuan Hung, late President of the Republic of China, once called Miss Wood, the founder of the Boone Library and Director of Library by the above title. It was in 1926, when she went to see him in his mansion in Tientsin in the interest of library movement in this Country. By this remark made by him, General Li consciously or unconsciously voiced the sentiment of Chinese librarians, for we all feel that to her and to her alone we owe the ideals, enthusiasm, and guidance which have brought success to the library movement in China. If we look around now, we see libraries established in many cities where none existed before, or, at most, there were only collections of books. Her untiring efforts brought a change in our conception of the library instead of a place where books are stored to a living organization. It will bring satisfaction to her and to the mission that sent her out to this land to know that most of the libraries are now administrated by young men and young women who had either trained or inspired by her. It is impossible to overestimate all she did for the Boone Library and the Library School, and all she accomplished for the Library Movement the torch of inspiration, library spirit, and personal sacrifice which she passed on to her pupils and fellow-librarians. It was like a shining light which went out from her into the dark corners of our country.

We remember vividly when Miss Wood first came to Boone School—thirty-two years ago—to care for her young brother, Rev. Robert E.

Wood, who was still a power in this Diocese, soon after the old system of examinations had just passed, and the so-called "new learning" was being introduced. As a missionary, she was very much interested in this educational move, and thought that through the avenue of books, the mission she represents, could be the widest service. We could very well see the bright prospect for Boone for that time, and also the need of a library. The founding of a collegiate department in 1903 made the need more imperative. Although she had many hours of teaching, yet she at once commenced to do library work among the students. Her interest in this work grew, and she wrote letters to her friends, Women's Auxiliaries, and the Church Periodical Club in America for help in the form of books and money. A small collection of books was gathered together and placed in a small room—the old familiar Octagon on the campus—most inadequate even for our own students, but she did not lose sight of her vision of library building. On her first furlough she devoted her time and energy to the interesting of friends of China in America in the erecting of a Library Building of Boone. Many public-spirited and Christian men and women on the other side of the Pacific, caught her vision and contributed funds towards making her dream come true. Dr. Seth Law, late President of Columbia University, was the first donor. Miss Olivia Phelps Stokes, a very well-known New York philanthropist, gave money for the auditorium in memory of her sisiter, which is called Stokes Hall after her. Many friends in Boston, Bishop Lawrence, and his two sisers Mrs. Frederick Cunningham and Mrs. Loring, Miss Marian Dec Ward, and Miss Sturgis; and, in Philadelphia, Mrs. Charles Biddle, and Mrs. John Markoe; and certain ones in Baltimore and Richmond helped to make the building possible. During the intervening years books were constantly coming from the Women's Auxiliaries and the Church Periodical Club.

The building, with its furnishings, represents of the gifts of many devoted and interested friends of China far and wide in the Church in

America. Although Grecian in its architecture, Miss Wood tried to combine with Chinese art which she loved, in its interior decorations and furnishings, that we Chinese people might see at once that the building was for us, and might feel at home there. This is evident, even before we enter, from the inscription in Chinese from our great Sage Confucius over the main door-way. We know too what the structure stands for, in the center in Chinese, are the words, "in Christ are hidden all the treasures and knowledge". These inscriptions are carved in granite and covered with gold and shine out for all passers-by to see. Many Chinese hand carvings on the partitions and the brackets at the top of the massive pillars, on railings and windows make a favorable impression upon visitors, as works of art. But while we appreciate the beautiful building and its exquisite carvings, we must not forget—the works she did, and the trails she endured with carpenters and masons, while the building was in the process of construction.

In the spring of 1910 the Library was formally opened. Many high officials were present. Plans were immediately outlined to make the library of service outside the walls of Boone. When Miss Wood first dreamed of a Public Library that could be of service in the Wuhan cities, she did not foresee the obstacles before her. She thought the public would certainly flock into it when the library opened its doors. Her hopes that students will welcome such a privilege were shattered that first year. The great difficulty had been to bring the students of outside schools to Boone Library for reading. Repeated efforts had been made, but with little success. This was owing to long hours and fixed the rules of the government schools, and to the fact that Boone was some distance from the center. This method of circulating books failed. Then Miss Wood thought of a better plan and carried it out. It was the introduction of University Extension Lectures.

Before attempting university extension work personal visits were made to all the leading educational institution in the city. To ascertain what their attitude would be toward it. She began to call on the principals of the government schools and telling them how the Boone Library planned to go University Extension Lectures on scientific, social and literary subjects during the fall and spring terms. According she sent tickets to various schools and public institutions in advance, the number of tickets being in proportion to the number of student in that particular school. Every lecture course began with a concert. By means of these lectures the Boone Library was given a great opportunity to instruct and enlighten the community with regard to public health, good government, natural science, etc.. Many of these lectures were illustrated with lantern slides and educational films which always proved an attraction.

Two reading rooms have been opened in connection with the Boone Library. One is at St. Michael's Church. That is frequented by citizens of that quarter, military, and other students, policemen, etc.. The other, at Trinity Church, is very flourishing. The readers are most merchants and shopkeepers. These two reading rooms have been of special service to the parishioners and residents of those sections. Through the avenue of reading rooms the Boone Library is able to do not only educational work, but also evangelistic work among these leading classes of the people.

At our home base when the Boone Library was first opened in 1910, Miss Wood aimed principally to work with students, as Wuchang had always beenna city of schools. After fruitless attempt to get students from the government schools, she changed her tactics. She again visited the principal of the government schools and put the suggestion to them that books should be brought to their doors. The plan was favorable received. Not only were traveling libraries sent to the government schools and mission schools in the city, but also to some public instructions, like the Hanyang Iron and Steel Works, Canton Hankou Railway, Yang Tze Engineering Works, etc.. Sometimes they went to far away places on the Yang Tze—Wuhu, Kiukiang, Nanchang, Shangsha, Shasi, Ichang. One went to

Kaifeng in Honan, and another to Yung Ching in Chili, and still another travelled to Peping. These libraries usually made up of lots of 100 books or more. Sometimes they contain all the Chinese books, sometimes all English books and sometimes half English and Chinese. For the law school she tried to include as many books relating to law as possible; and for the agricultural school, books relating to agriculture. The difficulty she has experienced in carrying on this work has been to find suitable books in Chinese on these subjects. They have not been translated, or if so, the translation is often a poor one. One of the greatest needs in educational world in China today are books on up-to-date scientific, social and political subjects, and inspiring biographies. Literature for young people which make the lives of children in America and Europe so full of joy, is also sadly lacking. As she made up these libraries, she was constantly confronted with these needs. However she never ceased her efforts to reach out and carry the influence of books to the students gathered in our midst, though most of the work has been slow, gradual and decidedly up-hill, with one exception—the public lecture course.

As the work in the Boone Library grew, technical training became necessary. With the support of friends in the Church at home, Miss Wood sent Mr. Samuel Seng as the first student from China to America for library training, and Mr. Thomas C. S. Hu three years later. Immediately upon the return of Mr. Seng, the Boone Library linked up with the Lecture Department of the National Committee, Y. M. C. A., Shanghai, in order that a demonstrated lecture on the Need of Public Libraries in China be given. This undertaking carried the modern library idea far afield, as these lectures demonstrated with apparatus were given in fourteen cities in China.

The next vision that came to Miss Wood was to start a library school at Boone for the training of young men for library service in this land of ours. This plan was heartily endorsed by Bishop Gilman, then President of the University, and the library school was founded as the department of the

University in March of 1920, with a class of six students who have since been known as "The Happy Six". They have established fine records of service in their careers as librarians. The work Miss Wood has done through the Library School—now the only one in China—is far reaching, because the School is graduating young men and young women every year in modern methods of library work, and these graduates are over China, holding responsible positions in libraries. Though the School has but a short history of ten years, yet the influence these graduates exert is very great.

In 1926 Miss Wood took a most significant step which proved to be of national importance. That was her lobbying in Washington for the benefit of our people. It was a suggestion made by Dr. David Yui, that if the indemnity was remitted by the United States, a portion of it be used to introduce certain models of the public library in China. A petition was therefore drawn up, embodying this idea, which was sent to the President of United States after she had succeeded in securing 150 endorsers, including leading statesmen, prominent educators, and business men who attached their signatures to this document. In order that the Bill might go through the America Congress, Miss Wood volunteered to go to Washington and work for its passage. She remained there for five months and saw particularly all the Senators and Congressmen. The Bill passed by a large majority.

In order to impress upon the members of China Foundation for the Proustion of Education and Culture, entrusted with the administration of this returned indemnity, the importance of modern public libraries, the American Library Association with a membership of 6,000 was requested to send a representative to make a survey. American friends of the Boone Library, through the efforts and influence of Miss Wood, financed this mission. Dr. Arthur E. Bostwick, Librarian of St. Louis Public Library, twice President of the Association, a great authority on the American Library system and author of many books on library science, was chosen to come to China to survey the field and advise in planning and organizing these modern public libraries. The coming of this delegate meant a launching of a National Library Movement. This has grown out of Miss Wood's effort, the Boone Library which started in such a humble way, has slowly but steadily gone forward year by year, little by little, until the opportunity came to take a national step, which wields an influence throughout the whole country. The magnitìcent libray, now called the National Library of Peping, situated in the Palace, is the result of her faith and labor. And it is hoped, as years go by, that other libraries will follow. The same Foundation seeing the need of library training, and recognizing the work done by the Boone Library School, was prompted to make an annual grant to this School to further the work. From now on we must struggle anew to hold this privilege, as other libraries under the Government, better equipped than the Boone Library, will seek this grant.

Miss Wood was in every respect, a great and ardent library worker. She made herself fit for her work by study at different times, while on furlough, in Pratt, and Simons College, getting instructions from such competent teachers as Miss Plummer, Miss Rathbone, Miss Howe and Miss Donnelly. Her interest in the library movement in China brought wonderful results: the Boone Library and its many travelling libraries, and public reading rooms the Boone Library School which boasts of her eighty upwards of graduates serving in many places at home and abroad; the coming of Dr. Bostwick to China and subsequent establishment of National Library Association and the opening of the National Library of Peping, and the formation of the China Foundation for the Promotion of Education and Culture, one of whose projects is the advancement of library work in China. By these fruits we know the tree.

After reading of the above account of the great life of a marvelous woman, though and inadequate incomplete it may seem, one will certainly question how she came to achieve her success. She could tell better than anybody else, but she never mentioned it once. We know just this much. She prayed a great deal every day. She asked God for help when she felt weak and herself unequal to the task set. Whatever joy or grief she had, she let Gold know of it. She prayed for God's counsel before launching any big plans. In asking for the constributions for the site, and putting up the library building, and furnishing it, and asking for gifts for books and periodicals from Women's Auxiliaries, the Church Periodical Club, etc., and for support to further her library work in China from year to year, she wrote thousands and thousands of letters. The reams of paper she had thus consumed would certainly fill the whole library! Is she not justified to be called by the above title—the Queen of the Modern Library Movement? She certainly deserves this honor, and will long be remembered as such, even though she has passed away. When Hans Christian Anderson died, they said of him: "Hans is not dead, he will live forever in the hearts of children". We may well say of Miss Wood: "Miss Wood is not dead, she will live forever in the hearts of the Chinese people."

（见 1931 年《文华图书馆学专科学校季刊》第三卷第三期）

韦棣华女士略传

韦棣华女士，于西历一千八百六十二年，生于美国纽约。幼时闻中国幅土之广，人物之盛，即有欣然来游之志。适值其弟德生君来华传道已一年矣，女士遂乘省弟之便，以偿其平日有志未成之夙愿。初至中国，任文华教授。为人勤恳和蔼，教学生循循善诱，训诲不倦。每退讲席，必与学生谆谆谈论，随事指点。一字之误，一音之讹，反复告语，卒得正确而后已。论文书札，或有舛误，必详为更正。爱学生若子弟，学生亦亲之若慈母。彼此款洽，又如朋友。岁时佳日，或置茶点，招学生至其家，欢呼谈噱以为乐。并出各种游艺，以助其逸兴。学生或有年假期间不能归家者，即特别招至，温语拊循，或在公书林指示其作种种工作，或写卡片，或写书签，或写登记，藉以解其寂寞，慰其愁思。事毕，出茶点款食，尽欢而散。学生或离校而服务汉上者，必多方召集，并在汉组织读书会，请名流演讲，陈列各种书籍，供学生研讨，启发教导，无异平日。每遇良辰佳节而特别注重，则为圣诞节演讲、演文明戏剧、演放电影、讲故事，先数日即制茶点多品，一方面庆祝圣诞节，一方面与学生同乐。至归家后，又招旧生至其家作种种游艺；每人须代表一名人，或代表一书名，使人猜笑，为有意识有研究之娱乐。女士虽特别亲爱学生，然教导之，必示以正轨大道，多方晓谕劝勉，惟恐误入旁门邪径，贻害终身。设或不幸校内发生师生冲突争辩事，女士必研求真理，助护学生。即同籍同事，平日最亲切之人，不为悔也。故文华学生于其他教授则或忘之；至言女士，则未有不倾心悦慕爱戴终身者。教学一二年，发生一种感觉，以为学生疑难讯问，非全凭口讲所能贯彻。而与学校并行且极重要之机关尚付阙如。于是遂有倡办图书馆之决心。只身回国，募集巨款，携带来华，费时两载，始克建成文华公书林，以供学生之研讨及各界人士之参阅。公书林成立后，庋藏宏富，文华师生及当地人士，获益良多。然女士以图书馆为学校社会所必需，而中国此时尚少提倡，于是派祖荣与胡庆生先生先后赴美留学，专攻图书馆学。学成归国，即联合全国基督教青年会，携带各种仪器，到处宣传。凡湖北、湖南、江西、江苏、浙江、河南、山西、直隶，足迹殆遍。中国图书馆事业，遂稍振兴矣。女士又以图书馆事业，必须有专门人才以整理之，阅者方可领受实效。乃与文华大学校长孟良佐君创办文华大学图书科，专门研究图书馆学术，迄今已历十年。毕业学生，现皆服务于国内外各大图书馆。女士不特对于中国教育文化竭心尽力，成绩昭著如此，即国际间如争退还美国庚子赔款，俾作发扬中国文化事业之用。联络美国人士，上请愿书于美国国会，在华府日夜奔走，遍谒顾理治总统及参众两院议员数百余人。又向美国国会请求取消对待中国之一切不平等条约。其艰难劳顿不能殚述，而爱护中国主持和平之心理，可以想见。女士襟怀宏阔，眼光远大，而行事务臻完善，不惜亲身营构，故动必有成，人人敬仰。性至勤，居常终日笔不停挥。西人讲求卫生，眠食有定时，而女士因工作忙碌，或至日昃不食，丙夜不寝以为常。自奉至俭，衣敝衣数年不易，或购服人家旧衣。然见贫苦之人，辄恻然心伤，思有以救护之。尤注意工人，每工友发生疾疫，必亲为检药医治，惟恐染为痼疾。冬日车夫佝偻街市，手足冻裂，为特备火炉以御寒气。每至岁暮，施寒衣，施米，以拯救贫民之冻馁。虽己力有限，必多方劝募，不辞劳瘁。

女士乃一美国女子，于中国语言不通，文字不达，而尽心教育，亲爱学生，提倡文化，热心公益如此，非特中国不多见，即求之历史上恐亦不可多得，洵今世之异人也已。祖荣与女士相处最久，知之最深，其感受女士潜移默化之处最多。今兹为女士来华服务三十周年纪念，谨捃摭女士平生行谊大略著于篇，以志景仰。又使吾国人士有教育文化之责者，闻之而劝勉也。

（见 1931 年《文华图书馆学专科学校季刊》第三卷第三期）

国难与图书馆

国难当前，已成了中国最近的一个口号。任何机关莫不喊国难当前，上之训勉下也国难当前，下之陈复上也国难当前。我想，因国难当前而自知警惕者，固不乏人，因国难当前而藉故推诿者，亦难免于无人。

然则办理图书馆事业者，在此国难期间，是甘居于这二者之中哪一地位呢？自知警惕？还是藉故推诿呢？

自知警惕，当然是我们所公认的，并且是我们所诚恳接受的，但是我们如何才算为自知警惕？换一句话说，如不自知警惕，便是怎样？那就有顶大的危险。这个危险，先须让开我们的本身，把其他的事业看看。

（1）邮政。近数月内，由关外退回关内的邮政职员，是陆续成批地在各省安插。此种收入之损失，又加额外之支出之损失，一年该吃亏有若干百万。

（2）海关。东北税务，向来充裕。现被强敌愚弄傀儡政府把持。这又是一个最大的损失。

至于商业、农业，以及工业，由直接间接所受的影响，在中国虽然没有相当调查，统计出来，但是我们耳闻目击，多半是萧条、歇业与不能维持现状！

中国，原来是个病夫，只能吃补药，不能吃下药。所以自经狂风暴雨的国难摧折以后，益复形成败瓦残垣的凄凉的状态！

再谈到教育，更是不忍言状。不但是说不上充实、发展、改进……那些好听的新名词，好多是喊没有饭吃。学校时开时闭，尤有一个最大的危险，就是读书人的出路。请看何思源先生所论《中国教育危机的分析》，开首一段话："中国今日之社会，有一种普遍可惊之现象，即知识阶级长期失业，一机关招考录事，一呼而聚者千数百人……一个中小学更易校长，面托函荐，纷至沓来。谋一教职者，动辄数百人。……他如一行政机关、一局署、一公所占每日工作之大部者，亦皆为安插失业问题。……几无不有大材小用之憾；而僧多粥少，心与力违，几人人有沧海遗珠之叹！"像这样如临深渊，如履薄冰的状况，中国教育的前途，令人不寒而栗！论教育罪言的旭生先生说："教育破产之呼声，日有所闻，尤其是在去年国难以后。"在素来根基不稳之教育，而又受此严重的国难，真是如秋风之扫枯叶呀！

看四周都是在水深火热之中，那么，图书馆如何？自外面看来，图书馆尚非如此的仓皇失措，因为图书馆员未见发生有失业的现状，而图书馆的工作，虽因有经费的困难，不能如愿发展，但是未致停顿，这似乎较有差强。果如此，则这个国难与图书馆的问题，何须讨论。若是我们沉思静默一下，乃知我们的危险，较之任何危险更为迫切。

危险在哪里？只用一点最浅近的事实来看看。比如一个学校在没法维持的时候，先要裁人和减用费，这一个学校的谁一部分先上断头台？在一省一市内，要缩小教育经费，或收束某教育机关，这一省一市之中谁一部分先上断头台？又如现在的情形，某学校关了门，必是那学校罢了课才算为关了门。一个学校的图书馆不买书籍或是没有图书馆馆员，极而言之，把图书馆完全不开，而学校还在维持上课，大家还认他在开学。至于省市中教育状况，何莫非如此？只要维持一两个学校上课，他们就算完成了教育的责任。什么图书馆，什么民众教育馆，都不过是若有如无，为应潮流的附带品而已！图书馆的势力既然是如此的浅薄，所以在此国难中，除了上海的东方图书馆，与几个大学的图书馆，因首当其冲，受大损失外，其余的未见有何急迫。这种幸而免的机会，不是我们的事业做到为国人所注意，乃是我们在新萌芽之中，范围有限，成分过小，得以漏网。假如国难无法解决，长此绵延，我们的危险，首先就要出现。

先前国内的困苦，好像比现在要轻一点，我们的线路也像宽些；

现在又加国难的严重，实在潜伏着千钧一发之势，不知本界同仁，是否觉得！

据这样说来，我们就算了罢？这也未免太放弃，太不值得，而且是太懦弱。世界上没有走不通的路，也许有走不通的，除了不上轨道的走去，或是不肯走以外，断无有走不通之理。

牛顿在人所不注意的一个苹果落地，他能发明万有的吸力。赫克尔注意于海中的动物，而成就他的动物学兼自然的哲学。可见，凡事只要我们肯干，留意干，并集中全副的力量去干，最末了，总有相当的代价。

图书馆在中国虽是幼稚时期，但在欧美各国有它的相当的地位。他们图书馆在前五十余年的困难，比我们现在还要大；因为那时他们是在开垦，是在试验，如科学家们在急切地探求发明某项东西一样，不知费了多少的光阴和精力，才使他们的图书馆事业在世界取得一席。事非经过不知难，我们现在的困苦，是应有的过程，何足为稀奇？又何足恐怕？

至于欧美图书馆所经过的困难，也有演成浩劫的惨状，卒能奋发有为，而益发扬光大，堪足以为吾人于国难中之借鉴者，亦复不少：

（1）欧战时之德国。人多知德国战败后赔款之巨，经费一蹶不起，而不知图书馆的损失，亦令人惊心！例如：①馆员。在欧战第一年内计加入战线者三百余人，其中有八十二人系最优越之科学图书馆员，亡于阵者五人，受重伤者廿四人。其余馆员亡与受伤者，亦有十余人。②经费。政府因战事发生，筹备军费，对于所担任之图书馆经常费，酌予裁减，有的减去一半，有的几乎减到不能生存的地步。及战败后，十六个大图书馆中的一半，仅得往年经费四分之一。在未战之先，如普鲁士省立图书馆，每年收到国外期刊二千三百余种，到了一九二三年时仅购两百种。汉堡大学图书馆以前每年采购期刊五百种，后来则仅购五种！③流通工作。因在战事期间，人多争看新闻消息，流通事业，几乎停止。④参考工作。各大学生，投入行伍者，不只十之六七，而参考工作，亦致停顿。⑤书籍。不但无钱添购书籍，因在战时，输送给前方军士阅览，未及归还者，损弃不少。看上几点，德国的图书馆，可谓到了束手待毙的末运，无计推行其工作。但是图书馆员们，绝不因此而丧气，临战时，因年龄过了限制未能从事之馆员们，有的上前线组织军营图书馆，或为受伤军士在病院添设图书馆，以供他们的阅览。有的利用暇时，指导妇女们阅览书籍，或在下午与晚间，教导妇女打绒线做针线的团体。一则可以减少妇女们在家的寂寞，再则所做出来的针织品，可以供给前方将士们的应用。有的图书馆供给前方军营图书馆书籍。由柏林图书馆一处而论，所寄与前方者，有四百余包，计书籍九万册，杂志四万册。由此可见一斑。至于馆员们的工作，每日十二小时，每星期工作七天，又随时加添女馆员，多购报纸期刊，以迎合民众之心理。此种百折不回的精神，共赴国难，吾人不能不倾心敬佩！在欧战和平告成之时，德国有一位工业教授向学生说："德国之钢，驰名世界，吾民为百炼钢，虽压至极薄，而不可碎，压力一去，立时复振。"我们从他们的图书馆一部分事业看来，诚知非夸大其词也。

（2）欧战时之比国。比国图书馆所受的痛苦，较之任何国家为酷烈。一九一四年八月廿五日，德军破入，即将其罗非（Louvain）图书馆完全焚毁。该馆收藏图书三十万册并抄本三百五十种。不但为比国损失一伟大的图书馆，且为世界文化上受一重创。迨大乱削平，比国国家，一致惨淡经营，力求恢复，各友邦亦极怜惜爱助。英国首先发起，加拿大及美国相继赞成。由美国一国担任建筑费，捐美金一百万，再由各国学术团体与大学所有出版物抽出捐赠。而结果，其宏伟庄严，胜于旧馆，可容书籍二百万册，阅览室可容座三百人。计已收到外来捐赠书籍有四十余万册。此种成效，为世界图书馆史中所不可减没者。

（3）日本。当东京地震之时，房屋倒塌十之八九，死亡人数不暇计及。而重要的图书馆，如东京帝国大学图书馆、明治大学图书馆，积日本图书馆全国大学之精华，付于一炬。天降奇灾，不足以叫日本人灰心，且因之给他们一个奋斗机会，要战胜这种惨状，乃积极的组织团体，派出代表前往欧美各国，请捐书捐款。所得的结果：美国煤油大王捐日金四百万，英国国会捐二万五千英镑，以建成一个雄伟灿烂的图书馆。其容量可到五百万册。捐赠书籍的 Tokawaga 捐其私藏十万册，Sanjo 捐日本史及文学书七千册，皇室捐日本史、日本法律及经济书二千七百册，Dr. Komoto 捐医书一万二千册。可谓集腋成裘矣。

上述比国、日本图书馆事业，经大乱中而得恢复之原因，固然有赖友邦之惠助，倘彼等办理图书馆者，历来成绩不良，再经国难，益至无可救药；或馆员们毫无毅力，不思自救之方，则友邦人士虽有扁鹊之心，难治已入骨髓之疾矣！

(4) 美国。一八一四年，英军入华盛顿京都，肆行焚毁，将其国立图书馆，亦焚灭无余。后来美国重行建筑，又于一八五一年遭一大劫，又不知费了多少气力，经国会数次拨款，而崇高首屈一指之国会图书馆，足以代表世界缥缃之富者，得以建立。

这所言的，都是因为他们注意文化，所以在国难中，还是为他们的图书馆事业求生存，求进步。至于在中国，当大乱时，有无为注意文化，如此的奋勇，而可以供世界图书馆史之参考者？中国实为文化最古之国，是世界任何民族不能否认的。对于书籍的浩劫，历朝皆有。然经明主贤士收复与整理者，在史册上，也屡见不鲜。其最有价值的，即复兴文澜阁一事。现经浙江省立图书馆的同志们，将此一段历史刊出，我认为此乃国难中办理图书馆者一好资料，并可以鼓励吾人作前进之事功。杭州丁松生先生与其兄竹舟先生，当大难而收集遗书之苦心孤诣，兹抄录一段刊出，以志景仰！《俞樾丁君家传》："咸丰十年春，粤匪犯境，君与兄竹舟君，纠合城中锡箔之工，得千余人，助战守；城陷，犹与巷战。杭城就有上下之分。上城焚掠甚酷，而下城稍安帖，箔工之力也。君避乱转徙松江、青浦、南汇、上海处。明年仍回杭州。……其时，苏省沦陷，杭势益孤，寇日深而食且尽。出城时与竹舟君相失。至陶堰，见其题壁字，始知其在留下，乃往从之。即于留下设肆鬻米，访求亲串自城出者。留下市中卖物，率以字纸包裹，取视，皆四库书也。惊曰，文澜阁得无零落在此乎；随地捡拾，得数十大册。君之搜集文澜阁遗书，实始此矣。……君既于灰烬中掇拾得文澜阁书，乃奉归皮之尊经，请陆君菊珊绘书库抱残图记之。其时，文澜阁毁于兵，未复也。光绪六年，巡抚谭公建复文澜阁。爰有抄补阁书之议。君悉出其家藏书，集人逐焉。又于天一阁、抱经楼、振绮堂、寿松堂诸藏书家，按籍征求。历七年之久，得三千三百九十六种。求而未得者，仅九十余种。谭公疏陈其事，丁丙、丁申兄弟于兵戈扰攘之际，尚能搜求遗书，购觅底本，俾后进得窥内府遗编，其识迥越寻常，所费亦难数计，可谓笃行敦本之士，于是天语褒扬，士林欢诵，丁君之名赫然闻于天下。”就这一段事实看来，丁氏以私人之力，当兵戈嚣张之时，有收复文献的巨功，此应为现代图书馆同人所追仰而仿效的。

可见国难当前，不是消灭我们的，乃是唤醒我们的。只要我们认清白了所在的地位，看透了我们目前的危险，我们便当积极的去设法生存，求进步。我想，我们的前程，一定会走得通的。况且我们国内的学术、教育、文化，均在世界后进之国的后尘，我们办理图书馆者，更应当自告奋勇，尽我们的本分，为文化事业谋发展，使我们祖宗数千余年所传下来的国粹，得以表彰世界，借以发扬我们民族的精神，培成我们民族的命脉，则这个国难，岂不是变成了我们的一副兴奋剂吗？究竟如何的才能够使我们的使命在这国难中实现呢？现在我就对本界的同仁提几点顶浅近的忠告：

（一）谋解决的方法

论到谋解决的方法很多，而其所要紧者：

1. 适应环境。就是我们不光是随着环境走，并且要站在前面，决不站在后面成一个落伍者。

2. 抱定唯一的目标。任是世界潮流如何变迁，国内政局如何混乱，我们的工作，还是如胡适之先生所说的，……“今日的努力，必定有将来的大成功。……你不信吗？法国被普鲁士打败之后，割了两省地，赔了五十万万法郎赔款的时候，有一位刻苦的科学家巴斯德（Pasteur）终日埋头在他的试验室里做他的化学和显微学研究。他是一个最爱国的人。然而他深信只有科学可以救国。他用一生的精力证明三个科学问题：（1）每种发酵作用都是由于一种微菌的发展；（2）

每一种传染病都是由于一种微菌在生物体的发展；（3）传染病的微菌，可以减轻毒力，使他能变成防病的药苗。这三个问题，在表面上，似乎和救国没有大关系。然而第一个问题的证明，巴斯德定出做醋酿酒的新法，使全国酒醋业每年减除极大的损失。从第二个的证明，巴斯德教全国的蚕丝怎样选种防病，教全国的畜牧农家怎样防止牛羊瘟疫，又教全世界的医学界怎样注重消毒，以减除外科手术的死亡率。第三个问题的证明，巴斯德发明了治牲畜的脾热温的药苗，每年替法国农家减除了二千万佛郎的大损失。又发明了疯狗咬毒治疗法，救济了无数的生命。所以英国科学家赫胥黎（Huxley）在皇家学会里称颂巴斯德的功绩道：'法国给了德国五十万万佛郎的赔款，巴斯德先生一个人研究科学的成绩足够还清这一笔赔款了。'巴斯德对于科学有绝大的信心，所以他在国家蒙奇辱大难的时候，终不肯抛弃他的显微镜与试验室。他绝不想他的显微镜底下能偿还五十万万的佛郎的赔款，然而他在看不见想不到的时候，他已收获了科学救国的奇迹了。"（见《赠与今年的大学毕业生》论文中）。胡先生所引证这一段事实，我们图书馆在国难期间，又何尝不能作为指南针。我们只要意志坚决，依着所言的目标沉着做去，只问耕耘，不问收获，迨至时机成熟，自有黄金时代。

3. 多预备应用的方法。有人说图书馆是机械式的工作，是职业教育，易言之，是人类的工具，没有什么深厚的学理作长期的研究。像这样的话，我们也不管他。如果谈到工具，世界上任何事都可以说是工具。科学家所探求出来的，都是为世界上做工具。谁也不能夸他在世界上不是做工具。只要求得世界有益处，世界上都来用我这个工具，我也愿意！尤其是在中国，科学不昌明，许多陈腐气象蕴结，阻挡民族的进化，更不能不多求应用的工具方法。所以我们图书馆，负宣传文化的责任，务必在这国难的当儿，多多预备新巧的合宜的各种便利读者的方法，以引导群众阅览的机会，以启迪民智为急务。

（二）一致团结

中国图书馆没有确切的调查，也没有确切的统计，以致精神与工作不相连贯。这实在为影响图书馆事业前进的一个大阻碍。近来中华图书馆协会为谋改进图书馆教育方针，与图书事业发展起见，已着手进行此项工作，即分派人员在各省调查各图书馆状况。这正是给予中国图书馆事业打成一片的一个好机会。我希望各地图书馆的同人，都要努力援助协会，促成此事早有相当的结果。或见到有什么可以帮忙的地方，不妨大家牺牲一点，分担一下。比如一个调查员到某地方去，必有许多隔阂的处所，非有赖当地的同人指导不为功。在平常时候，也不妨将其工作顺的逆的以及所得的经验，每年报告给协会，以便协会刊行出来，彼此可以攻错。还有书籍的交换，馆员的交换，都可以挹彼注此，以求进益。目前，图书馆的事业，要如杜威氏所说的是活水，可以流动，不是贮水池，以成一池的臭气。所以我们要一致团结，使我们工作流通，生命流通。还有最值得注意的，如由清末建于上海闸北之涵芬楼蜕化而成东方图书馆，苦心经营二十余年，藏书逾五十万册，孤本、罕本，为他处所未及见，并无法可以翻印的，不下数十余种，尤藏有关于商务印书馆历来所出的教材，可作进程之比较者，诚为硕果晨星，弥足珍贵。不幸，一二八事变突发，此一庞大之文化机关及江湾吴淞一带公私立大学并私家所藏图籍，竟全部牺牲。此种令人可悲可痛的事，不可以言语形容。回思国情，敌人强夺我土地，吸尽我资财，残杀我人民，犹不足以填其欲壑，而必将我们的国性铲除殆尽而后快。我们虽然不能执干戈以卫社稷，但是我们要负保存文化的这种责任。现在有各界同人们，认恢复上海文化机关实为目前急务，而创设较大之图书馆尤为重要。乃联名发起，鼎力提倡。我希望办理图书馆者，应当视此为我们的职责，是我们分内的职责。大家一致团结，奋勇当先，努力经营，力促实现。不仅是可以恢复我们的国性，且可以使敌人看见吾民族非凉血动物。我们要使图书事业在中国开一线曙光，发展我们的文化，非团结不可，如活泼源泉一样。

（三）任事忠诚

现在是我们卧薪尝胆的时候，不是我们安居乐业的时候，一面是国家的内忧外患，一面是我们的事业还在萌芽，我们如自以为安如泰山，不用深思远虑，努力前进，我们的事业会要停止。在中国有许多要紧的建设的工作，直接与民生有重要关系的，因一切的阻碍而中止，难道图书馆的性命就大些吗？我们自认为图书馆是文化的归汇，是国民的命脉，是促进世界文明的，是智识的泉源。种种的惊天动地的标语，试问在中国能够这样看去的有几人？再想到一般平民对于认字还不觉得有甚重要，那末，怎样谈得上图书馆？我们既处于这个如烟如花之间，就不能不打开一条生路，我们若是要打出一条生路，我们就要注重我们日常的工作。所以忠诚二字，正是我们由死复生的一条孔道。忠诚含得有牺牲，忠诚含得有奋斗，忠诚含得有毅力，忠诚含得有勤忍耐劳，忠诚即万事成功之母。这是我们图书馆界的同仁，在每日生活中所应该表现出来的；尤其是在中国此时国难中，为斩断盘根错节的唯一利器。

（四）己立立人

办理图书馆的人，有一件首先要觉得的，就是己立立人。那个意思，就是我们素来的造就、熏陶、锻炼、培植所求的学问，所得的学位，不是为自己做招牌，乃是要为社会服务，为毕业谋利益。

以上所举几点的贡献，是就实事而谈，也许是老生常谈，并没有什么渊深的学理。因为我的愚见，此时乃是躬行实践的时候，若是谈得天花乱坠，而一点也不做，真是空言无补于实事。我只希望所这说的一得之愚，能够在国内图书馆上发生一点效力，我就感谢不尽了！我们就不被国难当前的狂风恶浪所淹没了！国难国难！你是我们自知警惕的晨钟，愿我们同人，警醒罢！警醒罢！

（见1932年《文华图书馆专科学校季刊》第四卷第二期）

章译《民众图书馆的行政》序

本书译者章新民君，是本校第三届毕业的同学，他在百忙中，抽出工夫来译成这本书以贡献于本国的图书馆界，这是我们所要感谢他的。此书的内容，有资我们借鉴的地方，殊为不少。我国图书馆事业，仅在萌芽时代，若不虚心研求，吸取他人之长，则闭门造车，出门那能合辙呢？此书原本，本校早已选为教本，其特点为我们应当注意的：一、图书馆主管机关的职权，与馆长的职权分得极为清晰，主管机关可监督馆长，但不能干涉馆长的行政。馆长总管全馆，对于用人，馆内的组织、设备、处理，与计划工作的前途，都有适当的分配，主管机关只不过考核他的成绩。二者关系极为精密，所以成效易见。二、确定经费的来源和预算，并岁入岁出的统计，绝不混淆，以各项划定之经费开支酌用，一文不落虚空，真是谋图书馆发展，以服务民众为职志的。如果有人查考账目，亦完全可以公开。因此，群众对于图书馆都能深刻的认识和信仰。他们既享受了此项权利，也就乐意担任经费，尽他应尽的义务了。为这两点，在叙述中我要特别提到的，就是以中国图书馆的情形而论，多不能如此。像第一点，图书馆主管机关的职权与馆长的职权，好多是错用的，乱用的，主管尽管对于馆长的进退不是论他的成绩的优劣，乃是以个人的好恶为转移的。再经费是没有法律依据，它的增减，并不以群众意旨为依归，伸缩听其自便；且主管机关并不视图书馆为教育文化的重要机关，只是敷衍了事。我们若是把这本书来看，就知道图书馆应怎样去管，图书馆的工作应怎样去经营才能有效，经费才不至于虚费了。三、著者是把他生平服务图书馆的经验并采取他馆实事求是的成效，详述出来，并非空谈理想。至于图书馆的组织，图表和例证，纲目并举，巨细无遗，更属难得，祖荣因乐为介绍如此。

中华民国二十二年一月二十一日　沈祖荣

（见章新民译《民众图书馆的行政》，1934 年武昌文华图书馆学专科学校出版）

图书馆所希望于出版界的

为什么要谈这个问题呢？这不是很浅近的题目嘛？图书馆要讨论的事项是很多的，我却选这个浅近的问题来发表，是何意义？在表面看来，这个问题，似乎浅近，令人不会注意，其实内面潜伏着许多的意义。所以要做这个“图书馆所希望于出版界的”题目，其用意乃是在此！

目前图书馆事业，在中国正值萌芽期间，前程远大，所希望的事甚多。如学校方面，希望先生引导学生来馆阅览，民众方面，希望识字运动普及全国，使全民都能识字，以便阅览图书；至于读物方面，不得不希望于出版界，源源供给。出版界与图书馆接触的机会，最为殷切。图书馆每日运输的读物，全靠他们制造。他与图书馆的关系既如此，岂可漠视？

我所希望者并非奢望，实有事实上的可能。兹列举所希望于出版界的几点如下：

1. 当随潮流演进

全国的呼声，是向民众追逐，尤其是教育方面，最为激烈。例如识字运动、民众教育、乡村教育等，都是注意到教育以普及民众为前提。因之图书馆的工作，亦往民众方面开发。本年四月，我奉中华图书馆协会的委托，调查六七省图书馆教育事业时，路过定县，参观该处所办的农村改良试验事业，及平民教育事业等，都带着生气勃勃的色彩。其最令我满意的，就是与晏阳初先生晤谈中，觉得为要帮助该区所办的各种试验事业，得收速效，须有图书馆常来浇灌他们的智力，启发他们的才思。现在该处已请本校新毕业生一人，前往担任图书馆的工作。由这一点看来，从前国人的普通眼光，无非是以为图书馆是学术文化团体的工具，对于民众，则抱着“民可使由之，不可使知之”的见解。迩来，却非如此；并不止多数城区，接踵倡办，也有许多闾乡之藏书家，实行公开，以供民众以阅览的机会。姑无论成绩如何，但凡有普通常识的人，都觉得图书馆与任何团体及民众，有相当的贡献。图书馆对于民众既有可施的工作，再问供给民众的读物，赖何处输入呢？自然是靠出版界。所以希望出版界，须应着这个潮流，向各界征求这类文字，并须合乎民众的口吻，适合他们的需要，刊行出来。如乡村建设、农业改良，以及疏河问题、筑堤问题等。总而言之，凡关于衣食住行、普通常识之书，无妨多多益善，充分印行。还有改造家庭的读物，启发儿童的读物，都要尽量采集，并多有插图，以增他们阅读的兴趣。

2．须分工合作

在欧美有多数大出版所，经营各有不一，有的向工程发展，有的向科学发展，有的向社会政治经济法律发展，有的向文艺小说发展，彼此竞争，日新月异，专业勤守，历若干年而不变，是以经验充足，而出品亦极精确，是故为专长，故图书馆添购某种书籍，向某出版家去购，而不致被骗受欺。甚望我国出版界，以此借鉴，养成分工协作之团体，则贡献于国人者，将无涯涘矣。

3．当重视自己的地位

出版界不光是一个营业的商场；如专以营业者自居，直不过杂货店而已；图书馆实不愿这样轻看出版界，更不愿出版界蔑视自己的地位。出版界与图书馆虽职守各有不同，而文化关系的进退无分轻重，这是何等的重要；若不顾锦绣的标帜，放弃光荣的地位，一意为逐利而营业，图书馆将有许多的工作，与推行的机会，都直接因他而滞塞，岂不大感痛惜？在欧美的出版界，对于图书馆特别优待，比如所谓 Net books 实价之书，在得版权一年之内，仅给九扣；若一年以后则折扣较优，七八扣不等。而参考书之折扣与普通书之折扣有分别；科学与文艺小说之书亦有分别；教科书折扣尤大。中国的出版界，如商务、中华、开明等，本来给图书馆有优待九折，若以欧美较之，相差尚远。尤其在最近几年，金价涨落不定，图书馆倍加吃亏。先前金价涨时，出版界谓所用的原料，有的系购自国外，故书价陡涨；但近来金价既已大跌，而国内许多书售价仍高。比如加一的办法，即或有九折的优待，但仍按定价加一，则所加之数，虽有折扣然与原定价一样。试问现在此经济困难的时候，多一文与省一文的比较，实在大有出入。我们不得不希望出版界，勿只厚视营业，勿过求利息，宜帮助图书馆，予以多购图书的机会，当要与个人购书待遇不同。此一点能否可行，是在出版界重视自己的地位为何如！

4．须逐渐改良

按一句时髦的话，就是希望他们的事业科学化。图书馆因出版界出版的不科学化，至费时费钱之处，颇为可惜。希望出版界能够改良的有几点：

（1）装订。我国西式装订之书太不研究。图书馆应该特别保存之书，特别要好装订。如日常应用之参考书，及大部丛书等，因装订过差，致经几次翻阅流通，就凌乱脱页者很多。在欧美图书馆，鉴此弊端，已要求其出版界，为图书馆流通书籍或应当保存的书籍，特别装订，称为图书馆特别装订 Library edition，此比普通装订之书精良耐久者数倍，即或购价稍异，较之后来复行装订之费尤轻。图书馆也愿多花一点钱去购，因改装复装较便他，我国出版界能否办呢？

（2）纸料。在罗马开国际图书馆第一次大会时，欧美图书馆界曾特别讨论出版品，对于纸张应该特别考究，以便书籍可以持久。近在我国出版界多未注意及此，因纸料之劣，图书馆遭损坏者，为数过多。参考书当更可惜！

（3）页数。常见许多出版所，所出杂志，于一卷内页数太不一致。每卷每期中各有各的页数，甚至每篇论文，所标的页数，都是从第一页起。一卷杂志中有许多相同的页数，又无索引，查考多费时间。如要编一索引，非特每卷不拘有多少期，有一不断的页数不可。还有过薄书籍，实不如外国所称之零星小册子。图书馆编制目录，及管理感觉非常困难。

（4）页边。每种读物，内外边应留宽些，以便图书馆复行装订时，前面刀截不致损字，后面针线亦不致载字。

（5）索引。书籍内面所最要紧的，就是须有一个适当的索引，使读者省少时间，减少麻烦，若要找其书中之某问题，仅寻索引，不看全书，此不独杂志如此，其他重要的书，尤为必要。

（6）墨色。字迹尤应讲究。故所印的墨色，极宜均匀、鲜明，使读者目力清爽。

（7）样式。儿童读物以及一般民众适用之书籍，应有顶好之样式。真有可以代表文化美质，令读者能发生兴趣，情动乎中，不得不看，目盼心舒，乐而不舍。

以上几点，国内出版界能逐渐改良，虽直接帮助图书馆，即间接帮助群众阅览的无穷的便利，约而言之，其辅助推进文化的功用，可真与图书馆相提并论。

5. 书评宜切实

每本新出之书，对于宣传，应当忠实。此于读者，有莫大的影响。在学识丰厚者，可以有一种裁判，如意志薄弱，或根基肤浅者，很容易为宣传所动摇。所以希望出版界对于新出读物，无妨将出版的书籍，请某专家，或大图书馆先作书评，得有一适当的评论以为介绍。既可以使读者不致走入歧途，又可以为鼓励人争先购置。

6. 版次宜谨慎

在国内出版界最不明了之处，就是不知初版再版为何，国外出版物初版再版，有很大的分别。初版毋庸解释，所谓再版者，不是第一批销尽，再复印发售为再版，乃是再版须经著者另有修改，能增削初版原意之所未及，所以再版之功用，必远胜于初版。在我国因初版与再版之不分，图书馆购为复本者，为此费钱不少。

7. 宜充实图书馆的力量

除上列几条，出版界可以帮助图书馆外，还有一件要紧工作，希望出版界所实现的，就是如国外许多著名出版所，对于新出版物，即送给国立图书馆一二份。不但送给国立大图书馆，即在本地的图书馆亦酌量送给。例如 Leipzig 城有一图书馆名叫 Deutscher Bucherei，不但在该城的出版界每次供给书籍，而且在国外的出版家亦如是输送。此种宏识远见，令人钦佩。近来国立北平图书馆，搜罗书籍，呈请教育部令知各教育文化机关，送读物于彼，意最深切。可是出版界也应该尽点义务，将新出书籍，至少送给一本，既可充实我国文化，又可广事宣传。此在出版者所费无几，而在他方则可由细流而成江河了。

最末，我还有一件要向出版界申明的，就是近来各方势力膨胀的时候，如果对于对方，不使其共同发展，终久其本身亦陷孤立，难以久存。就以科学来证明，爱因斯坦的相对论，岂不是根据互助的原理来发展吗？出版界既与图书馆是站在一条战线上，以共同谋发展文化为主旨，则当尽量援助图书馆。图书馆的事业愈发展，出版界的事业愈推广，利人即所以利己。至于目前为救国运动着想，也应当来帮助我们。鄙人今日甚觉出版界与图书馆关系之深，故所希望者殷，而言之亦切，始有是论。希出版界同仁勿以浅近视之。

（见 1933 年《文华图书馆学专科学校季刊》第五卷第二期）

中国图书馆及图书馆教育调查报告

中华图书馆协会执行委员会主席袁同礼先生台鉴：

敬启者：祖荣受本会执行委员会之命，调查国内图书馆及图书馆教育状况，无胜荣幸！综计此次调查，有图书馆三十所，分布于十余城中，返还费时一月。曾在三处对图书馆同志公开讲演，使祖荣得有机会与中外诸教育名流晤谈，如胡适博士、燕京大学代理校长高厚德博士（Dr. Howard Galt）、北京协和医院顾临先生（Mr. Roger S. Greene）、齐鲁大学代理学校长戴维士博士（Dr. J. L. Davies）以及蔡元培先生、叶恭绰先生、黄炎培先生等。对于今日图书馆之改进，及此后图书馆人才之训练方法诸问题，一一商讨。并尝与图书馆专家讨论现今图书馆界新兴之各种问题，以及训练人才时应如何使其适应需要，此则尤引为深幸者也。

祖荣于四月六日离汉，七日下午抵开封。开封街市宽阔，道路齐整。全省教育颇为发达，盖因教育经费独立使然。此计划创自冯玉祥氏主豫时，曾指定田赋若干为教育经费。此后历届主持豫政者，遵守未变，故全省学校数目甚多。中小学之外，且设有河南大学一所。该大学现正由省款筹拨十六万元，建立一新式图书馆。是馆每年以三万六千元为购外国文书籍之用，甚属可喜。馆长李燕亭先生，为留美专研图书馆学者，办事努力。新馆之建筑，即由其一手经营。李氏于图书馆工作之外，并在该大学担任化学及图书馆学课程云。

参观河南大学图书馆之后，即由李燕亭先生导至河南省立图书馆参观。盖李氏每星期日常去该馆为之校对目录，故至熟悉也。同时晤见河南教育厅长李甫连氏，彼兼为河南大学教育学院院长。此外，曾往参观开封民众教育馆。馆址在鼓楼中，办公室在楼下，阅书者甚为踊跃云。

离开封即赴定县。定县为晏阳初博士年来试验民众教育及乡村改造之地。祖荣曾与晏氏及其同事瞿菊农博士晤谈。其时全国基督教会议，正在此地集会讨论乡村改造工作。余曾询晏氏何以选定此地为工作之地。晏氏谓：一、因此地民众教育之进行实较他处为宜；二、因该地人士热心合作，如捐地及让予文昌宫等以为实验区等是；三、因同人等以此地位铁路之旁，而又距北平不远，往来较便也。

祖荣与晏氏谈话中，晏氏曾谓，凡欲创一大事业，必须有相当之领袖人才及一定之计划。二者俱备，金钱之来，自意中事耳。于此足见晏氏事业之成功非偶然也。祖荣亦询及其对于图书馆之活动何如，彼云：图书馆活动虽非主要之事业，然为其计划中之一部分。彼拟设一图书馆先供工作人员之参考，次则以之普及于民众。

离定县后，即赴北平。北平祖荣已四年未至矣。其时北平图书馆尚未落成，忆曾与美国公使马慕儒（Ma. Mac Murray）及周贻春博士、任鸿隽先生，及袁同礼馆长，同去参观。时四周墙壁仅及四尺，今则焕然大厦，早已完成；不特堂皇伟丽，且真足为图书馆珍物宝藏流通之用也矣。

是馆由中华教育文化基金董事会拨款所建，与政府所属之国立北平图书馆合并者也。所藏中国书籍内，有三万余册为精钞本，即所谓四库全书是也。此外宋元善本及其他精钞精校之本，尤为丰富。近五年来又致力于西文专门书籍及各种重要科学之整部杂志之收藏。凡作高深研究之工作者，皆不能舍是馆他求云。

每日来馆缮校孤本者颇多。馆中且置有影书机（Photostat），凡道远不能亲自赴馆缮校之孤本，馆中可代为印影出，取价至廉，每页只收价费二角五分。由此，该馆对于读者之服务，更觉宏巨云。

馆中并储有样子雷所制圆明园宫殿、三海及东陵等房屋之模型陈列于馆之下层中。

是馆之建筑，与政府合作，以及筹拨款项、采购书籍，能有今日之成绩者，以建筑委员会主席周贻春博士，及代理馆长袁同礼先生之力为多云。

政治学会图书馆建筑新落成，关于政治方面之书籍收藏甚富。是馆多得中外名流如前美国驻华公使芮恩斯（Dr. Panl Reinsch）、顾临先生（Dr. Roger S. Greene）、威罗贝博士（Dr. W. W. Willoughby）、古德诺博士（Dr. Goodnow）、胡适博士、周贻春博士等之努力赞助，方克完成，其书籍大部分由芮恩斯、威罗贝等之力，向美国各大学捐赠得之。量数之多，今馆已渐不能容矣。

清华大学图书馆位于全校之中央，诚该校生活之重心也。原馆不敷应用，新加建一部分，业已落成。有原馆二倍之大，其接合配置，颇费苦心。参观者初不觉其为附加而成也。中有大阅览室二，同时可容读者六百余人，职员办公室亦较前宽大。其行政方面，至有统系。馆中所有应行办理之事，揭于馆长室中，全馆馆员皆习知之。每日每人皆有报告，使馆长知何事已办，何事尚未办云。

燕京大学图书馆之建筑，颇不适图书馆之用。建筑设计之人，似缺乏图书馆知识。办公室、编目室，亦觉太小。若图书馆发展，势非改建不为功。是馆购书经费颇受哈佛燕京研究社之补助。凡重要中文之大部典籍，与夫有关中国问题之西文书籍，皆由其助款购买。是馆订购工作最有统系。馆长于馆事之外，并监制白墨水、胶水等以供应用，且可售于他馆，各图书馆之向彼订购者正复不少。中国书籍函装之法，亦为其所发明。又该馆办事赏罚最为分明，病假事假等均须补作。对作额外之工作者，则有额外之薪金云。

协和医学院图书馆馆长戴志骞夫人，管理有方，分类编目，秩序井然。其分类系统，乃根据波士顿医科大学图书馆之分类法。该馆除收藏极丰富之医学书籍外，并藏有无数整部之医学杂志。有数小阅览室。此图书馆并非独立建筑者，不过附属于一屋之角隅耳。

地理调查所图书馆已成立数年，乃捐资所建。是馆为一所专门图书馆。有西文书约二万册，中文书约五千册，多属于地质、地理、古生物、考古、矿物等学之书，地志、地图亦复不少，此外，约有二百种专门之杂志。其建立乃为地质调查所工作人员之应用。发行有价值之刊物颇多，其刊物皆属专门深邃者，胥与各国交换。其主事者为翁文灏、丁文江二氏，皆国际间知名之地质学专家也。现其图书馆受中华教育文化基金董事会之补助，用以添购书籍云。

北京大学图书馆庋藏颇富，惜无适当之馆舍。现暂设于松公府旧殿中。中文书约十二万册，西文书约八万册。其历史颇悠久，清末设京师大学堂时，即已成立矣。其书珍品颇多，惜未完全编目。每月有三千元用以购置外国文书籍之用。该馆自设有装订部，用本地材料，价甚廉，平均每册仅费三角左右也。

师范大学图书馆，自馆长何日章先生任事以来，颇多改进。据云：前此馆务之管理，不甚严格，书籍时有遗失。借者亦往往过期不还。何氏以身作则，每日按时到馆，同事亦仿效之。遗失过期之事，因以大减云。

辅仁大学图书馆馆长谢里士博士，德国人。馆不甚大，但极有条理，馆室暂设于办公楼中。分类采用杜威十进法。西文书由谢氏自编，中国书则由中国馆员编之。学生来馆利用图书者不多。曾介晤其校长美人 Rev. Clongherty，彼于吾国图书馆员之训练颇为关心，并云：凡图书馆间之合作，以及彼此有益之举，如交换复本等事，均极端赞成者也。

余于报告北平图书馆情形时，最可喜者，北平图书馆间之合作，已大著成效也。北平图书馆曾编印北平各图书馆联合目录三册行世。亦盛行图书馆间互借方法，各图书馆于一定期间中，可向其他图书馆借出若干书籍，以供其读者之应用，法至良意至美也。

国立北平图书馆则于此犹有进者，不但与国内图书馆合作，且进而与国外之图书馆合作。为国际合作起见，该馆已送馆员二人于美国哥伦比亚大学再求深造，同时并任整理该校中文书籍之责。又与德国普鲁士邦立图书馆交换馆员，本年度来我国服务者为西门博士 Dr. Walter Siman；去彼邦者，为馆员严文郁君。此种互助之策，欧洲各国未实行者，中华已先彼实行矣。

离北平后，即赴天津。在天津参观图书馆三四处。

南开大学图书馆建筑甚美，吾鄂沔阳卢氏捐建。卢氏号木斋，故该馆名曰木斋图书馆以纪念之。该馆经济系所搜集关于经济学书籍与其相关之书籍，最为丰富。

河北女子师范学院图书馆位置虽不甚佳，然布置整洁。凡空间可利用之处，均经利用。学生亦能充分利用书籍，管理亦佳。

北洋大学图书馆建筑不善，光线黑暗，极不合图书馆之用。亦不能指导学生，使之发生兴趣。若欲求有较佳之效果，亟当改造也。

离天津后，即赴济南。省政府主席韩复渠氏主持省政，秩序安定，于教育亦尽力筹划。山东非富庶之省，因韩氏热心教育，增加经费，故于加添中小学之外，又设一大学，彼于图书馆亦甚重视也。

山东省立图书馆收藏丰富。馆长王献唐氏指示解释，所见各物，以所藏写本佛经为最足宝贵。最近复收得海源阁孤本二十余种。王氏并致力于金石古物之收集，馆中附设一博物院，以展览之。祖荣往观之前一月，该馆收得滕县发现之古铜古陶器十余件，多为周代之物。王氏现正计划建一新馆，已筹得捐款五万元，欲再筹五万，即可开工。开工后，而省府即可再拨五万元以完成之。该馆位于大明湖畔公园中，风景幽胜。山东省图书馆事业颇为发达，尤以民众图书馆为甚。各县图书馆长，曾集会于济南，讨论该省各县图书馆之改进事宜。祖荣抵达济南时，甫毕会云。

齐鲁大学图书馆亦受霍尔氏基金（Hall Fund）之补助，其补助金专用以购买书籍。中文书籍不归图书馆管理，而归中文部主任管理之。

山东大学（前名青岛大学）图书馆由该大学教务长代理馆长，故一切设施，皆由彼决定。所有馆员工作，皆由教务长派定，而真正受专门训练之馆务主任，反无权左右之，殊足诧异。馆务主任有名无实，其结果徒使馆事受害而已。

祖荣在青岛由教育局长介，晤市长沈鸿烈氏。沈氏非一般官吏可比，乃一实行家，事无巨细均以忠诚行之。彼云：彼第二步将建一图书馆以供该市市民之用。彼曾费十二万元建筑华北运动会会场一所也。

离青岛后，即搭船赴沪。在沪曾与圣约翰大学校长卜舫济博士（Dr. Pott）谈论关于图书馆员训练问题，并参观圣约翰大学罗氏图书馆。惜开馆时间已过，未晤其馆长黄维廉先生。是馆办理极佳，编目亦完善。书籍杂志之订购尤有系统。中文书卡片之书法亦极整齐云。

沪江大学图书馆现已移入新馆，较祖荣十七年前往观时发展多矣。馆员亦感不敷分配，故另以学生助之。馆长为汤姆森女士（Miss Thomson），祖荣所素识。盖年前基督教高等教育会时，其中图书馆组祖荣为主席，伊为书记也。女士于该馆之整顿颇著条理。另开一室，专储加勒基国际和平会所赠予该校国际关系之书籍云。

大夏大学图书馆舍亦是新建，惜其内外皆不适宜于图书馆之用。该大学并设有图书馆学课程。

交通大学图书馆，我国历史较长之大学图书馆也。馆长杜定友氏办事颇感掣肘，教员等亦不甚了解其工作。如能给以全权，该馆之进步，当更大更多也。

国立中央研究院图书馆兼司国际交换出版物之整理，馆长为孔敏中。其所交换之物，多为各国政府出版物，颇多储置，整理匪易，亦须知悉各该种文字者，故办事不无困难也。

光华大学图书馆成立不久，尚无独立之馆舍云。

科学社图书馆亦只成立三年，系纪念该社创办人胡明复先生者，故名明复图书馆。该馆建筑颇多缺点。室内空间未能充分利用。但其所藏之科学书籍及科学杂志，不少珍贵之品云。

中国银行亦有一图书馆，原为该行职员及其研究部所设。凡行外之人有欲知关于银行方面之事者，亦可来参考。报纸上关于银行商业实业等问题者，皆剪下排列。研究部印有一剪片分类表一种，效用极大云。

人文图书馆乃一剪片图书馆也。因其将各报章杂志上数年来之各种问题剪下，分类粘表之故也。并又将中国较著名之杂志约百种中之论文作为分类索引，而于《人文月刊》中发表之。

上海富商叶鸿英氏，拟捐资百万建一图书馆，现已组织董事会矣。余闻其事于该董事会主席蔡元培先生。将来该馆建筑完成之后，即名为鸿英图书馆云。

民立中学图书馆设于办公室旁，仅数室，光线不佳，且临街，多尘土。该馆附设有一所图书馆函授学校，馆长陈伯逵先生云：现有学生约百人，每项功课取费五元云。

离开上海后，即赴杭州。杭州图书馆事业，较前大有进步。在历史上，杭州亦为文化中心。清代四库全书七阁之一之文澜阁，即设于此，今日独存，其珍贵可知。

浙江省立图书馆新建馆舍，外观异常伟丽，酷似美国新式之图书馆。但内室构造颇多缺点：望板太高，光线自巨大之窗中射入，使读者目力深感不快；编目室光线亦太强，工作人员易于疲乏；书库光线亦直射于书籍之上，最易损伤；又于同一层楼中有二出纳台，一为书籍，一为杂志，亦似太费。馆长陈训慈氏对于馆事非常努力，设有巡回图书馆以供杭州各机关人士之应用，并在钱塘江游艇中巡回，以供游客之阅读。该馆亦有编辑工作，出版有月刊等。

之江大学图书馆位在钱塘江上，风景佳胜，图书馆为新建，该校当局尚拟于馆旁接筑一书库。曾与其馆长彭君匆匆参观一周，据云：馆员太多，报酬亦低。但其地确为读书佳地云。

南京图书馆颇多，大体均可观。惜以时间仓促，未能久留尽量参观为憾事耳。

金陵女子大学图书馆此时尚设在一不甚合用之大楼内，其一部分即作为课室之用。该馆采用开架制，管理因之颇感困难。又为鼓励寒素学生工读起见，图书馆有学生助手若干人。于是图书馆主任，事先须计划支配伊等之工作，事后须校核伊等已经完成及因赶上课未及完成之工作，破费心力与耐性。今日各学校图书馆每感到学生助手之工作效率不大，而其结果难求整齐，殊不经济。又彼等以事不关己，责任心薄弱者，亦每每有之。致图书馆员常须代彼等之错讹处受过，故不主张用学生助手。金陵女子大学图书馆新馆舍竣工，迁入新馆之后，彼方所感之困难，当能减少若干云。

中央军官学校图书馆所新建之三层楼馆舍已落成，颇为美观。该馆读者颇知如何使用图书馆。书籍流通甚多，图书馆工作亦井井有条。该馆并办种种推广事业，系谋辅导读者多能利用图书馆者。

国立中央大学图书馆，自该校校长罗家伦就任后，图书馆组织与管理为之一新。近该校各科系主任订购新书甚夥，故馆员工作特忙。

而借出书籍数目日增，期限延长，开馆阅览与参考时间亦加长，均为该馆对服务上求改进之新规划。馆长为桂质柏博士，对其工作甚努力。馆员谈话例只准五分钟，若超过即予制止。办公室内只见各馆员挟书来往，工作不稍停顿。馆长往来于各工作处所监督指示各馆员工作。该馆藏书骤增，后屋已不敷用。现该馆扩充馆舍安设新书库之计划，已着手实施。俟完成后，南京将得一恰可与清华大学图书馆媲美之大图书馆矣。

金陵大学图书馆得刘国钧博士指导一切，进展甚速。该馆亦从霍尔氏基金捐有款项，得五万元，为购置新旧中文书籍及凡关涉中国之社会科学书籍，与夫此项有价值之西文书籍等之用。刘氏与该馆其他职员二人还在该校并担任图书馆学系各课程讲授事宜。李小缘先生在美国治图书馆学有年，创获甚多。现在此任中国文化研究所要职。选购中西书籍之事，均由李氏管理之。购书经费亦出自霍尔氏基金，新籍旧椠，琳琅满目。该校现藏之农学书籍，为国内仅有之特藏。所收我国地志书籍，亦列在我国此项专藏之第三位。又该馆另辟农学研究之专藏，已刊未刊之巨制颇多，由万国鼎先生主持其事，贡献独多云。

国学图书馆为一历史悠久之图书馆。我国图书馆与目录事业之旧型遗规，多可于此馆见之。该馆原为研究国学者而设，非通俗图书馆可比，入馆阅书籍须纳费，所藏宋、元、明版及稿本珍藏甚为繁富。柳翼谋先生任馆长，学问精湛，对馆务进行不惮艰辛。即以该馆专门之事业，对我整个图书馆界谋贡献，殊为得未曾有。该馆现正继续编纂目录，刊布旧籍中名贵作品等工作。所出版之年刊，亦多有重要文字发表云。

国立中央图书馆现尚在筹备中，隶属于教育部。其设立主旨在为新都供给一所研究学术之图书馆，如旧都北平图书馆者。蒋复璁先生新自德国研习图书馆学回国，颇留心欧陆之图书馆制度，现正主办该馆筹办事宜；蒋氏近与商务印书馆积极接洽刊印四库未刊本一事，想即可成为事实。书成后，即以之与世界各大图书馆交换刊物。其鹄的在使中央图书馆得以成为一名实相符之大图书馆也。

中央政治学校图书馆馆长为洪有丰先生。该馆组织管理办法均出自专家之手一切自是不同。该馆政治科学书籍庋藏丰富，尤富于三民主义之特藏云。

内政部图书馆尚可观，所藏志书为国内之第三位，盖以内政部规定各省各县须各赍送各县方志送部庋藏。又据出版法，凡新书出版，规定须呈送教育部与内政部各一部，征集故较易为力也。惜乎馆舍简陋，殊不适于藏书之用，为憾事耳。

外交部图书馆亦为政府机关中图书馆之较优者。其协助外交部务之改进处不少。咨询、参考、编纂工作频繁，每一问题到馆，当事者常须翻检各书、各刊物、各文件，以求答案。日之不足，且继之以夜。朱家治先生任馆长，其职任当甚繁剧。

铁道部图书馆，即设在该部官舍内。搜集铁道建筑与管理之册籍颇多。余到该馆参观时，主任金甫敏先生适已公出云。

国立中央研究院社会科学研究所图书馆，藏书亦尚好。惜未能尽量应用之：以其办事人员过少，甚不敷支配也。

教育部图书馆以经费太寡，情形殊不见佳。距该部所规定之标准设施盖颇远也。全馆几无一册西书，仅有美国书店赠送之教科书样本若干本云。

余此次调查旅行，除与各地图书馆界同仁恳谈我图书馆界各情形各问题而外，参观各图书馆，类似走马观花，殊不敢遽作评论，仅将各处之印象陈述如上。惟余以我国图书馆事业，在最近五年中，虽国家迭遭危难，其进展自有不少足以令吾人引为欣慰者。全国各高等教育机关，其收藏丰富，馆舍美备者，几成必然之通例。学者与教育家，常以本乡本土完备之图书馆设施自豪。富人者流，亦常思捐款以为建图书馆之用。政府方面，就各部图书馆言，固亦愿竭力图谋图书馆设施之完善。捐资兴办图书馆者，亦经明文规定例应奖励。《中华图书馆协会会报》《图书馆学季刊》刊行以来，各处图书馆刊物之产生，如雨后春笋。对此种种吾人咸感兴奋，意者我国图书馆事业之新开展，或将于此发扬而光大之也。然余以为在另一方面，亦有不少恶势力、恶影响潜伏滋长于其中，乃极愿我国图书馆界同仁急起共谋纠正。兹并为条举于下，以终本报告书云。

（一）在若干大学内，其校中当局，似常有干预图书馆本身行政之处。每有在他部不称职之人员，勉强安插于图书馆中工作者。此类人员，例为该校某重要人物或教授之亲戚故旧。于是图书馆馆长对于馆中职员遂无任免赏罚之权。能者不得用，无能者不得不用，其贻害馆务孰甚。又常有于图书馆馆长与主任上，另置教务长或其他教授以为太上馆长者。究其实彼对于图书馆工作一无所知，而图书馆执事者，乃遇事不得不禀承之，此有乖于事理为何如。通常图书馆管理原则，属于图书馆专门技术，其行政方面，应由图书馆主办人员执行之。关于图书馆之政策与规程，学校当局有时自应过问，但各图书馆执事者，不能称职时应撤去之，固属学校当局之权也。

（二）教授方面对图书馆工作缺乏好感，亦为见习困难之一种。每一书自订购以至插架，中间曾不知经过若干步骤，以故每一书编目完竣，需时颇多。但彼等未能深悉此种底蕴，书目如未立时编就，于是责难百出。且有不俟登录即提走者，盖缺乏合作之精神也。

（三）教授不守借阅书籍规约，亦属常事。借书不遵守时间限制，且馆中不出借之书籍，如大部参考书籍等，经勉强借出后，无论催索至再至三，亦仍久借不归，图书馆人员竟亦无如之何。以校长唯恐开罪于教授，故图书馆方面，终不得直也。

（四）图书馆办事困难，又每发生于庶务上之纠纷。大学图书馆订购书籍文具用品，例须经由大学庶务处办理。设结果圆满，图书馆人员自亦无所用其多事。然每每庶务办就各件，非不合用即以价贱品劣货充数，结果等于浪费。而纡徐曲折，旷时费日者甚多。夫此岂又计之得乎。

（五）学生方面，常难以求得合作，我国图书馆界同仁，亦常苦之。意者若教授能与图书馆人员协力指导学生，晓然于利用图书馆之方法，以及公共道德之养成等，其结果必将大异也。

（六）多数大学图书馆，常无供图书馆人员购置专门参考书籍之费，彼等似不觉其重要。盖凡有助于图书馆员者，即同时有助于图书馆中之工作者，其理由至明显也。

（七）许多图书馆中之助理，多为未经专门训练者，似应授以若干图书馆工作必需知识。若某馆能资助馆员到邻馆考查实习，藉收观摩之效，似较为经济也。

（八）图书馆员彼此间，据观察所得，亦少合作之企图与努力。唯北平各图书馆及南京金陵及女子金陵大学图书馆，订定彼此互借办法一事，各地图书馆均应效法之。仝在一地之图书馆，若在购置上徒尚竞争，其为无意义已至明显。凡重复书籍杂志，应彼此交换，俾各得完整之本。现时金价仍昂，故交换西籍，为尤有利也。

（九）各地宜成立图书馆学研究会、图书馆俱乐部等，以谋推进本界专门事业发展之地步。

（十）图书馆学训练与专门学术研究，亟须打成一片。吾人深愿曾研究各专门学术者，仍能加入图书馆学学校再受两年图书馆学之训练。盖图书馆学训练，启示用书方法，及致力学问方法之处特多。对于治学方法与工具，指导特详。故修各专门学术者，如能得图书馆训练，将更易于成为该科之专家，必无疑也。

（十一）现时我国国民教育馆，各省皆是。民众教育为当前之急务，故民众图书馆人才之训练，亦属刻不容缓也。

（十二）簿记之学，似应成为图书馆学训练必修科目之一种。以养成图书馆员管理经济记录账簿之技能。即在大学图书馆中，虽常有专司之机关，此项训练亦属必要。各公立省立图书馆中司账人员，即可不必延请，设此种知识果已成为我图书馆员具备之技能者。

（十三）在大规模图书馆中，如北平之国立北平图书馆等处，图书馆员专精某项图书馆事业，诚为必要。将来图书馆学学生应习高深图书馆学学术，如编目、分类、参考、官书，管理等项，以应其需求，似无疑义。但为一般普通图书馆设想，则图书馆人员仍应对图书馆整个工作有所谙习，庶可应付图书馆中各方面之业务，如俗所谓生、旦、净、丑、末样样俱能者也。

（见1933年《中华图书馆协会会报》第九卷第二期）

我国图书馆事业之改进

谈到改进，是近来一个时髦的口号，尤其是在我国各方面呼得最为激烈。

图书馆也是在随着在呼改进，试问是在向着谁呼呢？有人说应当向着当局者呼，因为他们有种权力，可以帮助我们；又有人说我们应当向着一般平民呼，因为这般平民完全不认识我们。不过这两点不一定是我们所急需的，目前惟有向着我们范围以内的人来呼！

我国图书馆事业之改进这个问题，是最为急切的一个问题，万不可像其他的事业可以敷衍下去。因为一不前进，就使全国的学术文化，都落在世界各国之后，这是办理图书馆事业的人所应当负责的。可惜腐败的图书馆，沉闷的图书馆，以及无法可以生存的图书馆，还有许多挡在前面，若不能如农夫之去草，芟夷丛杂，绝其根本，则必滋蔓而不可图！

图书馆事业的改进，是为固有的文化向前面发展而改进，是为调和他方面输入的新文化而改进。我国图书馆目前的情形，正是在此当中，不得不力求改进。其中困难之处，多有棘手者，自是免不了的。如历史的关系，环境的关系，形形色色，复杂不堪，妨碍图书馆事业者，何可胜数！须知古人云，畏首畏尾，身其几余，如果因畏难而裹足不进，则终无打破此难关之一日，于此如烟如花，若有若无之图书馆事业，即使留着有何益处？这一定不是努力于图书馆事业的同仁们所希望的。更相信凡努力于此事业的人，必然是站在改进的一条战线上的。

在力求改进中，自己先要认识清白的：（一）欲望不可过高，因为过高事实上办不到。比如近来汉口市正在计划设办一所市立图书馆，论汉口人烟稠密，交通便利，自然是需要着一个很大的图书馆，供给汉口市民之用，然而经费还不够欧洲一个最普通的小图书馆，这有何办法呢？所以在计划改进中，要同时顾及本身的财力，如馆址宽敞，建筑美丽，设备完善，组织精良，搜罗丰富，薪资充足，运用裕如，好则好矣，其如事实不许何！不如就财力之所能及者去行，去求改进，或较有益。（二）合乎实际需要，图书馆一文钱就有一文钱的用处，这每一文钱，一定是要用在群众身上，什么是用在群众身上呢？就是买一本书必定对群众有益，如在农村、商务、工厂、大中小学，以及军政各机关，各因其事业以为选购，力求适合乎实际的需要。（三）须取得群众的信任，图书馆事业不是为己，乃是为人，群众能够信用图书馆，则图书馆方有生机，有立足的必要。由是向他们求帮助，担任经费，添购图书，扩张流通等等，也不至于窘手。

这以上所说的几点，并不是说改进的事项只如此而已，若真是那样的简单，也就用不着当做一个讨论的问题了！不过能够先认清白了上述的几点，则于改进的工作，也有莫大的帮助。我国图书馆事业本来过于复杂，而所要改进的，几乎触目皆是，兹举其荦荦大端者数点于下：

1．关于图书馆事业之基本原则及最低标准方面者

任何图书馆，一定是有他的原则和标准，不过我国图书馆事业值此萌芽的期间，而又适逢天灾人祸，内忧外患，致图书馆一筹莫展，无法推行，比比皆是，如何能够谈到改进呢？若是看得这样消极，中国很可以不要图书馆事业，何以有的人还在继续的研究，有的人还在提倡，有的人还在赞助呢？由此可见这个事业，是与国家社会有益的。既然如此，则应当规定其基本的原则及最低标准，目前虽临万难当中，千钧一发之时，亦应积极前进，不可推诿，以达到这个事业的健全，与合理的发展，也可以改进现在，紊乱颓败简陋的各种现状。如何为基本的原则呢？就是要注重公有、公享。因为近来的图书馆不是藏书楼，或是为少数的书虫、书痴所独享用的，这种春风化雨，是要使万物所均沾，所以共有、公享、开架、出借等等，为图书馆事业的基本原则；还要注意学术研究、事业发展、文化保藏，以为图书馆

竹包松茂、带水环山之根本建设。至于最低限度的标准，就是要有最低限度的员司、设备、经费、图书等等；而为真正合乎图书馆所需要者，绝非滥竽充数、靡费；还须办理图书馆一切基本事务，以为远大发展计划的张本，不使其涸竭，此均最低标准中所应有者。

2. 关于我国图书馆今后第二阶段事功之方案及其实施程序者

我国对于新式图书馆学术事业，从国外介绍到我国，得以实施试办已历二十余年。虽然已经有国立图书馆、公立图书馆，以及私立图书馆等等，究其实在的成效，还不敢自许。无论如何，现在介绍与试办之过程，应告一段落，而成为：（A）中国式的图书馆，就是纯粹的中国色彩，合乎中国人的性情，我们虽然取用了人家科学的办法，但是在实质上要变为中国化的图书馆，如分类、编目、图书设备等等，都能代表中国的文化，可由中国图书馆显现出来；（B）有切实工作效能，不必过事铺张。要按部就班，循序渐进，抱着一定的目标，绝对不作空泛的理论，而实事求是的真工作，能得社会的信仰与赞助，以发挥图书馆之能力，尤要对于民生、疾苦、国难，多有所贡献；（C）有深刻学术上工作上之研究与创作，须知过去得失所在，以定今后努力各项事功之方案及其实施之程序，采取钟摆式动荡的姿势，以为实施工作之方针。

3. 关于合理化的图书馆工作与协作方面者

现时国难严重，凡百事业，日趋凋敝。穷源究委，多由人心涣散，不能调剂合作。彼非此是，此是彼非，互相排挤，势如冰炭。想到图书馆事业，在此建立新基的当儿应矫正此弊，力求允当、经济、合作、建设；极力避免错误、浪费、倾轧、破坏；尤须于经费上、管理上、工作上、人事上、求得真正的合理化。至于图书馆编目、选购、交换、建筑、设备、组织、管理等等，尤须力求整个图书馆界之调剂协作。此外，审其缓急，权其轻重，则由图书馆工作分析研究着手，均听负责人处理。

4. 关于训练图书馆专门人才方面者

事业之发展，须有适当人才。现在我国图书馆界，对于训练专才一事，颇为认真，有的留学欧美深造图书馆专业者，回国服务本界，如美国图书馆事业之开创人士，皆为一时英杰，大有贡献。惟以新开事业，此种专门人才仍属寥寥，常有不敷应用之叹。故训练尤应积极。至于训练之步骤：（A）应定立各项标准，严格遵办，严格考核，对于学历、成绩、品德、体格，均须合乎学校的标准；（B）学校之实施，须下详审切实功夫，凡对于图书馆用品之创造，工具之运用，图书馆学教科书与参考书之编纂，图书馆学应用图书及杂志之选购与流通，以及图书馆学讲演，图书馆学专门教育之指导，并位置之介绍等等，均为重要之事功；（C）须有良好之品格，健全之身体，并有热心服务、任事忠诚、言词温和，以及学术技能，均极优越精到，凡此种种，皆为训练中应有之要素。

5. 关于继承并发扬光大我国固有之图书馆之事功者

我国现代图书馆，接受固有图书馆的产业，就想到对数千年来，文献的收藏、保护、汇集、处理、传布、应用，这一切遗规旧范，以及关于此项有权威的大师通儒，并有历史的馆阁，藏书楼等等，都是在我国文化上，占有重要地位，放了无限的光彩。这一笔伟大的遗业，应须一律重视，而亟谋所以继承发扬光大之。这种承先启后的工作，若专靠图书馆的新方法还有做不到，因为新方法只能使其供应便利，而于古书罕本，极难收藏。所以发扬光大我国固有图书馆之事功期间，还须：（A）征求与咨询，因一人的智力有限，而且我国的典籍繁衍，学术复杂，古人谓终身穷通一经而不得，何况此中外新旧学说昌明的时期呢？所以办理图书馆的人，必须最应虚怀若谷，存好问则裕的心理，多多请教于嗜古的专家；（B）研究与传播，这个意思，就是己立立人的功夫。总之，我国文化在世界占主要的部分。现欲发扬光大，使世界人类，有确切之认识，从欣然之推崇，其事功当在图书馆而已！

最末，尚有忠告于图书馆界同仁者。即以我国图书馆事业，无论兴衰成败，决不能诿之于他人，虽然有要人帮助或维持的地方，但是改进的责任，则由图书馆界完全担负，所以图书馆求改进的呼声，只有向着图书馆界范围以内来呼。自然在上面所举的几点，总不能为图书馆各问题之详细表率，但其间也许有一得之愚，而略资贡献者。至于图书馆内部之组织，与各项之分配，现在所需讨论而求改进的是很多，尚希诸同仁各有发挥，有所见教。

（见1933年《文华图书馆学专科学校季刊》第五卷第三、第四期）

《普通图书编目法》序

编目工作在图书馆事务中，比较专门而繁复，不但须有相当之训练与经验之人担任之，并须有一定之规则共相遵守，方能前后一致，可免分歧。言中国图书编目法而有专书者，唯杜定友氏之《目录学》，裘开明君之《中国图书编目法》，及余所译《简明编目法》数种而已。此数书虽各有所长亦有所短，难供一般图书馆之应用。黄君星辉先后任职于苏州东吴大学图书馆及山东大学图书馆，就其经验学识，著《普通图书编目法》一书，求余校订并为之序。余详阅其书，应有尽有，各加讨论，故不能谓之简略，文辞简洁，摭去空言，故不能谓之繁芜。而条理清晰，举例详明，尤为前此各编之所不能及。凡用是书为根据以编制图书目录者，读者既易明晓，编者亦定能胜任愉快，无前后矛盾之弊，余故乐为之序。

中华民国二十三年一月十八日　沈祖荣

（见黄星辉著《普通图书编目法》，武昌文华图书馆学专科学校1934年出版）

谈谈图书馆员的生活

我常常想到《庄子》上惠子和庄子的对话："子非鱼，焉知鱼之乐。子非我，焉知我不知鱼之乐"这一段意思。大凡个人的事，还是望个人去办理清楚；如自己办不到，而想推之于他人，是不可能的。照这样说来，图书馆事业在目前的中国，处于万难当中，难道不须求助于人吗？求助于人固然不错；最紧要的，却是自助则人助。本文的意思，是想对这回事作一开诚布公的讨论。

一、对于图书馆员的生活之认识

在未谈到我们图书馆员的生活的状况之先，有几点首先要申明的：这不是贴广告，不是发牢骚，不是泼冷水，乃是要将图书馆员的生活，清清白白的摆出来，使大家考查一下。

1. 图书馆员的生活是繁重的

有许多人看图书馆的工作，是很简单，又很清闲的。什么缘故呢？因为图书馆的工作，无非是如此，买书呢，排书呢，借书呢，还书呢，其余的时候，乃是自己念书，这不清闲吗？这类批评的冷语，自然无须乎去辩驳。先谈工作的时间吧，每日工作有七八小时。有的晚间还要到馆服务。就是在假期中，还给人以阅览的机会，如寒假暑假，学校放了学或停了课，图书馆还要开放，无论极冷还是极热，是不可临阵偷逃的！每日里未开馆之前几多分钟，就要到馆整理一切，到了关闭的钟点还不能走，一定要收拾好方才可以离开。上至馆长主任，下至工役，都是如此。

再就技术上说说，一本书排出来是很不容易的，从采购到排上书架，共有十几步手续。若要做得好，必须步步做到，而且要做得对。

比如一本书到馆时，就要查对订购单及发货单是否相合，打印，盖章，查著者姓名、著者号码，登记，写登记号码、分类号码，对书架目录看书码有无重复，编目，编书架目录，贴日期单，贴书袋，写书签，写书卡，校对字码有无错误，排卡，又校对目录柜内排列次序有无错误，若是用白墨水写书签，还要涂胶水等等。从这几点上看来仿佛无什么难处，但是一个人是很难做到的，而且要做得又准确，又美观，又迅速，这多是花时间的事。

再就服务态度说吧，图书馆员不能苟且，诸事要随圆就方，按照一定的规矩，合乎一定的准绳，如对于书籍的取放，金钱的出入之类；记账要清楚无讹，寸步当心，惟恐差错；也不能轻浮，一举一动，要极沉静，绝无躁气，不能放言高论，妨碍阅者，尤其要对人有礼貌，言语平和。

再就健康而言，图书馆员在馆内埋头工作，月月如是，日日如是，阳光风光不能享受，虽至神疲力倦，不能运动；再则用饭时间极少，所以吃饭极不均匀；更谈不上玩球，游戏，娱乐之事，所以伤损身体健康，以致有得肺痨，生痔疮，甚而致于夭亡的；还有一点极好笑的话，整天在馆内工作，到晚回家，已就倦怠非常，又那有余力顾及家事？

2. 图书馆员的生活是麻烦的

麻烦，任何事业，是免不了的，不过在图书馆当中似有过度之处！最感麻烦的，就是在经费上。在外国设一个图书馆，须先审查当地的情形和需要，即划一其经费，指定图书馆各个用途，有适当的分配，并有法律的保障。在中国谈不到，伸缩听其自便，有的完全不为图书馆着想。图书馆所用的工具及馆员所要的参考书籍，要费九牛二虎之力方能买得，如分类书、标题书、编目书，及一两部重要参考书须费美金几十元，好多主管机关，以为此是图书馆所用之书籍，花如许重价去购，有何益处？须知图书馆应用工具之书籍，就是极有研究的图书馆专家，也是要借鉴的。图书馆采用物品用具，也是有困难的，如它的质料、颜色、大小、厚薄，都要考究的，要美观，要实用，但是价钱比普通一般的可是要贵些，因为这一层，图书馆常受人批评。但是有的图书馆买些不相干的书，馆长虽知其不可买，但是却有图书选购委员们把持要他买，须知图书馆的经费有限，买一本书，必有一本书之用处，何可泛购？在经费上还有许多许多的麻烦，不可胜举的。

再谈行政，图书馆行政最苦的，如用人方面，就极感困难。将一些生手放在馆内，甚至有有后台的生手，既不能调换，又不受训练，旷日费时，虚延工作。又如说到图书馆地位方面，有好多大学内的图书馆，不能将他放在一个单独的地位，只好置于教务处或秘书处之下，这个当中就生出许多枝节来：教务处等都负学校该管事务全责，所任甚重，那有工夫顾及图书馆？但图书馆有何事项，又不能不报告教务处或秘书处，又有一些事要报告校长，这是多么费事呢？还有的图书馆的主管机关，取无意味的干涉，诸事要过问，不得他的同意，便使工作寸步难行。还有的图书馆主管机关，对图书馆漠不关心，视为有若无，从不过问。比如一个学校校长态度是如此，则教员和学生们自然就会冷落，不肯利用图书馆，而图书馆也就无生气了。其他的麻烦一言难尽：与在上的心理不合，不能成功；对同事不和睦，不能成功；不得阅者的欢迎，也不成功；不得教授们的欢迎，也不成功；不得主管的人信任，也不成功；有人借书逾期不还，又不认罚，也无法处理；有人借书始终不还，也无法处理；有些教授把书成大部的拿出去研究，多日不还，也只有听他；有的教授为编目分类的问题，不理会图书馆整个的原则，也只有依他个人的好恶；……诸如此类，言不胜言，试问像这些麻烦，是图书馆分内应有的事？还是意外的事呢？

3. 图书馆员的生活是艰难的

现在在我国图书馆界就选用图书馆员一层讲，便是极严格的：（1）要中文不错，并知道图书馆学目录学之类；（2）要英文很好，能说能写；（3）要会写字打字；（4）要晓得些点日文、德文或法文；（5）要有经验；（6）要刻苦耐劳；（7）要能合作。必须有这些长处，再要（1）对图书馆学术一切擅长，有心得研究，能计划发展；（2）对一般常识和各项学科有根底，才能使人满意。像一个著名的教授，人对他的希望，只在几门课程上。那几门课程，乃是他平生专门的研究，而且他又只要上了课堂，他事可以不管，他只要对自己的课程，有充分的准备便够了。图书馆员就做不到，日常的工作，要按部就班去做，对内对外要顾虑周全，要那样能对付四方八面的本事，怎能做得到呢？近来我常接着要荐人的信，提出这些条件来，便不禁疑从中来，如此的长才，即以毕生之力赴之，也怕难能；而求之于青年学子中，是何异缘木而求鱼呢？这诚非像本校的训练机关在一二年中所能训练得到的哟！

4．图书馆员的生活是清苦的

一般人员对于图书馆员的要求是如此的严格，可见他们对于图书馆员的希望是很大的，但是所给的待遇又是特例，每月的薪俸出六十元到一百元而已！留学国外，研究一门时髦的科学两三年回国，有许多的机会，即不能干阔差，至少可以充当个教授，每星期只有十多点钟课，待遇又优，权利又大。假使学图书馆学的两三年后回国，得着一个馆长或主任的位置，所享受的呢？仍是职员的待遇而已！从前我对于本校的同学说，他们是在某地方服务的时候，就是他们在牺牲，他们很表同情，到了现在，恐怕这种空言，不能安慰他们了。先前有好多人是在唱提高图书馆员的地位，说几句安慰的话，到了现在，连安慰的话也是没有的了！

5．图书馆员的生活是使人灰心的

现在就我国图书馆的现状言，从数量论，虽有许多增加，但以实质论，对于国内教育文化的贡献，想亦不敢自许。就效用讲，在一学校之内，教职员能在每天进图书馆阅览或求参考者有几人？在欧美图书馆先进的国家，教授们之利用图书馆，正如科学家之利用实验室一样，有不可须臾离的关系。所以他们出版物，日兴月盛，而教育之发达，文化之推进，若决江河沛然莫之能御，在中国则不能望其项背！就以所称为最高的学府的学校言，每年有几许贡献和座屏？图书馆是教育文化的宝库，他们置之不用，真是“捐金于山，沉玉于渊”，却反来指责我们办的不得法！且因经费困难，书籍购备不周，不能供给他们需求，教授教员先生们既不肯利用图书馆，学生们更不待言，只在课本上求资格，而不能在课外求知识，此于教育上的影响，当有不可胜言之损失和危险啊！我真不忍多说了！

就趋向而言，想求一种事业的发达兴旺，必须人才集中。我国图书馆界如今是涣散的，现在更多有灰心失望，以致另辟途径的人，又原来却是图书馆界极有用之人才。这是为什么缘故呢？一定是他们是在图书馆的生活上，受到了很深的刺激的缘故。从前我对他们是很疑惑的，以为他们不与我们走一条路，而另去开辟新门径，过舒服生活；现在把一些耳闻目击的事情如上所说的等等一想，知道他们必大有不得不离开之苦衷在。若是请他们把离开图书馆的内容报告给大家听听，必有长篇大论，充分的理由，会使听者表同情的。前不久有我一个老朋友，他是本界的忠实同志。他不但是对图书馆有丰富的研究和经验，并且有深刻的信仰，努力挣扎过多年。他忽然发出灰心话，他说若不是你老哥那样地苦口对我解说，并见到你的热心，我真不愿干了的。像这样有用的人才，尚且不能使他安心工作，试问图书馆在中国的前途，在最近数年内有何办法呢？

据上所论各端，似有我们愿生生世世不干图书馆工作之势，今后谁人敢走这一条路呢？然则我们现在是一同改业吧？劝人改业，自然非我们的本意。我其所以要将一切的困难，剀切说出的意思，就是要使图书馆员，与图书馆主管机关，并群众们，都能了解这事，然后在此困难中间，来多求解决的方法。使图书馆的工作，得以前进，庶几吾国教育文化，得不致如此这般的停滞。这诚然是本人意在言外的苦衷！所以本文归结要说的话，乃是以下的简短的几点。

二、图书馆员对本专业应有的努力

归到图书馆的本身，也有许多要求自知，更须自勉、自责的地方，这是我们应当觉悟的。现在分图书馆员的自修和自信两方面来讲，关于图书馆员自修一事，有认清职守、注重品学、多学技术三项，申述如下：

1. 认清职守

馆长或主任：（1）须监督日常事务，督查馆员各尽其职，各称其用；（2）须分派工作，规定计划和方针，以利达行；（3）须负责保管书籍；（4）使工作有效率；（5）对于书籍订购、分类、编目、典藏，规则的施行、统计的准确、以及收入的清楚合法、馆内清洁观瞻和秩序等等，都能筹措尽美尽善；（6）能维持灵敏称职的馆员的位置，并善用他的长处；（7）对属员有体恤的心肠，有和蔼的态度，毫无骄傲的样子，对主管人应沉静和亲密；（8）有进步不矜夸，遇挫折不灰心；（9）不靡费公帑。

馆员：（1）任事忠诚；（2）态度温和；（3）在服务时有礼貌；（4）负责照管书籍；（5）善为引导阅者有读书的兴趣；（6）使读者与图书馆能保持永久的好感。

2. 注重品学

学问优越，运用裕如，品行端正，使人敬佩，此在图书馆服务时，有大的帮助。再有设计、决断、调遣适宜，远见宏识，长于组织种种本领和长处，也都是图书馆员所必须修养造就的。

3. 多学技术

图书馆除造就学识外，对于具有应用的技术一则，尤为多多益善。如簿记、制卡、制表、编目、统计、造预算以及善写中西字体，皆为图书馆员所常需用者。

关于图书馆员信仰一层，在这里也可以从（1）图书馆事业本身价值；（2）图书馆先进之劝勉；（3）我国图书馆事业之新机运等三点来说。

先说，我们对于图书馆事业是有大的信仰的。这个信仰，不是幻想或迷信的，乃有事实上的可能，以及前因后果的证明，足以补足我们的软弱，坚固我们的自信力的。现分说这三点，我们的意见乃是这样：

（1）无论如何，这个图书馆事业，是沟通文化辅助教育的机关。我们只要尽本分，任何劳苦、困难，在所不辞。因为我们的工作，是为群众谋利益的，没有消耗社会上的什么，我们每日所得的极薄工价，又是凭着极苦的心力换来的。所以对这是敢云无愧，而可以信仰得过的。

（2）我们要把欧美图书馆先进的国家看看。在前五十余年，他们所尝的困难，比我们现在还要多，因为他们在摸索试验的过程中，关于图书馆种种的问题，如组织、建筑、设备，以及书籍的采购、分类、编目，并图书馆用品等等上，一无所凭藉；后来乃是经过了许多杰士来逐渐追求发明，并挣扎奋斗，于是在今日竟取得有相当的成效和地位了的！我们此时的困难，若是在他们看来，想是等于辽东之豕而已！这是事实的证据，我们可资借镜，又是实在可以信仰得过的。

（3）目前的中国，是天灾人祸的中国，内忧外患的中国，痛苦是整个的，不是一部分的。在近来也有不少的人，对国家的前途，发生觉悟，提倡种种救国运动，如职业救国，科学救国，教育救国，人格救国，以及航空救国等等都是。但我们相信，在这里一切一切，总而言之，当以教育文化为基本。图书馆事业乃教育文化之枢纽。所以图书馆的进退，当然随国情走；如中国元气恢复，政治入轨，则图书馆对于此类问题贡献上所发生的困难，自然不难迎刃而解的。再思之，我中国历史为文化很古之国，在世界文化上，已有相当的地位。为发扬我国文化计，图书馆事业实负有重大使命的！这样一来，是越发使我们对于我们的信仰，相信无论如何绝不至于蹈空的了！

（见1934年《文华图书馆学专科学校季刊》第六卷第一期）

My Impressions of Chinese Libraries

In a recent survey of Chinese Libraries undertaken on behalf of the Chinese National Library Association, I recently visited thirty libraries in more than ten cities. The work took a month. I addressed librarians in three different places and met many prominent educators both Chinese and foreign, such as Dr. Hu Shih, Dr. Howard Galt, acting president of the Yenching University, Roger S. Greene of the Peking Medical College, Dr. J. L. Davies, acting president of the Cheeloo University, Chancellor Tsai Yuan Pei, Mr. Ye Kung Cho and Mr. Hwang Yen-Pei. I conferred with many of these with regard to the kind of library training that students in the future should receive and had a rare opportunity to discuss with trained librarians, either individually or in groups, what special kind of training should be emphasized to fit library students for the present situation on China.

My first visit was to Kaifeng, where I found, to my surprise, that practically the whole land revenue of the province had been set aside for educational purposes. This was due to General Feng Yu Hsiang, whose example has been followed by all his militaristis successors, who have not used any of this revenue for military purposes. Because of their financial independence, the schools have been growing in number. The provisional government has supported not only primary and middle schools but also a university which has just erected a $160,000 building for its library, all paid for from the provisional treasury. This library spends $36,000 a year for the purchase of books in foreign languages. Mr. Li Yen-ting, a librarian trained in America, has worked faithfully and quietly to build up this library. A general course on library training is given. In addition to his library work, the librarian is a professor of chemistry, in which he gives two courses. Mr. Li showed me the Provincial Library, where he was revising the catalog, and the Popular Library, situated in the Drum Tower with administrative offices in a separate house below the Tower on the street. It was fully crowded with readers.

My next stop was at Tinghsien, where Dr. V. C. Yen has been working for mass education and rural reconstruction for years. Tinghsien is not an attractive place. To my question "Why did you choose such a locality as headquarters for this important work?" Dr. Yen told me that he had three reasons: First, the result of mass education at this place is more satisfactory than elsewhere; second, the gentry or men of prominence are more inclined to cooperate and have turned overland and buildings for use in the work; and third, the staff members have found this place a good experimental station, as it is not far from Peiping. Dr. Yen said to me: "You must secure the services of real readers, if you desire success in your undertaking, and you must present some large project that will appeal to them. If you have the project and the men to carry it into effect, the money will come to you." I asked what part the library should play in such a project. He answered: "Library activity is one of my projects, although it is not of primary importance." He said that he would like a library primarily for the use of his staff and secondarily for the use of the people in the rural districts. To carry out such a plan, he would take some men of Henry C. D. Chen's caliber, paying him a salary which I named. Chen is a graduate of our School, who has built up the library of the Chinese Social and Political Association in Peiping.

My next stop was Peiping, where I had not been for four years. The last time I was there was when I went to Europe to attend the first world conference of librarians in Rome. At that time in company with the

American Minister Mr. MacMurray, Dr. Y. T. Tsur, Mr. H. C. Zen, and Mr. T. E. Yuen, we visited the new Library building, then still in process of construction. The walls, of Chinese marble, were then only about four feet high. Now the building is completed. It is not only beautiful and imposing but also a store house of rare treasures. It combines Chinese and Western architecture and is amply fitted for the use for which it was erected. This library was built by the China Foundation with the indemnity fund returned by America. The collection of Chinese books, consisting of 50,000 volumes all written by hand, together with numerous printed books of the Sung and later dynasties and many rare manuscripts, formerly belonged to the government and as now incorporated by an agreement with the China Foundation as the National Library of Peiping. Great emphasis is now laid by the library on the purchase of books in foreign languages, back files of scientific journals of different countries, standard works in the large sense, and books not easily found in other Peiping libraries. Those who do search work are finding this library indispensible and it also has many books for circulation. Numerous readers come here daily to copy portions of books not to be found elsewhere in China and there is also a photostate service. I also found in this Library an unique collection models of the Yuen Ming Yuan Palace, the Summer Palace, the Winter Palace and the Imperial Tombs of the Tsing Dynasty. The acting director, our friend Mr. T. L. Yuan, and Dr. Y. T. Tsur, chairman of the building committee, who worked with the director in designing this lovely building, have taken great pains in bringing about the acquisition of the government books as stated above. Mr. Yuan has on his staff over a dozen of our graduator working in different departments and has offered to our school a scholarship of $200 a year for the training of librarians , beginning next term.

The Chinese Social and Political Science Association has also a new building. The librarian, Mr. Chen has specialized in geology for many years. His Library has a splendid collection of books on political subjects.

Among those who were instrumental in organizing the Association and in building the Library are Paul Reinsch, the late American Minister to China, Roger S. Greene, Dr. Willoughby, Dr. Goonow, Dr. Hu Shih and Dr. Y. T. Tsur. Mostly the books are given by American universities.

The Tsing Hua University has just completed an addition almost twice as large as the original building, it has two specious reading rooms and can accommodate 600 readers very comfortably. I am impressed by the systematic administration and by the number of projects that the Library is hoping to carry out. These are made known to the staff and are kept posted in the librarian's office. Each member are required to hand in a daily report of work. Dr. Andrew Wang, one of our graduates, is the librarian, and another of our student is in charge of cataloging.

The Yen Ching University Library, I regret to say, seemed to me not well adapted to its use. The administrative offices are too small and the Library will soon need enlargement. This Library has been greatly benefited by the Harvard-Yenching Institute, supported by the Hall Fund. Many standard Chinese books in large sets and works in China in foreign languages have been liberally brought with this money. The order work is carried on most efficiently. The librarian is Mr. Orval Tien, one of our graduates. In addition to his duties in the Library, he has spent his spare time manufacturing white ink and shellac. Several libraries have brought them from him at reasonable prices. His binding case that he uses for Chinese books is also one of his inventions.

The Library of the Peking Medical College is well classified and cataloged in direction of Mr. T. C. Tai. The classification is based on that of the Boston Medical College Library. The Library has a fine collection of medical journals in addition to books on medicine and surgery. There are a few small reading rooms but the Library has no building of its own.

The Library of the Geological Survey, now several years old, was built with funds contributed by its friends. It is a research Library, having a collection of more than 20,000 volumes in foreign languages and more than 5, 000 in Chinese, mainly on geology, geography, paleontology, archeology and mineralogy. Its collection of maps is unique and there are also over 200 technical journals. The survey issues various valuable publications including two journals, one on geology and the other on soil conditions. The Library receives a grant from the China Foundation for the purchase of books.

The Library of the National University, lacking of adequate building, is now temporarily housed in the Chinese residential quarters. Nevertheless the collections of Chinese and western books number altogether 200,000, but unfortunately they are not cataloged. This Library dates back to the Manchu Dynasty. It is maintaining a binding department of its own, which operates very well and cheaply. Native material is used and the average cost is less than 30 ¢ per book.

The National Normal University Library has been greatly improved since the return of its librarian, Mr. Ho Erh Chang.

The Library of the Roman Catholic University, in charge of a German librarian, Dr. Shierlitz, is not large but new and active. It is temporarily housed in an administrative building. The librarian has adopted the Dewey Classification and personally cataloged all western books, Chinese books being handled by his assistants. I was introduced to the chancellor, an American, a very cordial and energetic man of middle age, who was much interested in library training for China and suggested cooperation between libraries, including an exchange of duplicate books. As a matter of fact, libraries in Peiping have already begun some cooperative work. They have published an union catalog in three large volumes and have introduced an interlibrary loan system.

The National Library of Peiping has even gone a step further. It has not only secured the cooperation of other libraries in the country but also of foreign libraries. By special arrangement with the Columbia University

Library in New York, two members of the staff have been sent over for further training. An exchange of librarians has been arranged with the Prussian State Library; for the present year, Mr. Walter Simson, of the latter library, exchanged with Mr. Yen Wen-yu. It is hoped that this plan may be adopted by other European countries. Eighteen of our graduates are at work in Peiping at different libraries and I was given an opportunity to address them and to enlist their help in making our work a success. In response they offered us a scholarship, to be called the Wood Scholarship in honor of Miss Mary Elizabeth Wood.

I next visited Tientsin, where I saw three libraries. The Nankai University Library has a fine building with a steel stack, given by a Chinese scholar. The department of economics has developed a workable collection on this and allied subjects.

The Library of the College of Education for Women, though inadequately accommodated, is well maintained. Every space has been utilized to the best advantage and the books are well used both by students and staff.

The Peiping University Library is under-staffed. The library building is very dark and unattractive, which is not conductive to good results.

My next stop is Tsinan, the capital of Shantung. This is another hopeful spot. It is fortunate that this province has at the head of its government an earnest, honest and hard-working military man. Han Fu-chi, who is trying to introduce efficient and decent government and is making numerous reforms. Shantung is not a rich province but because of the General's attitude toward education, it has maintained a university in addition to its school system. Its interest in libraries is well known. The Shantung Provincial Library has most valuable collections, including a complete manuscript of the Buddhist scriptures. Recently the librarian, Mr. Wang Hisen-Tong, secured from the Mai-yen Kuo Library a collection of twenty kinds of rare books which are real treasures. He has also paid much attention to the collection of old bronzes, tablets and rubbings and he has a museum in the Library where archeological collections are exhibited. About a month before my visit to his Library, he had obtained another collection of fourteen kinds of bronzes and earthen-ware which had been excavated from a place not very far from the city. These were thought to have belonged to the Chow Dynasty before the time of Christ. Mr. Wang has planned a new building for his Library and has already in hand $50,000. When he has raised another equal sum, the provincial government will give him a third amount, making $150,000 altogether. This Library has a beautiful location in a park on the shore of the famous Tai Ping Lake. Library work in this province is quite active, especially in the so-called People's Libraries. A third-day conference of the librarians in the province had been held here just before my arrival.

The Augustine Library of Cheeloo University has also received the part of the Hall Found, the interest of which is used for the purchase of the books. The Chinese collection is not under the charge of the librarian but under the Chinese department head.

The Shantung University in Tsintal was the next one that I visited. The dean acted as librarian. I was introduced here to the mayor, Seng Hung Nieh, who was quite different from the usual official type. He told me that he had planned to erect an library for the municipality in the near future.

I then went by boat in Shanghai, where I talked with President Pott of St. John's University about the problem of library training. I then visited the Law Library, which is efficiently run. The atalog is well made, book orders and periodical renewals are attended to systematically and the cards for Chinese books are neatly written. The Shanghai University has now moved into its new building and has grown considerably since my last visit seven years ago. The Library is under-staffed and to make up for this deficiency student helpers are employed. A room has been set aside for the International Relation Club of the University to house books and publications given by the Carnegie Endowment for International Peace.

The Kio-tung University Library is one of the oldest libraries in China. Mr. Doo Ding-u, its librarian, is working under great handicaps.

The Academica Sinica National Central Research Institute Library serves as a bureau of exchange for foreign publications. Mr. Kung Ming-chung, its librarian, has a difficult position to hold, as he has to know many foreign languages. Many of his exchanges are public documents from foreign countries, to catalog which requires an accomplished linguist.

The Science Social Library has a new building only three years old, erected in memory of one of its founders. Much floor space in its building seems to have been wasted, but its collections on pure science and its files on rare technical journals are valuable.

The Bank of China also has a library, which is primarily for the use of its staff members, especially for its research department. A rich merchant, Ye Hung Yin has given $1,000,000 for the erection of a building and has instituted a board of treasure. The Library when built is to be called the "Hung Yin Library".

Hangchow was my first stop after Shanghai. Much progress in library work has been made here. Historically it is the center of culture because the Wen Lan Kuo, one of the seven world libraries in China financed by the Government, is still regarded as a Library of valuable collections.

The Checkiang Provincial Library has a fine new building which is quite imposing, and with its massive pillars resembles, some of the American libraries by the ceiling is too high and the light coming through the high windows will strain the eyes of readers and of the library workers especially in the catalog room. In the stacks, the sun's rays are admitted through high windows directly to the books, which is not to their advantage. Two charging desks on the same floor, one for books and the other for periodicals, seem unnecessary. The librarian, Mr. Chen Shun-chin is most active and has sent travelling libraries to launches running on the Chien Tong River for the use of their passengers. These libraries are sent also to some public institutions. The Library has undertaken compilation work and also publishes a monthly periodical.

The Hangchow Christian College Library is a new building, completed a year ago last June, on a beautiful site commanding an extensive view. I had only in hurried visit with the librarian, Mr. Pen, after office hours.

In Nanking there are a considerable number of libraries, all good. The present Library of Ginling College for Women is housed in a building where classes are held, not suitable for its use, maintains an open shelf system, which makes administration difficult unless there is adequate supervision. The Library has numerous student helpers who do routine work. I learned that some of these difficulties would be eliminated when the Library moves into its new building, which is almost completed.

The Library of the Military Officers Academy is a fine new building of three stories. It is much needed and many books are borrowed for home use. This Library does some publicity work and assists the readers in many ways.

The National Central University Library has undergone organization since the installation of the new president, Mr. Lo Chia Lun. More books may now be borrowed at one time and kept for longer periods and the Library is kept open hours for longer hours for reading and reference. Dr. John Kwei is the librarian. The Library has already outgrown its staff room and a plan for enlargement has been made and will soon be put into effect.

The University of Nanking Library, under Dr. K. C. Liu, is constantly growing and its work is flourishing. It has an income from the Hall Fund amounting to \$50,000 for the purchase of Chinese books and other books on social science with reference to China. Dr. Liu, with two of his staff members, is offering courses in library science. Mr. R. S. Li, also a trained librarian from America, has charge of Chinese and foreign language books with the Hall Fund for the Research Institute of Chinese Studies. The

University has an unique collection of books on Chinese agriculture. Its collection of works on topography ranks second in the whole of China. Mr. Wan Kuo-ting is the librarian of this special Agriculture Research Library, which has issued some notable publications.

The Library of Chinese Studies is solely for the use of Chinese scholars and is not intended for the public. An admission fee is charged for the use of books. Books printed in the Sung, Yuan and Ming Dynasties, as many as manuscripts and other rare works, are to be found here. The librarian, Mr. Liu Yih Mou, is a Chinese scholar. He and his assistants are now compiling a catalog of reprints with analytical annotation which will be most useful when completed. The annual reports published by this Library contain many articles of value.

The National Central Library has been newly established under the auspices of the Military of Education. It is hoped that it will become a reference library for the new capital, as the National Library of Peiping is for the old. Its librarian, Mr. Chiang Foo-chung, has made a special study of the continental library system, spending two years in Germany. He has contacted with the commercial press of Shanghai to have a certain number of copies of the four departmental collections reprinted, hoping by exchange of this monumental work with foreign libraries that his own library will become national in fact as well as in name.

The Central Political Science College Library, well administered by its librarian, Mr. Hung Yu-fung, has a notable collection of works on political science and is especially rich in material regarding Sun Yat-sensim.

The Ministry of the Interior maintains a library of some note. The collection of books on topography is the third largest in the country. The Chinese copyright law requires that two copies of Chinese publications should be submitted to this Ministry and that of Education, but unfortunately, this library is inadequately housed. The Ministry of Foreign Affairs has another good government library. Search for material in answer to request is made carefully and often occupies many days.

From my casual observation on this tour of inspection, I am pleased to find that China has made great progress in library work in the last five years despite the crisis through which the country is passing. Practically every institution of high learning has a library with a collection of books of some note. Learned societies have not only libraries but separate attractive buildings to house them and their collections, as a rule is valuable. Scholars and educators take great pride in the libraries belonging to their respective provinces. Men of wealth have found that good use can be made of their money by founding libraries. The government, as indicated above, is establishing libraries for its various departments and laws have been passed to reward those who establish libraries with private means. Library periodicals issued by individual libraries, in addition to *The Library Science Quarterly* published by the National Association, have sprung up like mushrooms. These are hopeful signs but there are other forces preventing library growth, which I will indicate briefly as follows:

College authorities often interfere with the administration of their libraries and these are not infrequently force to employ staff members whose work in other department is unsatisfactory. There is often pressure to employ incapable relatives or friends of faculty members. The library is sometimes placed in a department under a dean who is unfamiliar with library work and the library suffers in consequence.

There is often lack of appreciation of library services on the part of the teaching staff and too much routine work is required before books can be cataloged and placed on the shelves.

Professors, especially in the Chinese Department, fail to observe library rules and the librarian is unable to enforce them.

All orders for books, supplies and equipment for the library must go through the business department of the college and frequently articles so offered are not fitted for use.

There is lack of coordination between the teaching staff and the library staff in their relations with the student body.

In many college libraries, no appropriation is made for the purchase of books for the librarian's reference shelf.

There are too many untrained assistants and in many case no effort is made to instruct them in fundamentals.

Plans are needed for mutual aid in interlibrary loans, etc. , as already in operation in Peiping and Nanking.

Local library clubs are needed for the exchange ideas with a view to the improvement of the profession.

More training is needed for work with special collections. Student who has made a special study of geology, social science, law or medicine should be encouraged to take a course in library technic, after which they will be fitted for this kind of special service.

There is special need for training men and women for service in popular libraries that have been widely established throughout the country.

Bookkeeping should be given as a required course for students in training.

In large libraries, such as the National Library of Peiping, specialization has become necessary. Students in the future should have an advanced course in some special topics as cataloging, classification, reference work or public document. For general libraries, of course, the training should be more general.

（见 1934 年《The Library Journal》第 59 卷第 11 期）

《世界民众图书馆专号》卷头语①

（一）缘起：这册《世界民众图书馆专号》是由徐徐行和毛体六两先生负责编成的，他们曾经费了一番的思考来作这本迻译的计划，又花费了许多时间来作整理和修改的工作，这可以说是煞费心机了。因为这一类的书籍是含有时间性的；并且想到我们的同仁都是在抱着“先睹为快”的欲望；而我们也是在抱着“早一日问世好一日”的感念，可只为了原文有三百余面之多，绝不能说是徐毛两先生在一个短期内所能译得完成的；所以我们经过了一度的磋商，然后决定了采取分工合作的方法，幸承十多位同学热诚的帮助，就共同分负了这个沉重的担子——我们是应该感谢的。

这书的原名是 *The Popular Libraries of the World*，原编者为美国图书馆专家鲍士伟博士（Arthur E. Bostwick），系一九三三年美国支加哥美国图书馆协会出版的，其中所述要算是各国民众图书馆最近的情形了。

（二）回溯：往年我以菲轻之才去代表我国出席罗马世界图书馆大会，真是十分庆幸，在这个非常的机缘之中，我所经历的地方以及所参观的图书馆，确实不在少数，可不过限于时日和经济，仍归不容许我作一度的详细的观摩，终久引为憾事。可是现在读了鲍士伟博士所编的《世界民众图书馆特刊》，我将怎样的欣慰！这一本书就能补偿我前番的不足而且还有余呢。因为在这一本书内列举了四五十国的图书馆的概况，并且又都是从各国专家的经验和阅历中流泻出来的精心确切而易于了解的作品的英文迻译本。前番身临了各国，并且参观了各图书馆，可是为了各国方言的阻陋，就不能得晶莹剔透的悟解。现时读了英译本，我就能一看了然了，何况又是专家的叙述，都有超

① 又作《世界民众图书馆序》，在该书出版时，略有文字上的出入。

人的见地呢！还有什么遗憾！

（三）考鉴：我们说“图书馆是教育文化的先锋，又该做解粮官”，就这句话已经显示图书馆对于教育文化的重要和它所负的使命了。可是我国现时急需的就是普及教育，要使一般的民众都到图书馆里来，换句话说，就是图书馆务须负了先锋官的使命，勇猛的打进民众的阵伍，先以华佗的妙手回春的仁术潜心的去医治一般的文盲，等他们得见了天日，然后效法解粮官的行动，奋慎地尽量的去填补他们的大欲。

苏俄等国是多么的注力于提倡民众图书馆啊！上自国家、社会、机关，下至学士、商贾、农工，他们无时不在振励的提倡，无人不在声嘶力竭的高呼，反顾我国呢？我不忍言！我不忍睹！然则普及民众教育是否重要呢？我就以民众譬之为一个人力车夫，教育譬之为他的足力，国家、社会的演进譬之为车轮的滚动。试问人力车夫没有足力，怎能拉车？车轮怎能滚动？虽则这个譬喻不很切当，可是意义是相同的。大势如此，不容我国踌躇，应该奋力直追啊！

这本书，虽是提及了各国的图书馆，可是特别在民众图书馆，实可作为我们的借镜，我们可以从中找寻到许多启示。

（四）结述：这书的原本，编辑得很有系统。根据各国的国名字顺而排列的。我们本可以国的大小来作排列的顺序，不过为了力求不改变原形。故此仍旧照本来的顺序而译述。

这书是十四位同学迻译而成，所以译文总不免有些前后不一致的地方。虽则编辑者力求齐贯，不过因为时间短促，和酷暑逼人的关系，只得在此抱歉了。还有因为篇幅繁复，疏漏的地方定是到处都有，这也得请读者见谅！

内中所用的专门文字，遇有不甚了解处，则都保留原文。

印刷草率不精，是因武昌没有较完善的印刷所。对于这点，也当致歉的。

一九三四年六月十日

（见1934年《文华图书馆学专科学校季刊》第六卷第二期）

《中国十进分类法及索引》序

同学皮高品君，手编《中国十进分类法》一书，书成，要我做一篇序文，这是我义不容辞的一件事，也是我很愿意为他介绍的。兹将皮君对于编纂此书的本末，略述于下：

编纂这部书他是费了很长的时间的，他从民国十五年，在齐鲁大学图书馆服务的时候就动手，以后他在燕京大学图书馆、青岛大学图书馆，也是在继续地编。前后八年之间，才编成这五百余面的一部图书馆应用工具的书籍，该是多么不容易！

谈到这部书由学校出版的缘故，可以说是个机会。皮君于前年离青岛大学图书馆主任的职务，回到自己的家里，预备在那极幽静的乡市，一心一意地完成这种工作。不过这当中有种困难，就是没有应用的参考书。我们早已晓得他是在编辑这部书，究不知他的成绩是如何。据我们所确知的，无论如何，在一个乡市，没有参考材料的地方，而想完成这部书，是很困难的。从前他有机会进行这部工作，全得考材料的地方，以供运用。因此，我们就与他函商此项工作，并得他的同意应允来校，于一学期内编完交校付印。为着此事，曾有几次的讨论，校内同仁，也贡给他不少的意见，幸皮君都能接纳。

刚经一学期，皮君又受了武汉大学图书馆主任的聘约。幸好他的这部书已编成功。在去年秋季开学时付印，打算最迟在今年春季就可以出版，不料在校对上，颇费周折，因为承印的地方是在汉口圣教书局，负校对的责任还是皮君。邮寄往返，不能按期，延至今日，始得出版。我想凡关怀这部书的人，如不能明悉这种情形，一定是会责备我们的。

书已出版了，究竟书的效用如何，贡献如何，我们不敢过于自许，听凭采用的诸位同仁，去加以评断。由这一部书的观感，有一件事是我们应称快慰的，就是见到图书馆在我国是有进步的。我常想到我与胡庆生先生编的《仿杜威十进分类法》一书，是为我国图书馆首先的一本工具书籍。以后看来，是一本很简单的书，而在当时所采用的实为不少。此理诚无足怪，每逢一种学术在萌芽的时候，偶尔产生一种帮助的工具，是会叫人们去欢迎的，比如严复在中国最早仰望科学的时候，翻译《天演论》《原富》以及穆勒《名学》等，是开辟了我国新思想一个最大的途径。如果以现在的眼光去看他，翻译这种的著作，是有许多的人可以应付的，而在那个时候，却成为稀世之珍。到了现在，研究科学的人，年有增加，而科学的著作，亦常有所见。图书馆之在我国进程中，亦是如此，除了《仿杜威十进分类法》那本书，在首先作一部分之贡献外，接连杜定友、王云五、刘国钧诸位先生们，随编有图书分类法，给国内图书馆在新进之中有一个很大启示。近数年来，我国图书馆在各处之建设，有日新不已之势，对于图书馆应用工具的书籍，常感缺乏，今皮君能编成这样一部分类法的书籍以贡献于本界，由此可以看出图书馆在中国之进步，而此书正是应运而生的。希望此书，在国内得着很大的贡献；并希望采用此书的诸位同仁，见到书内有何缺点，多方指导，使此书得到复版的机会，再行更正，以成为一个完备的分类法，才不辜负皮君数年的心血！

本校对于此书的出版，亦是非常的快慰。近来本校同学，多有致力于编译工作的，使得刊行多种丛书，以贡献于本界，一方面可以见到同学爱护母校的热忱；再一方面藉悉本校所训练的这项专门人才，未蹈虚空，只一点，我们是应当感谢中华教育文化基金会董事会，历年所给予我们以培植的机会。更希望我们的同学，努力前进，各求深造，将来不但多有编译，并且多有创作的著作，其贡献于国内外者，将更无有限量了。

中华民国二十三年十一月二十六日，沈祖荣序于本校创办人韦女士旧邸

（见皮高品编《中国十进分类法》，武昌文华图书馆专科学校1934年出版）

《图书馆的财政问题》序

去年美国图书馆协会，出一本新书，称为《图书馆经费问题》。他们出这一本书，是因为美国自发生经济恐慌以后，各部分事业，都受影响，而图书馆的经费亦在波及之中，所以特意提出来讨论。

论到图书馆的功用，本来是与学校教育相辅而行的。如因经费的短绌，以缩减图书馆的质量，而想单独维持学校教育，正如唇亡则齿寒一样，双方面都有损害的。更要晓得图书馆教育，是社会教育的中心，与各级团体、人民，都有很密切的关系，假使图书馆教育要破产的话，俨然是社会教育整个的破产。

因此之故，美国图书馆协会，急谋拯救的方法，于是分派委员，做实际的调查，到底政府与民众对于图书馆有如何的关系，图书馆与学术文化各团体有如何的贡献。结果图书馆的效率，不减于学术文化各团体；并使政府与民众有同样的认识，得政府同样的辅助。

至于图书馆的内部，也要因国内经济的情景，有改革之必要，以后对于购置图书设备，必须是用最经济的方法，凡为一地有急切需要之图书，方可酌量购备。其数量虽不及从前，但质量不得减少。馆员的工作，更要努力，急求馆务的效率与进展。

这一部书的成功，很算得是美国图书馆当此不幸期间，一种救济的好资料。我国图书馆处此国难严重之秋。以此借镜，更为有益。今译者名此书为《图书馆的财政问题》，而未冠以“美国”二字，实与原则未背。

译者，系本校本年度第二年级戴镏龄君，他是在暑假期间译成此书，思得有所贡献于国内图书馆界。余阅毕此书，见其文笔流畅，内容切当，故甚嘉许戴君之发愤，而又想到我国图书馆之困难问题，财政亦其重要之一端，故乐为介绍，并付学校刊行之。

中华民国二十三年十二月中浣沈祖荣序

（见戴镏龄译《图书馆的财政问题》，武昌文华图书馆专科学校1934年出版）

LOOKING TO THE FUTURE

The Boone Library School Quarterly has entered its seventh year. Compared with such professional journals as the Library Journal and the Library Association Record that have enjoyed a long life of over fifty years, our Quarterly is still in its infancy. In reading the back files of those periodicals, one can follow the history and development of library service in America and England. Their articles are excellent in quality as they were written by scholarly librarians with long years of experience. These librarians recorded their successes and failures for the benefit of their fellow workers and inspired many prospective young librarians. In a word, librarians of these early days educated their public quite as much as they helped those in the library profession.

Looking back at our own little Quarterly, we see it has plenty of shortcomings. Many more years will have to pass before it can be a periodical of real worth. One thing we are certain of, we are not competing with any other professional journals. Our Quarterly serves only as a mouthpiece to voice the opinions of young Chinese, would-be librarians. Our main aim in publishing this Quarterly is to introduce the American and English library systems and transplant them to our own country. If we do not yet have creative ability along this line, we should have their methods and ideas for library work. That is the reason why every issue of the Boone Library School Quarterly contains one or two translations from articles written by foreign librarians. It is also our hope that through these pages we may transmit our ideas and experience in Library work to our fellow workers abroad. They will see our limitations because our small number have not only to teach but to do administrative work as well. We can not give the time to research that we should like to give, but we have the hearty cooperation of our alumni and students who are still under training. They are imbued with the desire to use their leisure hours for translating. We are glad to see that our Quarterly has not only won a place for itself in China, but also has won recognition abroad. This is seen in the way it brings back to us many valuable exchanges.

In all these years, we have never published an English department except in that one Special Number published in memory of Miss Mary E. Wood, the founder of the Library and Library School. That was in 1931 then she entered into eternal rest. The editorial Board now recognizes the need for an English article in each issue. We hope thus to integrate our professional ideas with those of library workers who can not read our language. Beginning with this issue, we plan that each number shall henceforth have one or two articles in English. This will afford another opportunity to our alumni who write in English, at the same time that it makes the Boone Library School Quarterly better known in the library world at large.

I offer these brief statements as our reason for now turning aside from our beaten path. From our graduates, I solicit their hearty support in the way of English articles. Being limited by our small funds, we can offer no pay. What the students do for the Quarterly must be in a sacrificial spirit. It is indeed gratifying that they do give such loyal service. Without it, the Quarterly would long ago have come to an end. As Director of the School, I take this opportunity to extend to them, one and all, our deep appreciation of their generous assistance. Also to the China Foundation for the Promotion of Education and Culture. The only financial support that Quarterly has comes from this foundation. To its trustees, we offer our deep gratitude for the provision that makes this publication possible.

Suggestions and criticisms for the improvement of the Quarterly are always welcome.

Samuel T. Y. Seng Director,
Boone Library School

（见 1935 年《文华图书馆学专科学校季刊》第七卷第二期）

谈图书馆专业教育

（一）图书馆专业教育的意趣

图书馆是研究学术，沟通文化，辅佐教育的机关。讲求图书馆专业教育，如果以学术、文化、教育的观点去考究它，与其说它是一种简单职业教育，毋宁说它是一种学术专科教育还得当些。图书馆专业训练，固然也注意技术的教学，但因它本身成为这项专门学术事业，乃是与一切学术文化事业和教育事功，不可以须臾离的，是息息相关，脉脉相承，直截可以说，乃全然是学术文化事业和教育之重要的一部分。所以这项图书馆专业教育，也同时是注意学问、思想等等的。现在一般人，每每认定图书馆训练，只是些机械工作的训练。如书籍出纳、序列卡片、书籍排架，以及分类编目等等，都被看做只不过是些简单机械式的动作而已。这样的误解，想是对于图书馆学术事业，只知其一不知其二的结果吧。

我们承认图书馆工作，是一种专业。图书馆专门训练，是一种专业教育。凡是获得这项专门训练的，便可以为社会为国家服务，以这项专门学术事业，去推进本国学术文化教育的进展。他们或她们，便是一种专业的从业员，是有了正当的终身从事的工作了。论到图书馆专业教育的旨趣，也便是这样的。再申明几句，譬如说，图书馆做事，有参考工作一项。这个也和图书馆其他工作一样，是随时代、地方和学术事业的进展，而谋供应需求这样前进不已的。在这方面，世界学术的高度，达到什么地方，民众知识需要的水准是怎样，图书馆参考工作，便也要达到这种高度，也要适应那个水准，并且更谋提高它。所以图书馆学术事业，是颇不容易的。一般认为图书馆专业教育，只是机械工作训练，乃是不大明晰个中事理的论调。我们愿意在不久的将来，便可以被改正过来。

（二）图书馆的职任和工作

说图书馆专业教育之先，先略提到图书馆的职任与工作，意思是在谈到现代式图书馆事业，对国家社会的贡献是怎样的？而训练这项专门人才，去担负这些职任，是怎样的一回事？说到贡献二字，现在我国图书馆界，是实在还未发挥它的效能。最近除了少数学术团体和大学里的图书馆、省立图书馆，以及北平的国立北平图书馆，已经办得有些成效外，其余的大概不容易谈到。并且即就这些图书馆说，它们因为种种限制，也仍然难以施展到很好的地步。在这里只就图书馆一般事功，略说一下。

就专门性质的图书馆说，在欧美，无论政府机关、公私团体，或工商企业公司、工厂，都设有图书馆。譬如农事试验场、商会、报馆、电气工厂之类，都有图书馆设备。专利局、商标局也有图书馆。市政参考、立法参考图书馆，各学术会社图书馆图书馆，乃都是重要的设施。这些真是举不胜举，凡可以想象得到的事业，都可以有它的专门图书馆。说到图书馆为国家服务，有大规模的总动员。这事例在欧美各国，在先前，在近年，都时常见到。举两个易知的例证吧，在欧战里，美国图书馆界主办阵地服务随营图书馆；在近年，美国经济恐慌时期，他们又主办起促进复兴的图书馆服务，对于失业者有特殊工作，都是极有功效的。这可见图书馆对于专事、专科、专业，是负有如何的职任了。

就普通性质的图书馆说，图书馆乃是民众的必要的建设事业。图书馆的中心旨趣，乃是要供给全民以读书、参考、咨询、研究的便利。所谓民众图书馆、公共图书馆、通俗图书馆、公立免费图书馆、国立省立市立县立图书馆、乡镇图书馆、流通图书馆、巡回图书馆、图书贷出所、代办处、特种人民图书馆，种种色色的设置，无一不是以民众的需要和兴趣为前提。以最少的金钱，供给最大多数民众，最好的图书咨询、参考、研究的设施，乃是现代式图书馆的目标。现时在我国，因为民众十之七八不识字，图书馆的建设和需要，或者看来不很为亟要，也同时形成一个极大困难的问题。然而图书馆事业变化多方，图书馆材料日新月异，我们对于这种情况，既不能因噎废食，也不能借故因循躲闪的。我们要知道，现世文明国家，它们国民是如何获得图书馆福利，由小孩以至成人，无分男女，无论知识程度高低，都获得终身受图书馆阅读教育的便利。我国民相形之下，是应当如何急起直追啊！

就学校图书馆说，现在欧美各国，由小学而中学，而职业学校，而专门学校，而师范学校，而大学，而研究院，都设立各级各种学校图书馆。譬如在中学图书馆，不仅只师生都接受如何使用图书，使用图书馆的训练，他们课业教学，乃是离不了图书馆的。学生到图书馆做指定课业，和上讲堂听课，其重要在课业成绩计算上，乃是有过之无不及的。又如在大学，图书馆和实验室，是一般的被重视。更在图书馆内，有分科分系，以及参考咨询的种种设施，那更能表示高深学术的研习，没有图书馆，是不可能的了。我们知道现在教育的理论和实施是这个样式的，那我们便不难在各级各项教育系统中，和教育设施里面，找出图书馆是应当占什么样的地位了。

总之，现代式图书馆，对于国家的贡献，是大的，是多方面的，称它为国家知识的宝库，文化的源泉，或者不为过甚其辞吧。由此我们可以知道，图书馆专业教育成为新兴的一种重要专业教育，乃不是偶然的了。就教育立场说，这种专业教育，不发达不完善，乃是可以影响到社会教育、学校教育和专门教育、高等教育的。这个理由，想来不须再为解说。由上面的讨论，我们也可以略知一些了。所以在下面便紧接着谈现时代办理图书馆专业教育的种种方式。

（三）办理图书馆专业教育之各种方式

说到图书馆专业教育，便是说如何训练图书馆工作的专门人才，去办理图书馆各项事功。这件事体，实在不是一件轻而易举的事呢。譬如训练儿童图书馆馆员，除了教导他或她对于一般图书馆技术作业熟练以外，又须要给以对于儿童心理、儿童管理、儿童文学、儿童读物、儿童图书馆设备的许多特殊训练。推而至于训练一个医学图书馆或一个商业图书馆的馆员，也是一样，须造就他是受训练了的图书馆工作内行，同时多少对于医学或商学也是个内行。再推到其他图书馆专精门部的工作，也莫不同此情形。事实真是这样的，要教导图书馆学学生，如何做敏捷、准确、整洁的分类编目工作，已是颇费工夫的；再说到这样高深的方面，自然更不容易了。可是话又说回来，图书馆专业教育严正的内容和形式，原来应该如此；但就现实来说，在东西洋各国和我国，现时办理图书馆员训练，其形色等差，乃却是有各别种种的不同的。这其间自然也有时代先后，因地因事制宜各样因素在。现在这里，也不必去分析它们，且列举几种常见的图书馆训练机关如下：

1. 学徒制的训练

有些图书馆，因为需要有训练的馆员工作，便招收几位男女青年，是对于图书馆工作感兴趣的，到图书馆里面来，施以两三个月工夫的短期个别训练。有时藉这种方法，图书馆里便添了资质优秀、忠于职守、终身服务于图书馆的馆员。这类方法，是为救济一些有志于图书馆工作，而不能受此项专门学校训练的人们。同时图书馆方面，也有时得较有省便的好处。此项学徒制训练办法，是半工半读的性质，大概不外乎施予应用工具的训练，指派固定的作业去工作之类。训练期满，或有半年为试用期，如双方认为满意，便可以雇用为图书馆的正式职员了。

2. 利用暑期作讲习的训练

比较上述一种稍微有系统有组织，而师资不限于一个图书馆，乃多为一区一县，或一市一省所主办的，利用暑期作图书馆学术讲习的训练。凡图书馆馆员，想求深造，但又感财力缺乏，且又不能多离职守的，可得派送到此类暑期图书馆讲习会接受短期的训练。在此所讲授的适当课程，多是对于图书馆实际作业，困难问题有所解答。这样，这些馆员在讲习会课程修了之后，便可获得更多的学术和知识，对图书馆的办理方法，多有认识，多有办法。

3. 师范科所设的图书馆课程

师范科是为造就中小学教员设置的，教员乃是学生的导师。如果教员只是在课本上去教导学生，寻求智识，这是很有限的；必须在课外得图书馆的辅益才对。这样，师范科课程里面，设一二种关于图书馆使用法，和一般图书馆组织与管理的科目，是很必要的了。中小学学生们在童年的时间，有他们的特性，如好奇、好动、喜听故事、爱模仿，等等。教师便应当因势利导，去指示他们。在这里面的图书方面的设施和导示，乃是极重要的一项。所以说师范科是应当有图书馆科目的。但我们说到这点，另有一件事是值得说个明白的。就是因为师范学校，或师范专科、大学教育学系，偶尔设置了一两项图书馆课程，于是有人误解以为学习图书馆学，能如此便足够了；又以为办理学校图书馆，不必聘用图书馆专门人才，只须派定这类曾受几点图书馆课讲授的教员充当，便可以胜任愉快了。要知道这又是不切事理的打算呢。我们只认为师范生受图书馆课，是可以辅导学童们如何使用图书馆和书籍，而却不能认为他们可以代替学校图书馆专门办理人员的职任。关于训练学校图书馆馆员，乃是正式图书馆专门教育里面高深门部之一项，而必须是这样受训练了的人，才可以称为学校图书馆馆员。这两项事，是全然两样，并不是一而二、二而一的。最末，我们只要说一句，任命一个学数学的去担任学校图书馆的事务，和任命一个学图书馆学的图书馆馆员去教数学，一样是荒谬无理的。可惜现在在我国各级学校里，这类失常的措置，竟常可见到。这个损失，乃是我国教育界、学术界、图书馆界，共同担负着的啊！

4. 大学图书馆学系的训练

这样的图书馆学训练，是比较高深完整些的。这个办法，是在大学课程或学系里面，设一个图书馆学系或科，占大学全体修习课业的若干成分，或几多学分，修毕大学课程的时候，得领受大学毕业证书或学位，同时也得领受（或不能领受）图书馆学系修了的凭照。在美国，大学里面设有此项图书馆学系的，有十余处。大概从这种图书馆学训练机关所造就的图书馆员，对于一般学识的素养，以及图书馆较高深的作业工作上，是要见长些的。不过这里面也包括不少的重要专门问题，不是这文内能说到的。我们的意思是这样，在大学里面办理图书馆训练事功，要能在各方面，都因此而使图书馆学训练与研究，都得到大的便利，不至于发生在其反面的种种弊害，那才算是谋此项专业训练的福利。

5. 大图书馆附设图书馆学学校的训练

在大图书馆内，附设图书馆专科学校，在某一意义言之，要算比较有系统、有组织，并负专责的了。此项专校，对于设备、师资、教学、实习，自然是认为最重要的。在一所大图书馆里面，收藏既是丰富，馆内的主要职员，又都是此项专家，并且里面的图书馆作业，也来的繁复，所以办理此项专门训练事功，是最为便利的。再关于扩充学生教学实习机会，充实书藏等等，因为现代图书馆事业的进展，某一所图书馆感到力量不足的时候，也可以很方便从其他的图书馆里得到帮助。这项的合作事功，并且是与日俱增的。在美国，此种图书馆附设图书馆学专门学校，至少有二十余处，常有来自欧洲、日本和我国的学生去那里，入学受训练的呢。

6. 图书馆学研究院的训练

如今在哥伦比亚大学、支加哥大学等处，设有图书馆学研究院，是为研究图书馆学设置的一种最高学府，造就办理图书馆事业高级专材，并预备图书馆专门学校的师资。入这个学府的资格，是只限于对图书馆学术事业已经有了相当造就的人，如已经得了图书馆学学士、硕士的人，在此研究受训终了时，得受图书馆学博士的学位。

（四）我国现有之图书馆学专业教育

我国图书馆界同仁，在近十多年来，对于图书馆专业训练一事，先后也努力过好多次。无论成效有了多少，总是值得本界赞许感谢的。如戴志骞在北平，杜定友在广州，刘衡如、李小缘在南京、苏州，黄伟廉在上海，以及其他人士所举办过的暑期图书馆训练，都是一种短期的初级的图书馆训练。近年来，在高中以上学校，注意讲授此项图书馆学课程的，有北平师范大学、河北女子师范大学、大夏大学、河南大学、金陵大学、无锡江苏省立教育学院及湖北省立教育学院等校。关于这两类图书馆训练设施，我们看来，自然都不能算做严正的图书馆专门训练。这个基于图书馆学术训练本身论点，我们可以有许多话说，现在只就一两件困难说说吧。在这类训练场所，要得到这些教者学者，专一致力在这项研究上面，是不很容易办到的事，并且时间也短少，分量也不多。再者，要求有很好的实习机会与设备，恐怕也感到困难呢。据闻见所及，在有些学校里，学生选习这项图书馆课程，其动机乃是因为要得学分，并不是因为对于图书馆事功有何兴趣或了解，这自然是很令人抱遗憾的事了。因为不时遇到这类的刺激，本界有好几位很可有为的同仁，已经脱离了图书馆界，另向别界谋发展去了，这怎能说不是图书馆界的不幸呢?

再谈到现有的一所文华图书馆学专科学校吧。从名义上看来，好像这学校是负起此项专门训练事功的职责的。这学校自成立至今，已有了十四年的历史，已办过十届大学本科程度的图书馆学专科班，两届高中程度的图书馆学讲习班，总计毕业生有一百〇七人。现在国内外图书馆服务的，占百分之九十六；曾留学对图书馆学进行深造的，有十七人。其中资历较深的几人，现均负有主管图书馆学术服务的重要任务。关于这个学校的进行，在它的前十年里，由它的创办人美国韦棣华女士竭力经营，是建立了很好的基础。她谢世后，继承她的事业的人，是努力要求这种专门训练事功，能够迈进不已，在形式与内容两方面，都有很重要的充实企图。年来幸得主管政府教育当局、国内外图书馆教育文化机关，以及设立主体，和许多国外热心赞助此项事业的人士，多予助力，所以这学校的工作，仍能与年俱进。

(五) 对于实施我国图书馆专业教育所感到的几点困难暨愿望

在我们办理图书馆专业教育的人看来。一方面见到图书馆事业，对于我国家社会，在这正励精图治、百废俱兴，我民族正积极求复兴的周遭里，是可以有大的可能、大的贡献；一方面又见到此项专门训练教育事功，实在还没有多做到应做到的地步。对于实施此项专业教育，我们所应说到的当前的种种问题以及困难，实在是有很多种，但本文不能多占篇幅，所以在这里，也不能很详尽的来讨论这些。在下面只提到其中三四个特殊问题，略加申述，深望诸君子不吝赐教。

1. 课程问题

图书馆学课程，有人以为只是很简单的，但事实不是这样。在此也不便将图书馆学课程一一列举说明，像一个图书馆学课程大纲似的，仍只举几个例说说。如图书馆经营法、图书馆行政，大体说来，中外可说是一例的。但我国图书馆事业，自有其特征。我们国家人民所要求于图书馆的，也有其特征。这样，我们要讲授图书馆的组织、管理、行政、方法等，自然不得不特为适应这种种了。至于目录学，编目法、分类法、参考法、书籍选择、图书馆史等等，我们的课程不成问题，自然也要中西兼备的。再如外国语，如德、法、日文等，以及经规定一般学校必须设置的几项课程，在外国图书馆学校里是没有的，而我们却应当有。又再如与图书馆相关系的课目，如档案管理、序列法、索引法、古器物学等等，和图书馆员亟应补充学习的课目，如图书馆应用簿记会计等等，我们想到也是必不可少的。所以因此种种，图书馆学的课程，便成为一个困难的问题了。在外国的图书馆学校，因为多年演进试验努力结果，现在已多少做到术业有专攻的地步。但我们现时所有的，乃是这样庞杂的一种。试问既有这些课程，对于学时、学分的支配应当怎样；对于聘请教员应当怎样；又在这短期两年时间里，如何可以学得这一切呢？

2. 师资问题

上面说过，图书馆学课程，如此其繁；图书馆学校的职任，如此其重；而实施图书馆学专门训练，又为新兴的一种事功。由此，我们对于图书馆学校的师资，又大感困难了。这其间实际情由不必多说，现只提及这几点：在图书馆学任教职员的，所得的待遇，不及在大学里优厚，此其一；此类专才，须同时对图书馆有研究，对学校教育和教学法有素养，此其二；国内外能适应这种师资需要的人员不很多，此其三。因为这类原因，结果图书馆学校里，对于师资问题，便常是感到没有办法了。

3. 学生问题

在此谓学生问题，是指学生的资格与程度问题，以及出路问题而言。现时在我国招收专科学校学生，类皆招收高中毕业生投考入学。

但现在我们招收图书馆学专科学生，历来是招收大学二年修满的学生。这并非自高身价这么一回事。实在是因为修习图书馆学，对于基本知识和外国语的造就，是至少非有大学二年级修了的程度不可，高中毕业的学生，还不够尝试这种专门训练。但惟其如此，所以学生方面的问题也发生了。大学学生们，既已读了二年，多愿意再继续两年，修完大学教育，得大学毕业证书或学位。这自然使图书馆学训练方面，难得多有适当的学生来受教了。所幸近年也还有相当数目的适合所需要的资格和程度的大学生，并且有四五个大学毕业生，来投考肄习此项图书馆学专门训练，情况也还不算太坏了的。然而这个始终多少成为问题的招收学生困难，仍是存在的。至于说到图书馆学毕业生的出路问题，乃是说，现在我国的图书馆事业，在多方面仍是在经始期间，又合乎我们理想标准的图书馆的数目，仍是寥寥无几。我们不愿对于图书馆专门训练来粗制滥造，却也希望在此方面人才的供给，可以再供应两方面，都能有增加，可是这个却是需要相当时间的。我们所感到此项学生的出路问题，便是在此。

4. 经费问题

我们才在上面提到，训练图书馆学学生，学生数目是有限制的。于是就这种专门学校的经费说，便也有经费问题了。图书馆训练，因其实质本身的需要，学生须有充分实习与个别训练的机会。即是说，学生既少，学费的收入是很有限的。但对于训练的设备，却必不可少，并且这项事功是颇需要相当款项的，结果学生每人的岁占费数目，便很可观。关于这类设备，一般图书馆应有的各类书籍、馆屋设备，以及应用格式、表册、卡片、用品、文具、工具等等，无疑是须备办齐全的。再对于分类、编目、参考应用的种种工具书、每日必须使用的打字机，以及图书馆学、目录学，及其他相关学科的专门书籍、学报、杂志，既为图书馆专门训练场所，也自然必须应有尽有的。再关于图书馆，与图书馆训练学校，两方面教员的聘任，以及这两种机关的行政措施等等，也得安顿个妥帖。这些都使我们想到，图书馆专门训练，是如何需要充分经济力量，而不是一件轻易的事情啊。

（六）结语

本文写到此，已嫌冗长了。虽还不曾说了许多方面应行提出讨论的许多话，但是藉本刊这次许可发表几许意见的机会，可以谈谈我们图书馆学专门训练与教育的几点见解，是值得感幸的，在收束本文之先，再愿列举下面三四个愿望或感想，以终结在此所说的一篇粗疏的陈述。

1. 提高图书馆专业教育的价值

图书馆专业教育，要求在我国多有进展，固然须求本身实质上当增进，但在精神方面环境的改善，也是一般重要的。倘能获得教育界、学术界人士，和一般国人的赞许，认定这项专业，与其他文化学术教育专业，是有平等的连属的关系的一种专业；并认定凡执业于图书馆界的，必须是受过此项专业训练的专门人才，又用实力来维护这项专业教育的滋长，结果这种图书馆专业教育和训练，必定不会再遭受非议和鄙弃，却为人人所爱慕、尊重的了。我们知道，现在我们的教育当局，正厉行教育职业化与教育生产化的政策。我们深信，此项图书馆专业教育，一般也应当可以得到扶助。

2. 确定图书馆专业教育的地位

我们的愿望，是想凡执行这种图书馆业务的人，特别是曾经受了这项专门训练的图书馆馆员，他们或她们，都能有坚强的意志，毅然决然以图书馆工作为终身的职业，甘愿作他人求知的工具，使国人得这样专业的服务，都能进入这知识的宝库，毕生受用不尽，因而促进我国家与民族的复兴运动。这样，凡是图书馆馆员，当都能了解并坚信此项专业，自有其相当的地位与贡献，并可以获得其他各专业及一般社会人士的认识和爱护。

3. 增进图书馆专业教育的效率

我们愿意我国家社会，对于图书馆一般的事业，特别是图书馆专业教育事功，多给予有力量的赞助。譬如我国图书馆的标准，假使能提高些，图书馆的设置，能加多加速些，图书馆的经费能加大些，再对于图书馆训练事宜，不时多予资助，我们相信，关于图书馆专业教育的效率，定要加强若干倍了。固然，对于这件事，我们实施此项专业教育的，应当负有多的直接的责任，然而我们以为在此不能已于言的，乃是希望我们更可以多得各方面的合作和赞助啊。

4. 完成图书馆专业教育的使命

在本文中，我们已经说了不少关于图书馆与图书馆专业教育是怎样一回事的话，换句话说，我们所见到关于此项专业的重要使命，是如此如彼的。这是我们的渴望，愿能及早达到图书馆服务我全国各个国民，各个机关、团体，各种学术、事业，各级学校的一日。必须做到如此地步，此项图书馆专业教育，才做到了建设推进图书馆整个事业的使命，我们要说，我们自己，以及各个有志之士，都当继续不断努力，来完成这个重要的使命。

（见1935年《湖北教育月刊》第二卷第四期）

《世界各国国立图书馆概况专号》序言

本校同学们，最近译了《世界各国国立图书馆》一书，我有一个非常快乐的感想，就是在去年本校同学们，译《世界各国民众图书馆》这部书的时候，我就感想到现在又出了一种名著，即《世界各国国立图书馆》假如有机会译成功的话，真是更有无限的快乐！今日此书居然宣告出版，我首先庆贺我国图书馆界在两年之内，产生了一对弟兄，也可以说是“难弟难兄”。

此书的价值，最难得的，就是对于世界国立图书馆：（一）有一个整个的观察，不比从前见于各国图书馆杂志所载的，是片段，零碎的；（二）有一个系统的研究，就是让我们考察某国国立图书馆，有他的创立时期、过渡时期，及现在达到繁荣时期；（三）有一个借镜的机会，欧美各国国立图书馆，他的建筑伟大、书籍宏富、经费充足、组织完善、供用裕如已至无美不备，追其因素，不专是靠政府的提携，而得之于社会热心学术文化事业一般人士卷数捐款，此种力量实占大半。

著者 Arundell Esdaile 系英国博物馆秘书，他是一位目录学专家，担任英国图书馆季刊社总编辑，生平对于图书馆事业，提倡最著热忱。此书是在去年出版，其间所搜集材料，除我国国立北平图书馆，是袁守和馆长所写，及日本与其他一两个国家的国立图书馆，是由他们的馆长自写外，其余都是著者所编辑。此可见其友爱图书馆之深，并具有世界图书馆之眼观，以贡献于世界图书馆界。这种精神，值得我们佩服的。至于见到欧美国立图书馆之进取与发展，尤令我们欣羡不已！

回想到我国国立图书馆的历史，从前所谓国立图书馆，就是京师图书馆，功用无非是保守书籍而已。自国民政府奠基南京后，始注意图书馆之人物，非只在保守，且须推行使用。袁守和先生任国立北平图书馆馆长后，馆务日渐改善，民国二十年建筑新馆址，乃树立全国图书馆之模范。嗣又在南京创一中央图书馆，任蒋慰堂先生为馆长，计划亦极远大。若以我国地域，与欧洲国家地域相比拟，我国国立图书馆应有十余个，至少在东南西北及中央等区设立五个，方供应用。此既期望于政府，又须仰望于国人，群力协助之功啊！

原书附有图表，书除国立北平图书馆送给照片两帧照印外，余则无有，这是因为制版不易的关系，我想这可以获得本界同仁原谅。再译文语气与专门名词，因非出自一人之手，虽经编者一再审查，终难免有不一致的苦处，我想这一点，也可以获得本界同仁的原谅。本书所加的材料，就是南京国立中央图书馆概况。此是在原著编辑的时候，国立中央图书馆尚在筹备期间，现在既已有大规模的建设，我们应当加入，商承蒋慰堂馆长的同意，送给我们一些材料，已完成了我们的事功，这是何等的愉快！

最末的申述，就是很感谢本校同学，在公余之下，情愿牺牲他们休闲的幸福，来担负这种苦工，还有严绍诚、徐徐行两同学，任本书的总编辑，对于一切措施与校对，总是高兴的去干，我只好代表本校敬致谢意！

中华民国二十四年十一月十七日沈祖荣序

（见1935年《文华图书馆学专科学校季刊》第七卷三、四期合刊）

中华图书馆协会第三次年会图书馆教育委员会报告

一、三年来本委员会之工作

本委员会委员散处各地，各工作人员均极繁忙，加以年来时局亦不甚平定，故本委员会对于各项工作，未能积极进行，深觉惭恧，上次年会教育委员会议决推行之案为：

1. 建议行政院及教育部指拨的款于北平设立图书馆学专科学校；

2. 再请教育部令国立大学添设图书馆专课；

3. 请各省立图书馆人才经费充足者附设图书馆讲习所以培育人才；

4. 函请各省教育厅每年考选学生二名分送国内图书馆学校肄业，其学膳宿费由教育经费中指拨；

5. 函请图书馆学校应注重语言。

以上各案，会后即行分别转达请求办理。

第一案因中央政府财政困难，一时未能指拨的款。故所拟办之图书馆专科学校，至今尚未举办。一俟国库稍裕，吾人再行呈请，想能达目的，未可预知。

第二案之推行，就吾人之所知者，厦门的厦门大学、上海大夏大学、无锡江苏省立教育学院、湖北省立教育学院、上海暨南大学、开封河南大学、天津河北女子师范学院等，皆有图书馆学课程之设置。此固由于各该校当局感觉认识到图书馆学重要之故，间接亦未始非本会屡次提倡之力也。

第三案因现时国内图书馆人才经费设备均充足者不多，故正式附设图书馆讲习所者甚少，然各馆为其自己馆员学识之增进，组织讲学会、补习班者，所在多有，收效亦大。

第四案，本会与武昌图书馆专科学校合办免费学生，此三年内，专科曾办两班，讲习班曾办一班。学生籍贯有十三省之多，而讲习学生大都曾受各该省政府之补助。本年秋季拟再招收讲习班一班，仍由该校函请各省政府选送。对于此案之推行吾人尚觉满意。虽一时未能造就多人，然行之以渐，持之以恒，将来定有美满之结果也。

第五案，因本国图书馆学校只有武昌文华图书馆专科学校一处，会后曾将此案专函该校。据其所述，该校对于语言方面，除英文外，尚兼学德文法文日文等课程。日文为选修，其余均为必修。而讲习之法，与普通学习语言之目的不同。皆编有专书，专谋适于图书馆采购分类编目之用者。

此外，民国二十四年，湖北省政府教育厅所办之中小学教员讲习会，及民国二十五年之全省民众教育馆讲习会，其中所设的图书馆课程，均由沈祖荣担任教授。对于本省之学校图书馆及民众教育馆图书管理法，无不有相当影响云。

二、今后本会拟办之事业

本会对于图书馆学教育方面，今后可办之事甚多，但因本会人才不多，而此仅有之人才，又复各有工作，故今后拟办之事必须于人才及时间两方面兼筹并顾，以便集中人才于一定时间内，作一事业，始能有明效可睹。不然计划理想，方面虽多，未必能实行也。

根据上述原则，以为此后数年内，本会之图书馆教育推进方面，应每年联络各省教育厅办理暑假讲习会。

理由：目下全国图书馆大小在一千所以上，馆员最少亦有数千人。就中曾受图书馆学训练者固不乏人，未受训练而欲努力求得新知识者，苦无机会。各省之县市民众图书馆员，若能于暑假期间聚集一处，施以相当之训练，则全省图书馆事业工作效率之增进，为必然之事。

办法：

讲习会名称　某某省或某某市图书馆学暑期讲习会。

讲习时间　四礼拜到八礼拜。

受训人员　省县市及民众图书馆在职馆员。

进行方法　每年春假时即由本会函各省政府教育厅或某市政府教育局，询问他们是否愿意办此项讲习会。如有愿办者，即可与之筹划一切，如不止一处愿办者，可分别缓急，审度力量，或同时办理，或先办一处，再办他处。

课程　每周假定十六小时，四周共六十四小时，设立图书馆行政16，分类编目16，选择与求购8，目录学与参考8，检字与排列8，其他8。

教员　尽先向讲习会所在地聘请，该地无相当人才时亦可向他处聘请。

由本会聘请三人，完全义务职。但川资及住食费，由本会及合办之官厅供给。

本会与合办之官厅，得叙明情由代向受聘人之工作机关请假。

经费与设备　学员住食地及教具等，由省市教育当局负责筹划。教员之川资及食宿费，本会得酌量补助一部分。

毕业　学员修业期满后，是否加以考试，临时决定。

毕业学员应由本会及合办之官厅之省市当局，发给图书馆暑期讲习会毕业证书。

（见1936年《中华图书馆协会会报》第十二卷第二期）

公立图书馆在行政上及事业上应有之联络

《中华图书馆协会会报》编者按：

此文乃沈绍期先生（祖荣）在本协会今年七月间于青岛举行第三次年会时之讲演辞。除照例辑入年会报告书外，编者以其所论诸点颇中时弊，而建议各项尤堪采纳，故特复载于此，以广其传，并供国内主持公立图书馆者之参考焉。

兄弟今天对诸位要讲的话，是根据昨天沈市长在开幕典礼中所提到的"合作推广"及讨论会所通过的几种重要议决案的补充，故题名定为《公立图书馆在行政上及事业上应有之联络》。

现在图书馆在行政上的第一不良现象，是各自为政。本图书馆的办法，他图书馆不能适用，例如同是公立的图书馆，但是各自受主管机关的命令督促，所有上级机关的命令，无论对本馆有无益处，均须绝对接受；而在图书馆方面，也只要本市主管机关不加以申责就得了。所以大图书馆想要极好的办法，去提携一般小图书馆，小图书馆是不会接受的。小图书馆对大图书馆的观感，则又以为大图书馆馆址好，藏书多，经费充足，设备齐全，可以聘用专门人才经营，可以尽力发展；小图书馆朝不保夕，望尘莫及，于是认为大图书馆来谈方针，简直是唱高调而已。结果，大图书馆只能在外观上有进步，却失去领导小图书馆的机会。而小图书馆始终是畏首畏尾，不敢图发展，仿佛大图书馆与他们有天渊之别，由是形成"尔为尔，我为我"、"闭门造车"、"各行其是"的局面。这种文化事业割据起来，焉能希望有良好的贡献，这是图书馆现在很不好的现象。

第二种不良现象，是不通现象，是不通声气。本来图书馆工作应当如活水，不应当像死水。流通愈大，则其贡献愈大。这种流通的功用，全在互通声气，若彼此之间，漠不相关，既失去互助的方法，且减少利用的机会，决不能有何发展，决不能使群众满足。须知一个图书馆的能力有限，财力有限，如不使之流通，吸取他馆的长处，补助本馆的不及，则本馆势必形成枯寂的沉闷的现状。试思一国之内，大小图书馆虽有一千多所，按人口分配，本来尚不敷应用，再若彼此不相往来，岂不力量更为薄弱吗？假若素有联络，互通声气，既可资借镜，又可借攻错，那末图书馆在行政上、事业上的效率，定会日新而月异。像欧美图书馆协会，对此种工作甚为努力，各图书馆莫不一致拥护，认定它是通声气的一种总机关，如“空谷传声，无响不应”，现在我国图书馆相形见绌，实不能与之相较，曷胜浩叹！这是图书馆第二种不好的现象。因有上述的两点现象，致发生种种影响，间接不能利于他馆的工作，直接减少本馆的发展力量，且于国家社会，均受到极大损失。所以我们必须借重一切的力量设法增进本馆的工作，并把本馆事业推广于他馆，由国立推及省市立，进而及于县立，上下流通，循环联系，绝不使有顷刻停滞。由是各馆精神，俱形焕发，各馆事业均有生气，即使是一个至小至弱的图书馆，也不难循序而进。可惜现在图书馆对此种工作，如交换上、巡回上，一点不能实行，一旦有需要他馆帮助的地方，则因素无联络，宁可牺牲本馆事业而不求助于人，甚至有求而不应者，以致图书馆暮气沉沉，图书馆员意味索然，阅者也不能发生兴趣了。

为要免除上项不好现象所产生的影响，图书馆在行政上及事业上应有种种之联络。现在大概具体的列举如下：

一、就行政上言：一个图书馆应有一个图书馆的行政，全国的图书馆也应该有整个的行政。这个问题，不是在取监督的意思，是为全国图书馆事业谋打成一片的。比如大图书馆应辅助小图书馆，若行政上不发生关系，则大图书馆虽欲援之以手而无所凭藉；反过来说，小图书馆本想借重于大图书馆，但无行政关系，也不便进辞。假如有行政的联络，则对此一切不圆满的问题，很可以迎刃而解。最高的图书馆行政机关对各图书馆有确切的统计，成绩佳者，予以奖励，成绩劣者，予以警告。某图书馆有何重要处，则可以补其不足，使实际上得着帮助。由是事权集中，运用一致，由上而下，由上而下，系统整然，不难有所改进了。

二、就事业言：图书馆的事业，更应有联络，试举出数点说说：

（一）关于分类编目：全国图书馆分类编目所采用的工具书籍，各不相同，许多图书馆都是忙于此一部分工作，而不能推行其他的部分。这种困难，我想各馆同仁都能知之，现在国立北平图书馆，他有印成之卡片目录，本可为此项工作谋统一，如此推行各省市县立图书馆，一定可以减少编目上之大部分麻烦，大图书馆可以完全采用，小图书馆可以采用大半，这是就编目分类事业上应有之联络。

（二）关于采购书籍：采购书籍，属于商业上的知识者居多，如有鄂联络，非常的经济。例如与国外书局无来往的图书馆，则买书自必成为问题，不妨请国立图书馆办理，可以取得折扣的便宜及免除困难；至于县立图书馆，亦可借重省立图书馆选购书报杂志，当有不少利益。既可减少汇费，又可买到切合实用的书籍，这是就选购事业上应有的联络。

（三）关于流通书籍：好多县立图书馆，因经费的困难，想商请省立图书馆用流通的办法，以供民众的阅览。比如湖北教育厅于本年五月间所办的民众教育馆员讲习会，有许多讲员向我发表意见，倘素有整个的联络，对此当不成问题。

（四）关于馆员技术与学识：小图书馆与大图书馆更应有密切联络，利用假期，用补习或实习的办法，增进馆员程度，或者由各大图书馆在假期开办图书馆员讲习会，或者由小图书馆派馆员到大图书馆研究几星期，种种机会，均可利用，使图书馆在工作上、人才上得着圆满的效用。

三、就馆员友谊方面言：图书馆员首要的条件就是要养成与人合作的精神。因图书馆的事业，是流通图书以供各界人士的阅览，所以馆员必须态度温和，谦恭自持，多予以亲善机会，使社会人士对图书馆发生最好的印象与感官，甚至为取得群众与本馆友善计。图书馆员更要有种种联络表现，彼此发生友谊关系，绝不要存任何偏见，亦不可严分等级。因我们服务，是为社会服务，遇有适宜办法，不妨提出以贡献于一般同志。某馆如有调查他馆状况的事情，各馆应尽量搜出材料，以为解答。至于中华图书馆协会开年会时，各馆同志应尽量参加，一方面辅助大会工作之进行，一方面各同志有联络之机会，同时应各抒己见，有最好改进之提案。内地各图书馆同志，无论在消息上学术上较边远同志的机缘，多得便利，应将所得的一切新事业，报告中华图书馆协会，以便传播给远省各图书馆同仁。总之，凡与友谊上有关切者，各同志应取合作的态度，实行联络，以期一致团结，共策进行。此点与图书馆事业更有密切之关系。

以上所述，实为由联络中所产生之种种利益，但怎样达到这联络的目的呢？其步骤有如下几点：

（一）中心机关：以中华图书馆协会作全国图书馆界联络之中心机关，凡一切事项，须请求政府帮助者，或须借助他馆者，可函请中华图书馆协会接洽，比较容易。因为该会对一切消息与前进事业，比较明了，力量集中，则推行顺利。还有对于国际图书馆的事业，若用中华图书馆协会的名义代表中国的图书馆，才能相称。故各图书馆应该拥护中华图书馆协会，并将一切进行消息，随时报告该会。

（二）管辖范围：公立图书馆在管辖上，除教育当局外，还可以有一个图书馆节制机关，此并非为监督或干涉其行政，而是为图书馆事业上之辅助或指导者。因主管机关只能负经费的责任，对于事业的改进，非专门的图书馆机关不可。所以这种节制机关，系为图书馆事业而设立，至于节制范围，最好国立图书馆与省立图书馆发生关系，省立与县立者发生关系，或者请求教育部或教育厅设图书馆督学，同负此专责。此与近日设体育督学的意义相同。

（三）给予补助：为方便调查起见，可以请求政府给予经费的补助，这种补助费须按全国图书馆的预算以为分配。比如每个省立图书馆预算每年为二万元，全国以二十个省立图书馆计算，以百分之十的的补助，则教育部每年只需筹出四万元。各省教育厅对各县立图书馆给以百分之五的补助，一年不过四五千元而已，分配的比例，以成绩定其多寡。用途只限于图书设备之类。至于具体办法，由教育部图书馆督学或国立图书馆馆长组织一委员会办理。最好由国立图书馆馆长兼任全国图书馆督学，省立图书馆馆长兼任全省图书馆督学，这样行之数年，全国图书馆成绩定有可观。是国家所费的公帑无几，而收到的功效，一定很大。兹欣逢中华图书馆协会举行第三届年会，鄙人无良好意见贡献，实为惭愧。只将平昔所感觉到图书馆在行政上及事业上应有的联络工作，提出说说。不敢说是改进图书馆事业的不二法门，只能以此促进全国整个图书馆事业的一番热诚，敬求诸位给予参考及批评。

（李尚友记，见1936年《中华图书馆协会会报》第十二卷第三期）

《标题总录》自序

为编译这本《标题总录》，早已蓄有此志，因时间的不许可，与下述各种困难，未能动手。但是这种动机，总未消灭，延至民国二十一年才开始工作，现在尚未印就。每次接着同志们探寻的信息，无从答复，真是抱歉的很！

我虽一再迟延，硬要把此书编译成功的原因，我相信此书为国内图书馆必要之一种工具书籍。如编目，分类，已出版好几种了，并且是很完备的。但为标题用的，只散见于各图书馆刊物上，大抵都是片段的，所以各图书馆有用标题者，各行其是，以致参差不齐，这岂不是一个极大的缺点吗？

在决意编译此书之先，有个很大的问题，就是要采取什么标题书来作底本呢？国内向来是以分类目录代替标题目录，绝无底本之可言；国外有好几种，各有所长，最萦迴于我之心者，厥为：必如何之标题，方可适合于我国之图书呢？二十一年前我就开始选译美国图书馆协会所编之《标题总录》，以蕲合我国之用，旋译旋加探究，觉其中颇多缺憾，因之全部放弃。又经多方考虑与试验，方采《美国国会图书馆标题总录》，作为编译的根据，它的长处，完全是根据美国国会图书馆所收藏的书籍，编成一部很大的标题总录，比较实用。

我采用此书为底本，恐怕有人不以为然，第一以为译文不合口味；第二底本内容太多，条目太详，用之于我国图书馆，未免不合实际。这两层我曾想到，须知我国许多新学术，没有哪一件，不是由国外介绍来的。在二十余年之前，我们开始创办图书馆的时候，仿佛是赤手空拳，无所凭藉，不得已我才编《仿杜威氏十进分类法》一个薄本，是含有聊胜于无的意思。后来有些完备的编目法与分类法出来也就足够我们的需用了。这一回编译标题总录，也不过希望将来能有别的完备的编著而已，至于内容太多这又何妨？我们采用的时候，有则采用，无则不用，还要想到我国图书馆是正在发展，假如书籍到了充足的时候，我们所利用的工具书，岂不是“多多益善”了吗？

我虽采用《美国国会标题总录》作底本，但是在编译时，有增的，有减的。这种增减，是我应该负责的，我的用意，一不是好奇，二不是满足于原著，实在是想求合乎我国图书馆实际的用途。我想这一点意思，可以获得原著者谅解，而国内同志，亦必表同意的。至于原著，有一种长处，我应当介绍出来的，就是在条目之后，附有美国国会图书馆图书分类号码，今已完全加上，对于我国图书馆之用国会分类法者亦可有相当的便利。

本录分为两部分，一为英汉部，一为汉英部。英汉部凡七百余面，约当原书之半。希望用之者，由英文名词，可以检得中文相当之名词；由中文名词，亦可在汉英部检得英文相当之名词。在中国图书馆中西文图书标题皆可采用，外国图书馆中之中文书籍，用之亦可减少若干困难。

是录之中可以批评指出甚多，草创之作，亦殊难望其能尽善，其中我自己亦感觉有：中国书不常用之标题，或中国书常用而录中无有或竟有完全不适宜于中国书籍的。

谈到困难问题，有的多在编译之先，假如是能预知的话，恐怕还不敢动手，这些困难问题，都是极麻烦，极琐碎的，兹略举几点如下：

a. 编译此录，较之编译普通的书籍，所遇困难为多。译书不外直译或意译，上下一贯就完了，但此书完全是名词，有许多名词，中文尚未有过，须自行揣摩铸造。

b. 中国对于新用名词，是没有标准的。多数科学名词，几乎未有两部字典解释相同者，往往一名词，虽参考数种工具书籍而未能折中一是的。就国内较重要文化机关所审定的名词而言，从前科学社所用的名词，有许多不适用了。幸近国立翻译馆及教育部所审定出版之科学名词表，可资借助，但前已采用者兹又逐处改正，其工作亦殊困难。

c. 如遇一个标题的后部比前部重要，就采颠倒形式的方法。例如分析化学、有机化学、无机化学，可作化学，分析；化学，有机；化学，无机。如此，各种化学之书都归纳于“化学”标题之下了。编译时虽尽量保存英文原有形式，但在中文中难以颠倒者则依中文之习惯，如性教育、性伦理等，无须作为教育，性；伦理，性等。如果是一个习惯的名词，后部不一定比前部重要，那也无须采这颠倒的方法了。

分析化学虽然也是常用的名词，但检查的人不定检查“分”字，恐怕还是检查“化”字的居多。如果不倒置起来，于方法上固然不错，但于实用上，反多不便。再者将各类化学之书，统置于化学之下，在学理上固属如此；性伦理之书，如照化学排列归纳于伦理之下恐于学理亦有不合。

d. 全录排检之方法，亦一难事。目下各家所发明之检字法虽多，充分实用者尚少。是录英文仍依字顺排列，中文则采王云五氏四角号码排列法。对于复词，或短词标题名称，前后虽时有分散之弊，然检查尚觉比较容易，迅速，故仍采用之。各名词下之“参见”各名词之先后次序，亦依四角号码排列。为此，排列上费力不少，要费几道手续。如先译在书上，次抄在卡片上找出四角号码，依号码排列，末又再腾上原稿。

e. 照说校对，应该谈不上有何困难，此书则不然。其他的校对，无论是译文，或作品，只须一对于校对有经验之人，可以放心。因为负校对责任者，一看到文气不通，就知道是排字者的错误，可以对照原文，加以修改。但此书完全不同，而且又是各种的名词，须逐字的校对，没有文气可以帮忙，既须校改排版上之错讹，又须对名词前后是否一致，翻译是否尚可改良，加以推究。如名词修改后，则参见下所用同样亦须修改。所以我在百忙之中，还要亲自复阅，但错误之处，仍多不免。

此外还有一点，说出来是好笑的，就是印刷一项，不知经若干次的交涉，费了多少的气力。先与武汉几个较大的印书馆接洽，都不成功，后来由本校教员格拉塞君介绍到武昌天主堂方济印书馆商洽，始有头绪。他们已经印了一个多月，印出百余面，忽然来函谢绝。宁可牺牲这工程和印费，这个原因，第一中英字夹着印，而且又是极麻烦的一桩事；第二所印的一千余面都是名词，有许多专门名词新字没有现成的，实不够用，有时添刻这个字有时添刻那个字；第三送稿校对，是一日几次，有时是觉着先前所用的名词不妥当的，有时是查出前后不一致的，因此常常改换，有时四角号码之改正稿子也必须送审阅修改；第四所印的纸张及印刷油墨等，价目骤涨。该馆很诚恳的向我说明，不但是费时，麻烦，且须赔本八百元以上，所以决意不印。我于不得已中复与天主堂神父磋商，原来合同，不得不加以修改，排印之时，中英大小字体，夹杂进行，且馆中字模不多，所以历时二年余，幸该馆热心赞助，始底于成。此在普通商业组合中，殊难觅此种诚挚合作之精神的。

至于印刷上，如有可取之处，则该方济印书馆之功。该书馆于三次校对之后，仍允许加减改正，良可感激的。

是篇之成，我当竭诚感谢美国国会图书馆馆长普迭南博士（Dr. Herbert Putnam）允许选择该馆所编标题总录；我国教育部王部长撰赐鸿文以为之序并奖勉有加至为感愧；并感谢以下作者，如国立编译所编《物理名词》、《化学命名原则》、鲁德馨氏《医药辞汇》、刘汝刚氏《汉英医药辞典》、舒新城等《中国教育辞典》、王杰氏《英汉军用辞典》、周鲠生氏《国际公法》、高一涵氏《欧洲政治思想史》、胡超然氏《药品大全》、杜其堡氏《小学自然科词书》及商务印书馆《教育大辞典》并《百科辞典》，于编纂时获益不少。

最末就是为此书所帮忙的我要感谢他们，如毛坤君计划排检，汪长炳、汪应文、袁仲灿、程长源、张正义、尤明轩、骆继驹、李竹虚诸君，有的帮忙校对，有的帮忙排写，有的帮忙誊录稿子，各抒所长，均出力不少。所以一定要把此书出版的缘故，也是因为他们很热心的帮助我。

是篇遗漏之处，自知不免，海内外同志，凡有匡正，无任欢迎，终期于再版之中，能充分改革其不当，而能合乎我国图书馆实际之用，则幸甚矣。

中华民国二十六年六月沈祖荣谨识

（见沈祖荣编著《标题总录》，文华图书馆学专科学校 1937 年出版）

今后二年之推进图书馆教育

（一）图书馆教育的目的

图书馆事业，是社会教育的一部分。是比较别的事业更具体化，更有永久性和独立性的一种社会教育。它是以文字、图画等为工具，去化育人民的。并不要同什么强迫的办法而人人往往乐于自动地去接受这种教育。所以各国都普遍设立图书馆，来教育人民，收效也最大。我国设立图书馆的目的，也与此相同。不过在现在和今后二年内的图书馆教育，除开一般的目的而外，还要与中央政府的教育政策一致，而时时利用其本身可有的材料及方法，达到辅助此种教育政策的成功。换言之，即是要于化育人民的过程中，兼能增强抗战建国的力量。根据这个原则，现将我们对于今后二年中，推进图书馆教育的几点意思，述之于下：

（二）我们所能利用的材料

假定今后二年的情形，与我们现在相差不远，仍然在艰苦的继续抗战之中，我们所能利用的材料，馆舍和图书都不能和战前一样。拿馆舍来说吧，自然没有力量来建造宏伟壮丽的房屋，也无须乎那样的建筑；只要是清洁的，宽敞的，朴素的，在任何房屋都行，只不过在防止书籍的损坏上，要多多加以注意。至于阅读材料的图书，我们应注意的是：

（1）图书的量的方面，今后二年中：

① 对于各处带到后方来的图书，无论公有的和私有的；后方原有的图书，无论公有的和私有的，我们都要加以实际调查和统计。哪

些是可以公开的，哪些是可以特约利用的，制定一种利用的规程。如果我们知道现实在印刷书籍是怎样的困难，就可以了解我们原有图书馆之如何宝贵。

② 对于新书印刷事业，政府要有一种实际的办法，加以提倡鼓励，并且予以相当便利。如令其将新出版之书呈报，再通令各文化机关购买。我们要调查在我们统制下的印刷事业，有多少人才，有多少机器，各别的或总和的在一定时间内，能有多大产量，价目产地如何，能不能改良增加出产。他们购买新机器的时候，政府可在经济上予以相当补助。买外来纸张，政府要在运输上、汇兑上、分销上、分用上，加以辅助和限制。

③ 新出版的书，我们并不希望他们对每个图书馆送上十本八本。我们只希望他们早早的买完，不要像废物一样老是存在书铺里头。各图书馆都能在最早期间就得到这种的印刷物。要这样我们必须编出一个图书馆的名称表，让书铺能自由的向我们送上广告。书业方面也须要有集中的刊物，如周刊半月刊之类的东西，来公表他们的出产，使我们得以按时选择。而各出版社出版的书单，若能由政府，或中央图书馆，或书业界把他们编印在一起，更是可以帮助图书馆和读书的人们。

④ 有些材料中国现时没有，必须向国外购买或征募。购买要有一个统一的和集中的机关来办理，选择、运输等种种手续都较省便，征募则中华图书馆协会和各学术团体联合会同在积极进行。我们希望第一能征得书籍免费运华；第二各学术团体及大学的出版物能尽量的送给我们；第三能将有名的杂志送给我们一全份；第四不能赠送的，可以给我们一个优待折扣，由我们去买。

（2）图书的质的方面，从前我们所注重的，不过是涵养性情，增进知识的图书。今后二年中，我们对于图书质的方面，除开道德的知识的材料而外，还要特别注重选取：

① 科学的、建设的及实际生产知识的书报。以期改进战时及战后的生产方法，增加我们需用的产量。

② 政治书报，使人民对于国家民族有深切的认识和了解，引起

他爱国家、爱民族的心理，因而牺牲小我，保卫国家，增强抗战的力量。

③ 模范人物的传记，使人民读了之后，奋发兴起，改除一切偷堕狡诈的习惯和心理，以勇往迈进、忍苦耐劳的精神，去克制当前的一切困难。

④ 团体集会行动的书报，使我这向不注意组织的人民，而了解和景仰一种有规律有组织的生活。

（3）图书的形式方面，从前重视的在书籍，但今后二年的对象，是以一般民众为主，不一定通过认识文字，即便认识其程度也不一定高深，所以于书籍之外，凡属杂志报章、地图歌本、照片画片、幻灯影片、抗战标语、小册子等，都可以分别利用。其传播知识，触动感情的效力，在一般群众之中，也许较方册的书本还更有用。

（三）我们所需用的人才

在今后二年中，既然推进图书馆教育，那么，必须要训练人才，来供给我们应用。否则，再有怎样良好的计划，是不容易达到美满的境界的。对于人才方面，以为：

（1）原在图书馆服务的人员，未经受过专门训练者，须加以短期训练。办法可由教育部社会司，或各省教育厅与某大图书馆或图书馆学校合作，将各处人员轮流调训，时间三月或半年，予以基本的图书馆技术训练及最近图书馆教育的政策和目的。

（2）从战区转到后方来的图书馆人才，一时没有工作的，我们应当设法登记，尽先引用。因为他们是受过训练或已用丰富经验，比任意引用的人员或短期训练的人，要来得经济而有效果。

（3）原在图书馆服务的人才现在因种种关系而改别业者，我们要用一种有效的鼓励吸引的办法，将他们重新拉回图书馆界来。本来在图书馆工作，而能在别职业上获得地位的人，其人必是很能干的，失掉了很是可惜。

（4）今后二年中，推进图书馆教育，原有人才定不足用，尚须训练新的人才。训练时可以分高级的人才和初级的人才两种，使其对于图书馆教育领导方面和辅助方面的人都不致缺乏。办法或由政府自办，或令某某较大的图书馆附办，或请某种适宜的学校特办亦可。大学毕业生，有志于图书馆事业者，若能加以短期训练应用，一定是经济而有效的。

我们最后还要训练一种图书馆员，后方的中学数量加多了，学生加多了，教职员也跟着加多了。在这种奋发、紧张、烦闷的情境当中，人人都需要精神的粮食。至于教员之需要参考，学生之需要印证，那是不消说的了。但是一向，中学对于图书馆设备不大完全，并不是教育当局没有看到这其间重要，实在也是由于没有相当的人才。听说四川省政府教育厅，此后要特别重视学校图书馆的设备，所以急需要为这事养成一批可用的人才。而且要办到学校图书馆公开阅览的，中学图书馆的可能性最大，也最适宜于公开给予一般社会阅览的条件。大学图书馆的书太专门、太深邃，小学图书馆的书太些微、太浅俗。

（四）服务的对象和方法

图书馆的服务对象，是他国内的一般人民，这是无容讨论说明的。但今后二年中，我们要特别注意：

（1）公务人员的参考

在抗战时期中的公务人员，就可以说是运筹帷幄的人。他需要各种材料作计划的参考。我们提供给他的一个字，一句话，或一个数目，就等于一颗炮弹的重要。我们能服务于公务人员的方法甚多，在最近至少要作：

① 各大图书馆联合目录

我们迁到后方来的图书及原来在后方的图书，究竟有些什么，在哪里，是作参考的人急于要知道的。如果有一个联合目录，就可以按图索骥了。图书馆内全部书籍，一时虽难编就，至少有用的参考书，要有一个联合目录。方法可指定某几个较大的图书馆组织一个委员会，采定办法，先由各馆分编一目，送归某处和编印行，送各机关参考。

② 设参考材料咨询处

联合目录一时不易编成，新的材料又不易随时放入，而参考工作，又有很精微奥妙的地方，有时单靠几条书目，也难收效的。所以政府或某大图书馆最好能设一个参考材料咨询处。其中不一定要收集很多的参考图书，而要能聘请几个精通参考业务的人员来主持。他们能够活用一切材料，对付一切的问题；他们能知某种材料在某处，某处有某种材料；最低限度能告诉你某处有某种材料，使你不至于枉费精力。

（2）学校教职员学生的参考

学校图书馆之重要，前面已经说过。在最近，以为至少应作一桩事情，就是要设法编制一个中学图书馆标准图书目录，其中包含教职员及学生实用的图书杂志及必备的参考书。否则中学有钱了，有人了，不知道究竟要买哪些书才有用。随便开一个单子，是不够的，必须要有几个通晓目录学的人，来加以合宜的调查。被调查的人应该是各种中学的教职员和学生，各科的教员和各级的学生。由教育当局拟定一种表格，发到选定的几个较大的中学而有图书馆的去，令各校再行印发给员生填具。不一定要他们指明某一种书，能够说出他们希望图书馆有哪一类的书也行。这个调查的结果，只是供编制这书目的人的强而有力的参考，不定规可以限制编目人必然采入。编目人还可以加入其他的种种图书，如经费、地域、人数等来作选择的标准。

（3）城市及乡村的一般民众

普通对于民众的宣传，是偏于暂时的，只有图书馆教育，是永久的。尤其对民众识字运动，非要图书馆帮忙不可。而图书馆对城市和乡村的民众的服务，照向来的系统，有中央的国立图书馆，各省市的省立图书馆和市立图书馆，各县的县立图书馆，及各省市县立的民众教育馆中图书部。今后二年中，我们对于民众要特别的注重。尤其是乡村及各边远县的民众，因为他们在抗战力量中有极重要位置。所以要将各机关所举办的各巡回图书馆，组织扩大，内容充实，方法改良，使随处均有巡回图书馆的足迹。他不但可以引导民众，并且他的异样的姿态，强烈的热忱，可以引起当地文化机关的效法，和民众特别的认识，交通方便的地方固然要去，交通不方便的地方也要去。时间和路程，都要有精密的计划。

（4）军队伤兵、难民和难童

伤兵、难民、难童等，我们应该在他们的所在地设立永久巡回的图书馆。今后的时期中要特别注重随营图书馆。其组织应该以军师旅等可以单独作战的建制单位为主。而层层管辖隶于军事委员会政治部下，将士们自己在争斗中，有时反而不知自己争斗的情形和重要；在长期劳顿之下，没有一点精神慰藉或消遣，是如何苦闷和烦躁；有时又应该有相当的东西刺激他们强烈的感情。现在的战争是科学的战争，兵法炮火等理论知识和技术知识，在长期抗战当中，也是必不可少，而应时时增进的。

（五）行政的系统和经费

凡要推进一桩事业，须要有详密的组织。原来图书馆的系统，很为散漫，彼此间并没有什么必然的关系。国立图书馆属于教育部，省立图书馆属于教育厅，县立图书馆属于教育局，各自为政，不相闻问。要一下改过来，成立一种另外的系统，自不容易。经费的来源，与行政的系统也有相当关系。关于这以为：

（1）就原有的行政组织，为抗战的便利，彼此间应当多多加强友好的关系。买书、用人、阅览等，都可以就近互相商量。

（2）原有各馆的经费，除周密的计划、审核，务必用得其当而外，政府应酌量其工作之缓急范围，增加其经费。

（3）有一个建议，想由中央、省、县立教育机关，筹出一笔经费，名为图书馆教育推行费。其比例，譬如中央每出一元，则省各出四元，每省之各县共出十六元。将此经费纯粹作为补助各馆每月充实购书之费，其款交由中央图书馆。各县立图书馆，拟具详细计划，向省立图书馆请领报销，各省图书馆向中央图书馆请领报销。这意思是想于原有行政系统之外，各图书馆间也有一种密切的关系。而此种关系，不仅是合法的，而且更是以经济关系为其枢纽。

（六）结论

在生死攸关的抗战当中，真是万端待举。图书馆教育，自当努力推行。以上所说，挂一漏万，不完不备，其意不外要求我们图书馆界，尽我们能尽的责任，来帮助我们的国家和人民。我们自己真是努力，我们的国家、政府、人民，未有不共同来帮助我们的。

（见 1939 年《建国教育》第一卷第二期）

图书馆教育的战时需要与实际

在中国，图书馆的事实在两千多年前就有，而且是切合实用的。后来虽有发展，可惜国家的大批收藏，成了帝王们“稽古右文”的幌子，开明一点的，也只能允许特权阶层的人进去阅读；至于私家所储存的，更不消说，宁可饱蠹鱼的肚子，却不愿开放给大众。直到废科举兴学校，图书馆才成为教育的重要工具之一，并且更进一步成为独立存在的教育机关。新的图书馆是学校制度之外另一种形式的教育活动，它不像学校里面有年级的区分，摇铃上课下堂的办法，也没有年龄性别、程度等限制。它的施教对象是社会全体，由学者专家以至劳苦大众，无论男女老少，盲哑贤愚，都不分厚薄的为他们服务。它的事业是把摆在架子上的死书变成川流不息的活用的东西，从少数人的手中解放出来，让需要它们的大众来享受；并且用科学的方法鼓励他们读书，帮助他们读书，教导他们读书，也就是所谓的图书馆教育了。

现在抗战已到最紧张的时候，图书馆教育这个问题好像是不应该谈的。其实不然，抗战最紧张，就是图书馆教育最应该紧张进行的时候。现在打仗不是专靠武力的，没有钱我们不能打仗，没有粮食我们不能打仗，没有教育文化的培养，我们更不能打仗。没有钱我们可以向别国借；没有粮食，我们也可设法购运；可是教育力量不够，文化水准太低，结果国民没有国家民族的观念，没有现代知识，没有生产能力，这样的一个国家，虽有至好的国际友人，当然也爱莫能助。这样一个民族，简直是天然的帝国主义的奴隶。老实说，一个国家整个国力的养成，完全靠着教育。我们现在能向倭寇面对面拼一气的，就是靠了过去和现在不断增强的教育力量。我们的武器不及敌人，我们的战士却有以血肉作长城的精神，这种精神就是由教育而发生的。现代的战争是“全体性的战争”，负战斗任务的不只是两国前线的士兵，还有两国社会各阶层的民众。由于抗战的经验，大家认识了部队中政治训练的需要和精神教育的一般民众的力量，而现代知识和生产教育也不能马虎了的。图书馆事教育设施的一种，是不拘形式灌输知识，促进技术的利器。皆因不拘形式易于普及，它最合乎战时的需要，图书馆教育因战时的需要而存在，就应该适应战时的需要而活动。现在怎样的需要我们的图书馆活动呢?

一、前方将士精神食粮的供给——我们从报纸上的前方通讯中，和实际到过战地的各界人士的谈话中，都感觉到这个问题的重要而且迫切。在战地的勇士需要书籍安慰他们的苦闷，补充他们的知识。我们记得在上次欧洲大战当中，美国图书馆界人士曾有战地图书馆的组织，收得了很大的效果。日本的侵略军事，自九一八事变起，就有图书馆参加战地工作。我们此次抗战经了一年，才有战时书报供应所和战时文化处的成立。但是力量还不够，还希望我们图书馆界大量地动员参加。

二、受伤将士休闲教育的顾及——这一种需要也是根据于实际经验的。去年八一三全面抗战开始以后，国立中央图书馆在南京举办流动书橱，文华图书馆专科学校学生在武汉组织巡回文库，按照规定的期间到附近各伤兵医院中服务，供给受伤将士们合宜的图书杂志。从他们的工作经验上证明了这种服务是必要的。书报对于受伤的将士，不只减轻他们肉体上的苦痛，使他们得到正当的休闲方法，不致因无聊赖，而破坏安宁，扰乱秩序，并且可以从阅读上实施政治教育和技术训练，以增进他们对于国家民族的认识，增加他们有用的知识。德国麦更生将军说：“救治一个伤兵，比训练十个新兵更有价值。”伤兵的可贵，在于他们怀着“杀敌致果”的决心重上前线，就是改变到生产事业上去也是好的。我们相信图书馆教育确有此功效。

三、难民的教育——逃到后方的难民，他们为了不愿做强盗的顺民，受尽了颠沛流离的痛苦，抛弃了产业和故居，有的在街头游荡，有的落到收容所里。这种生活非常难受，尤其不是有智识的人所甘愿的。图书馆的人员应该普遍的为他们服务。指导他们的前途，藉机实施政治教育和生产教育，以达到使他们“进而入伍出征杀敌，退而努力生产工作”的目的。至于难童，当然希望他们能够受到正式的学校教育，但是为难童服务的儿童图书馆也并不是一项不必要的设置。在欧美儿童图书馆和学校教育正是相辅而行的。

四、一般民众的教育——自从抗战开始以来，大家以为“唤起民众”是当前的急务，于是宣传的工作就普遍的发展了。但是宣传的作用多半流于一时情感的刺激，不能维持久远。唯有透过理智，使民众真正认识到个人与国家之确实的关系，亡国奴何以不可为，怎样才不致亡国，图书馆就是培养理智的永久而活动的教育机关。怎样才不致亡国，须解决如下几个问题：

1. 人才问题

孟子说：“人存政举，人亡政息。”事业的成功得失，实在由于得人与不得人。图书馆员是一行专业，不是人人都可胜任的。过去好多的图书馆就抱着这种谬误的观念，以为办图书馆事务的人不一定要受过图书馆学专门训练，犹之乎作官并不一定要经过大学政治系培养一样。近年来跟着政治的进步，图书馆方面渐觉得非有专门人士参加不可。这是一种好的转变。不过现在国内专门训练图书馆人才的机关太少了，独立的机关，可以说只有武昌文华图书馆学专科学校一处。现在亟谋建国的时候，西南、西北各省的图书馆事业要积极发展，以后，被敌人破坏的图书馆也要逐一恢复，所需人才一定很多。所以我们希望负责的当局和社会人士要注意这件事。在战争进行期间，对于原有的图书馆专校和大学的图书馆学系，要尽力维持，改善扩充；对于在职的未经专门训练的图书馆员，要举办讲习会，补充他们的知识和技能；对于战区出来的图书馆员或其他社会教育人员，要集中举办短期的图书馆员训练班，然后分发到相当的地方工作。

抗战以来，图书馆界在技术上有许多地方仍墨守着西洋的旧方法，而不能因时制宜，那流弊还不是与守旧的国粹保存派的作法相等吗？无论什么时候，提到技术总是应该讲求经济和效率的。现在说一说资料和运用两个重要问题。

2. 资料和运用问题

（1）资料问题。图书馆的本体任务，是把图书、杂志、报章，以至印成的或写成的一切材料，供给他的读者。在这非常时期，种种有时代性的书籍，最为重要。无论图书馆规模的大小，都应在预算中划出一部分专作此项购置之用。现在关于抗战的书籍差不多有好几千种，这样多的刊物并不是任何人都要一律阅读的。有的很适合某一部分人的阅览，却不是另一部分人所愿翻开一读的。譬如说关于战时教育和宣传的书，我们觉得是不好送上前线给战士们看的。所以图书馆选择书籍的工作，要针对着现实的环境和读众，要顾虑到前面所说的四种在战时的需要。相反的，凡属有关于抗战史实的材料，都应该无所抉择，广泛地收集起来，小至一张传单，一纸画片，都要用最新的"剪裁法"和"序列法"，分门别类地归纳起来。这些是目前一般学者专家以至做宣传工作者所急切需要的参考品，也就是将来史学家和社会学家最宝贵的史料。

（2）运用问题。抗战时间的图书馆应该是极富于"机动性"的。过去图书馆的工作对于书籍的收藏和处理看得很重，而对于书籍的运用却不甚注意。所以好多的人力物力都消耗于编目分类等方面，而对阅览参考方面很疏忽。甚至于有些图书馆员把清苦的生活误解为清高，结果就把知识水准低下的群众拒之于千里之外，公共图书馆算做了教员学生的专利品，"谈笑有鸿儒，往来无白丁"就成了它的素描。这种清高自赏的态度是旧日封建士大夫的思想，是一个新的图书馆员所不应该有的。外国的公共图书馆不惜用种种有形的和无形的宣传方法，把社会群众吸引到图书馆来看书。有时他们所用的办法，简直象商店拉拢顾客，兜揽生意，凡是不能到馆里来的，像工厂、农场、大公司里面的人，还要设法把图书送到他们的面前。比较起来，优劣显然。他们的工作是主动的，服务范围是广大的，我们应极力效法，并特别注意图书馆在战时的几项需要。

既把看书的大众引进到图书馆来，图书馆员的责任还只是尽了一半。阅览人是不是找到了他所需要的书呢？他由图书馆得了多少益处去？他是否知道了图书馆所有的对他有用的资料呢？这些，在图书馆方面全不可漠然视之。图书馆应该怎样的阅读，图书馆应该怎样的利用，要读的书应怎样的选定，都得图书馆员仔细的、和蔼的指导；怎样鼓励阅览人的求知的兴趣以达到更高深的研究，也要计划周到；至于某一种程度的人应该读什么书，某一种职业的人应该读什么书，某一种学问应由什么书入门再如何深造，某件时事问题有什么讨论的书籍，为阅览人的便利，图书馆应该预先编就种种书单。剪报和索引的工作，看图书馆员的能力与需要斟酌去办就可以了。

图书馆教育的目的，是供给知识给大众。但是供给知识不一定全靠书本，尤其是对文化程度太低和不识字的人。于是我们就用文字浅显的通俗读物、图书、幻灯、电影、讲演、歌咏、留声机、无线电收音机、戏剧，以济其穷。也可以举办民众学校，推进识字运动。有的人需要其他的有用知识比文字的知识还要迫切，等不得先认识千万块字的长时间。有人说这些都是民众教育馆工作范围的事，其实，民众教育馆的基本工作。也就是民众图书馆的基本工作。一个民众图书馆的工作也应和民众教育馆一样，只要看工作重复不重复，不可推诿不进。

以上论到图书馆在战时的需要和怎样应付战时需要的实际问题。最后，我们还有三种希望。第一，希望教育行政当局改变向来对于图书馆教育的政策。过去对于图书馆教育的政策可以说是放任的、不置重的，这从管理、经费和培养人才方面看得出来的。现在需要整顿和振作了，因为图书馆的一切改革和设施的主要部分是靠教育行政当局支配与指导的。第二，希望服务图书馆的人员认清个人在全体性战争中所负的使命，不要以抱残守缺为满足。图书馆员要做到学术和文献上的向导，并且推广业务到前方去，到伤兵医院去，到难民收容所去，到农村、工厂、街道一切的广大民众群中去。第三，希望社会人士改变过去“以图书馆为太平盛世的点缀品，为可有可无的附属品”的错误观念。要开始赞助这种教育事业，使它在战争过程中能够发挥它的确有的大力，紧密配合军事政治等等，以达到“抗战必胜，建国必成”的终点。

（见1939年《中华图书馆协会会报》第十三卷第四期）

《图书学大辞典》序

图书浩瀚，观者望洋。使无适宜之方法分析整理，则其功用莫由彰显，是无异于沉珠于渊，埋于玉山也。欧美各国，教育发达，科学迈进，推其奏效之原，则以图书之贡献极为伟大，故图书馆之建设，宛若星罗棋布。各级学校有各级学校之图书馆；各个机关有各个机关之图书馆；通都大邑，商场农村，亦各有其适用之图书馆；甚至军营之行动，儿童之幼稚，聋哑之残废，均设有专用之图书馆，各依其环境而供给之。是以无一场所而无图书馆，即无一人而不能利用图书馆也。

图书馆在社会上所占之地位既如此，故为流通图书所出之工具书籍，亦日新月异，务期适合人群阅览之便利，并使其在参考上有运用裕如之快。如图书分类、编目、选购、参考、标题，以及经营、行政、管理等等，何啻千万余种；又如联合目录，即联合各图书馆而推行之，其组织之庞大，不可计量。故担任图书编纂工作者，皆尽其生平所得之优良学识，与丰富经验，而成此有用之工具书籍，以供人士之搜求。此其有功人世，关系教育文化命脉者，岂浅鲜哉！

我国号称文化之邦，惜于图书方面，历代痼疾，只知保守而不能开放。惟皇室贵族与士大夫阶级始有博览群书之机会，平民无与焉。夫图书之限制有如是，则教育自无从普遍，因此学术上亦少有竞争之念，则所谓能读书之人，不免养成骄奢之气习，而其所研究之学问，多属空泛，无补实际，清谈误国，已为一般学子之通病矣，可胜叹哉！

至清末叶，鉴于欧美图书馆事业，有促进教育文化普及之力，有启发人群智能之功，有潜移默化国家民族至优秀地步之地步，并收致富致强之实效，故人群维护其发展，若维护其生命然。于是我国人借鉴攻错，乃于教育革新之际，设法开放图书，而先后都市省会之现代图书馆应运而生矣。尝思当时最大之困难，不在图书之罗致，而在缺乏工具书籍，无所凭藉，此图书馆界同仁所深知，而群起急谋编纂之事功也。

迩者卢君震京编成《图书学大辞典》一书，向荣索序，荣思图书事业在欧美发展之速，而惜我国进步之迟，故于感慨之中，拉杂陈述。至于卢君成功此书之价值，与出版之贡献，就荣观感所得，介绍于下：

（一）卢君生平，敏而好学者也。尤于图书事业之兴趣倍致浓厚。此书系积多年之经验，卢君前职掌行政院图书馆时，就其见闻渊博之机会，即留意搜集材料，后于任教之余，又念兹在兹，无时或懈，成此钜制，非一朝一夕也。

（二）书之内容，凡九十万余言。搜罗宏富，材料精确，又附表二十四种，有按图索骥之便，可见编者用心良苦。唯冀各文化机关与文人士子，对于此书之功用，尽量传播，使知利用参考书籍，有增进学识丰满之伟大力量。

（三）图书工具书籍，近十余年来，因其需要之殷，故编译时出，有近百种，各有其一部分之贡献。兹者《图书学大辞典》告成，是为致力于图书事业者，又增一生力军矣。

噫，此时业成于文化浩劫之时也！一旦欃枪净扫，大局敉平，国家各项事业在急待恢复，而有关教育文化之图书，其恢复必不容刻缓，则此一部工具书籍所发生之效用，勿俟荣赘言矣。

中华民国二十八年九月中浣沈祖荣谨序

（见卢震京编《图书学大辞典》，商务印书馆 1939 年出版）

私立武昌文华图书馆专科学校近况

本校自二七年奉令西迁重庆以来，由于全体教职员的继续努力与政府当局及有关机关之多方协助，不独武昌时代之旧绪仍保持于不坠，而种种新的成就亦逐年加多。其荦荦大者，如以前只秋季招生，常年开办两班，现在春秋二季招生，常年开设五六班之多。以前只设图书馆学一科，自二十九年秋季起，增设档案管理一科，为国内研究以科学方法管理档案之唯一学术场所。再如以前图书馆学科新生入学资格，规定至少在立案大学肄业满两年以上者；三十年春季起，始与档案管理科一律招收立案高中或同等学校之毕业生，以宏造就。又如以前公费之给予并无严格标准，而名额亦不多；现在公费分甲乙丙丁四种等第（甲种每年给四百元，乙种每年三百元，丙种两百元，丁种一百元），新生依录取成绩，旧生依学行成绩而给予之，含有奖学意味，而名额亦较前增加数倍。其余如课目之加多，新增者如社会科学概论、史地概论、史料整理法、博物馆学通论等，训导工作之推进（如导师制度、小组讨论、劳动服务、社教工作等，均为以前在武昌时所无者），以及每年毕业生均供不应求（如二十七年夏，本校毕业生只有十人，而各图书馆来聘请者有廿余处。廿八年度毕业六人，各方函校聘请者有十七处。廿九年夏毕业七人，来校聘请者又达廿余处），均系本校同仁所辛苦经营之结果，差堪引以自慰者。

凡此种种改进，当早蒙关心本校之人士所洞察。唯过去一年即民国三十年，实为本校最艰苦之一年。盖由重庆曾家岩而迁江北香国寺廖家花园，其间又不知历尽多少艰辛。爰将其经过及一切新的措施胪述如下，以为关心本校前途之人士告：

（一）校舍遭炸与搬迁

三十年五月九日在曾家岩求精院内之本校办公处后面侧面，附近落弹多枚，房屋全被震坏，鸠工修葺，勉可住居。七月七日，主要校舍康宁楼中弹全毁，片瓦无存，损失之重，不堪言状，幸重要图书与实习用具，大部分早经疏散，未行全罹浩劫。然校舍破败，已无法收拾，情迫不已，乃价购江北香国寺廖家花园为校址，自建校舍，于十月下旬，全校师生搬迁过江，赓续行课。此地景物幽雅，无城嚣气，读书环境甚佳。初因房屋一时未及竣工，尝进餐于露天之下，讲授于卧房之间，但全体员生，绝不因此气馁，而精神之振奋，反而有加无减已。

（二）包工建筑新校舍

先是购置廖家花园斜坡校址时，旧有平房一栋，只可作办公室，礼堂及一部分教室之用。遂又包工建造男女生宿舍各一栋，校长住宅一栋，厨房厕所若干间，刻以大体完工；正在建筑中者，尚有教职员宿一栋。值兹百物腾贵之际，仅此已成多栋房屋，总造价已达十万元以上。此款多在行政院径拨救济款七万元，赈济委员会所拨救济费一万元，中华教育文化基金董事会所给紧急补助费二万五千元项下开支。痛定思痛，本校固不得不感谢以上各机关之热心赞助也。

（三）招生与开办训练班

教育部一再明令，陈部长并面谕本校校长，以图书与档案人员之训练极须扩充，以供应抗战中专材之用。除三十年春季秋季添招图书科一班，三十一年春季招收档案科一班外，并奉令于三十年度举办档案人员短期训练班，以应急需。现在图书科三班，档案科两班，在校学生共计三十九人。此种数字，仍与所预定名额，相差甚远。揆其原因，盖以国立学校给予学生种种之优待，而私立学校之学生，机会未能均等，于此时艰，战区学生过多，即有倾向图书馆界之清高志愿，环境亦难许可。此问题颇为严重，尚冀各方面热心图书档案与教育之人士一注意及之。

（四）教职员之调查

本校为充实课程与推动工作计，教职员自应酌为加聘或调动。新聘者，计有国文教授许学源先生，日文教师林荣光先生，均兼任；图书馆学教授皮高品教授，专任；博物馆学教席尚在物色中。本季毛坤先生长教务，汪应文先生主训导，徐家麟先生分担图书档案课程。已就国立社会教育学院教职之前教务主任汪长炳先生，则仍任本校教授。此外军事教官姜文锦先生，音乐讲师夏之秋先生，中西打字骆继驹先生等，仍照旧供职。以上教席多系社会知名之士，又能与校长沈祖荣先生和衷共济，力谋图书馆事业之发展，故各事皆履险如夷云。

（五）员生劳作与服务

最近两年，在劳作方面有深感兴趣之事：（1）清洁运动——学生轮流清扫教室及校方各公共场所。如布置庭院，修治道路，则员生全体出动，荷锄负筐，各尽其力。（2）空袭措置——为图书安全计，特作手提书箱书袋两种。平时列成书架，便于取阅；一遇警报，则男生提箱，女生背袋，安放防空洞内。至于学生服务，亦有二事足述者。（3）暑期实习——廿九年度终了，学生多经派赴各机关实习，如国立中央图书馆，妇女新运总会图书馆、陆军大学图书馆，与教育部档案室、战时公债劝募委员会等，一时均有本校学生之足迹。事后各机关均来函深加称许。（4）社教工作——本校办理巡回文库，历有年所，上季曾办平民学校，本季则拟添办壁报一种云。

（见1942年《中华图书馆协会会报》第十六卷第三、四期合刊）

我国图书馆之新趋势

倭寇犯顺以来，我国各地图书馆迭遭惨炸。其全部或局部被毁的，难以数计。兹值胜利在望，我们亟应作一种和平建设的准备，而图书馆对于研究工作之促进，民智之启迪，与夫民众道德的培养，社会风气的改善，均占有重要地位，如事先无相当认识，战后建设不无影响。因此，特就战后图书馆可能的新趋势一商讨之。

图书馆是一种致力于文献之收集，保存与应用之机关。图书馆学即是关于办理图书馆之一切学问的总名。图书馆是教育机关的一种。但其旨趣是助成"自由空气中的自我发展"（Self-development in an atmosphere of freedom），与学校的旨趣在于施行"紧张空气中之严格训练"（Training in an atmosphere of restraint or discipline）者不同（见英人布朗氏（James Daff Brown）著：《图书馆学入门》（*Manual of Library Economy*））。学校师长传道、授业、解惑，往往操发号施令的全权。图书馆则不然，读者皆自辟蹊径，自任导师。馆中供给种种的资料，俾学校所已唤起的力量，训练的技能，得以在此自由运用。曾文正公曾说："为学譬如熬肉，先用猛火煮，次用慢火温。"由此不难想象现代学者的成就，得于学校者半，得于图书馆者当亦半。因为学校是严格训练的，空气紧张，好比猛火煮的一样，图书馆则给以慢火温的机会，崇尚自由，自我发展，学问知识逐渐成熟起来，图书馆在教育上的地位，大致如斯。

一个完备的图书馆，理应予人以依一定的标准按一定系统排列的图书收发。从日常浏览的报章杂志，以至精心结构的论著，与乎包罗万象的百科全书，皆所应备。凡关于如何经营此项事业，以及如何使民众利用此项收发的种种办法，则属于图书馆学之范围。图书馆在新的意义之下，已经不是静的仅止发书的地方，而是动的推广教育的机关。一个完备的图书馆，绝不是仅止打开大门让人进去借书阅读即可了事，他的内部必然是一个有机的组织来履行教育读者的使命。我们从事图书馆事业的人，亟应看准这一点，分析来馆阅读的民众，究竟有怎样的程度，有什么职业，有什么习性，然后分门别类的把他们组织起来，教育起来，来活用你的图书馆，以图书馆为学问、知识和娱乐的中心，以图书为出发，为进行，为归宿，展开整个人生的教育。不过这样一来，一定要规模相当大，开支相当可观，在目前中国除了几个重要都市的图书馆能够努力达到这种程度，在内地图书馆是做不到的。为要圆满达成教育阅读者的使命起见，在现在经济条件许可之下，可能偏于纵的深的方面发展。只研究科学为主体的专门图书馆，将如雨后春笋，应运而生。为要图书馆事业常常保持发展的均衡，在广的开拓方面，似乎应多多注意儿童图书馆，使少小起即养成其读书的良好习惯，普通的成人图书馆始有发达的希望。兹拟就此两点，略略供献点意见：

第一，先说专门图书馆的重要。抗战前各种专门学术团体，都已有他们主办的图书馆，供给有专门研究学识与兴趣的种种深造的工具。如中国科学社有科学图书馆，中国佛学社有佛学图书馆，此外如中国地质学会、中国工商管理学会、中国化学会、中国经济学社等，莫不皆然。迩来机关图书馆也渐渐地多起来了，内容或许尚欠充实，但已具有雏形。现在所要提倡的，是生产性质或企业性质的公司厂家应注意图书馆的运用。在举国竞谈工业化的时候，最重最基本的事业，为一般国人所最不注意最不重视者，莫若科学研究问题。蒋主席曾云："应用科学必须以纯理科学为基本……" 实为我国今后工业化之圭臬。工程有时亦称为应用科学，科学与工程，是同源一本。在高度工业化的世界中，政治上的自由独立，必须从科学自由独立得来。中国欲求自由独立，决不能永远购用欧美的机器，因袭欧美的技术，必须能自设计，能自制造，而且能自行改良与发明，方能打下工业化的深厚基础，脱离国际附庸的地位。工业随科学发明而进步，讲工业化而不致力于科学研究，无异于南其辕而北其辙。科学研究除实验室外，当然要借重图书馆。欧美到今天，凡稍具规模的工业组织莫不自立科学研究部，以谋本身业务之进步。今日欧美人眼光中，几以研究部的有无，为所定某一工程事业成败的根据。由此看来，我国生产机关和工业组织，在可能的范围内，应立即重视研究部之设置，图书是少不了的。我们看一看大工厂的组织，有行政部、工业部、分厂，可能再加上一个研究部。厂内职工，有厂长或经理、协理、工程师、书记、报告员、会计员、监工、工人，他们集团里，多则数千人，少亦数百人，俨然自成一个社会。此种专门图书馆就要适应他们的需要。假使是兵工厂，就多备造兵学、兵器学、铸铜、矿冶方面的书籍；假使是电力公司，就多备电学的书籍；假使是纱厂或面粉厂，就多备纱厂用或面粉厂用的书籍；假使是营造厂，就要多备建筑学、土木工程的书籍；余以此类推。这样，图书设备的部类既窄，搜罗易于宏富，专家藉此不难赓续深造，与实验室配合起来，对于设计、制造、改良、发明，自有莫大的助益。对于一般工人是进修的机会，图书馆供给他们书籍阅览，使其明了工业的原理，工作效率自然为之提高。工业组织如此办理，其他职业部门的图书馆，同样也一样的可以办理起来。此地还有一点值得注意，就是企业组织或生产组织，财力比较雄厚，办理图书馆，不大受经济上之限制，因此可以希望逐步发展起来。

第二，再说儿童图书馆的重要。小孩子为了身体的生长，需要动，需要玩；为了求知欲的满足，好奇心的驱使，需要东涂抹一抹墙壁，西看一看神怪奇异的闲书。成人们对于小孩的责任，决不是去阻止他这样做，乃是设法引导他怎样做。儿童图书馆的设立，就是开辟一方怎样引导小孩子们去看书的新园地。你想，薄薄的一本教科书，要强迫着儿童和它作伴半年，在半年之内，又限定只有这本书可以接触，儿童的心理是好奇的，思动的，喜新厌旧的，这样，叫他如何不要讨厌呢？一本教科书能容纳多少材料，能否满足小孩子们的求知欲，解决他们实际生活中所发生的问题？儿童图书馆之设立，便是一种调剂的补救的办法，至少能供给一点儿童们的需要，解决他们生活中一部分的问题。教小孩要从小教起，俗话说得好：“桑大从小育”。

一棵枝叶扶疏的桑树，养蚕时离不了它，但一定要从幼苗加意培育，令它慢慢成长为一棵大树。看书用书的习惯。也是要小孩子从小便有的。有了儿童图书馆，布置好一个看书用书的环境，指示一条正当看书的途径，小孩子们在这环境里，自然会习得看书用书的良好习惯，终身受用不尽。现在成年人，好多人不愿请益问难，生怕别人发现自己的弱点，偶尔翻翻书，也多限于报章、杂志、小说、小品文之类的东西，整个民族文化素质低落，曷胜浩叹！当时如要根治这种民族的毛病，便要扩大图书馆的范围，扩大图书馆的读者。以对象论，有成人图书馆，有儿童图书馆；以地域论，有城市图书馆，有乡村图书馆；以方法论，有参考图书馆，有流动图书馆，总而言之，要普及推广。无论在图书馆学的理论方面，在图书馆和图书的数量方面，都要迎头赶上西洋人，与世界列强并驾齐驱！愚见以为成年的同胞，既没有养成亲近书籍的习惯，好像图书馆有也罢无也罢，反正与他们的实际生活不发生什么密切的联系，这样，图书馆事业怎么发展得起来？必须从现在起，切实注意民族幼苗的成长，使他们养成用书看书的习惯。现在的儿童，即下一代的青年，下一代的成人，不久的将来，图书馆事业一定会随时代的要求，风起云涌的发展起来。还有一点，儿童图书馆的设立，不一定只是教儿童多念书；书本要与图画、幻灯、电影、讲演等项配合起来，才显得生动有用。我们对于书的态度，应该要把它当做一种生活工具来看待，工具是给我们使用的，书也是给我们使用的，儿童图书馆的成立，就是多一种引导儿童利用工具的场所。怎样经营，怎样管理，怎样指导儿童阅读，这是专门学问，非专书不能解说详尽。有一点意见可以供献的，便是像近来黎东方先生所主讲的历史故事，拿三国演义、太平天国起义，绘影绘色地演说出来，令听众印象深刻，值得向儿童图书馆推荐，多多采用这种引人入胜的方法。

以上两点，卑之无甚高论，只是我个人的一点小小意见。总之图书馆的旨趣在助成“自由空气中的自我发展”，与学校相辅而行。宛如车之两轮，鸟之两翼，图书馆如办得好，可以与正式的学校配合，形成教育事业的双璧。近代图书馆的趋势，注意推广与活用的事业，如办理图书流通部，组织读书会，设问事代笔处，办民众学校，设专门指导部，将各种社会教育事业附着于图书馆，形成一种社会教育的总汇。换句话说，就是除学校教育外，再来一种图书馆中心的教育。无论东西各国，图书馆事业都是随着整个社会文化开展的。公元前十三世纪，亚述王宫就有图书馆。《史记》载老子曾做周朝的柱下史，就是现在图书馆长的职务，这时的图书馆只是藏书的地方。可是近代的图书馆意义便不同了，它是以一般民众为对象，搜集适合于他们有益的图书，并以最简便的方法，使一般民众得自由阅览的教育机关。进一步，图书馆还得积极起来，从动的方面充实它的意义。图书馆是宣传文化，创造文化的机关；它是活用普用图书为工具以推进全民众全人生之教育的机关。现在正是抗战艰巨的关口，饱经兵燹，一般的经济状况不景气，在成人方面，只有努力推动生产组织或企业组织的专门图书馆，令其内部充实，便于专家的深造或研究，达到世界水准；在儿童方面，务须即时予以良好的读书环境，养成其看书用书的习惯，替将来一般的普通图书馆展开前途，使下一代的国民不会再像我们这一代的愚昧无知，那就好了。

（见1944年《教育与社会》第三卷第一、二期合刊）

战后图书馆发展之途径

教育与经济与武力是现代国家三大基本的生命力。今后“建国的基本工作在于教育军事与经济的合一”（引《中国之命运》第五章）。尤其是教育文化，也可说是各种建设的基础。图书馆的使命，正是辅助教育，发扬文化，自应在今后建国大业中尽其重要的责任。

中国近代图书馆的事业，对国家有相当的贡献，但远未能发挥其应有的效力。个人四十年来始终是中国图书馆运动中一忠实的队员。兹本其经验与观感，对战后我国图书馆事业应行注意之事项，简单提供下列的意见：

第一，从事于图书馆事业的人，要有坚强的耐力与恒心。我们择业，应不计名位而首应问其能否为多数人作有益的服务。而图书馆事业正是有利于人群有助国家建设的高尚事业。可惜许多同志因此业的清苦，而转移了职业，以致此业少进步。今后我们要提高事业兴趣，增加信心，从有恒来策成功。

第二，今后办理图书馆同时注意现代化与中国化。中国文化自有其特长，尤富于吸收外来同化的伟力，所以从不是排外的。图书馆的规制，当然要采取欧美各国的有效设施，但绝不可一味盲从，而要事前有慎重的批判。要顾到我们的习惯风俗，切合我们的实用。

第三，应添设学术顾问或特设参考咨询部。公共图书馆是自由的学校，学校中有教师，图书馆也必须于技术人员之外，特设可以质疑问难的部门与人员。至于国立或省立图书馆中的专门学术顾问，其标准与待遇应比照研究院的研究员，大学中的专设顾问，待遇要与教授相同，这才可以达到图书馆学校化。

第四，图书馆要走到一般学校尤其普及中小学去。我国专科以上或大学图书馆，在抗战前有若干所很有规模，抗战中也还维持相当规模。但中小学就大不同了，提倡改进或实际从事的人都很少。目下中小学很少设图书馆的，学生无从得到良好之课外读物。战后中小学扩充改进之中，必须广泛从事于中小学图书馆的发展，使青年养成研究习惯，培成踏实与精进不息的精神。

第五，战后的图书馆要深入到乡村去。在乡村中办理图书馆，似难而实易。因为乡村中多公地祠庙，房舍易找，有固定的民众或氏族组织，他们多有恒产，筹款也可较易。抗战增加了乡村中的智识分子，也激起了乡下人留意看报与求知的欲望。何况国民学校的普设，正需图书馆的辅翼，而在推进基层自治之中，乡村教育正是自治的根本呢。

第六，战后的民众图书馆，更须负起民众识字教育的责任。近来教育部推行国民教育，识字的比率渐增，但我国文盲的百分比，在现代国家中还是相当高。此次抗战，有许多本来不识字壮丁出征，在队伍里得到识字训练，将来对农民可为一种推动力。民众图书馆正应趁此机会，协助国民学校中心小学去推进识字运动。

第七，战后的图书馆要和博物馆密切合作，与档案馆印刷所也要联络，或兼办此类职务。博物馆所藏是宝物的图书，印刷所是图书的制造所，现代图书的范围与使命，已由推广而倾向于分工化。将来各省县能增加专设博物馆、档案馆、印刷所，自然更好，暂时财力人力不够时，图书馆应尽力兼办博物馆与保存档案印刷出版的工作，因为这几件事有密切关系，都有保存和发扬文化的功用。

这是我对战后图书馆事业发展的几点希望。欲求其逐步实现，自须政府与社会各界多多予以物质的与精神的援助，尤其是我们图书馆从业同志须有事业的信心与实行的恒心毅力。①

（见1944年《中华图书馆协会会报》第十八卷第四期）

---

① 文末注，该文转载民国三十三年五月五日重庆中央日报副刊。